普通高等教育“十二五”应用型本科规划教材

公安领导科学

顾　问　张　光
主　编　高　岩　段林萍
副主编　曹　英　刘忠轶　张翠梅
编写组　高　岩　段林萍　曹　英　刘忠轶
　　　　张翠梅　张山山　黄　波　秦立强
　　　　张福松　陈永胜　张丽祥　唐文豪

中国人民大学出版社
·北京·

图书在版编目（CIP）数据

公安领导科学/高岩，段林萍主编. —北京：中国人民大学出版社，2015.7
普通高等教育“十二五”应用型本科规划教材
ISBN 978-7-300-20859-6

Ⅰ.①公…　Ⅱ.①高…　②段…　Ⅲ.①公安-领导学-高等学校-教材　Ⅳ.①D631

中国版本图书馆 CIP 数据核字（2015）第 036456 号

普通高等教育“十二五”应用型本科规划教材
公安领导科学
顾　问　张　光
主　编　高　岩　段林萍
副主编　曹　英　刘忠铁　张翠梅
编写组　高　岩　段林萍　曹　英　刘忠铁　张翠梅　张山山
　　　　黄　波　秦立强　张福松　陈永胜　张丽祥　唐文豪
Gong'an Lingdao Kexue

出版发行　中国人民大学出版社
社　　址　北京中关村大街 31 号　　　**邮政编码**　100080
电　　话　010－62511242（总编室）　　010－62511770（质管部）
　　　　　010－82501766（邮购部）　　010－62514148（门市部）
　　　　　010－62515195（发行公司）　　010－62515275（盗版举报）
网　　址　http://www.crup.com.cn
　　　　　http://www.ttrnet.com（人大教研网）
经　　销　新华书店
印　　刷　北京七色印务有限公司
规　　格　185 mm×260 mm　16 开本　　**版　　次**　2015 年 9 月第 1 版
印　　张　13.75　　　　　　　　　　**印　　次**　2019 年 3 月第 2 次印刷
字　　数　316 000　　　　　　　　　**定　　价**　35.00 元

前　言

公安领导科学是研究公安领导活动规律的学科。其要旨就是在理论上建构学科的基本学术范式、并探索其内在的学理支撑，在实践领域为公安领导活动提供指导性的支持，以适应新时期全面深化公安改革的需要和推进国家治理体系和治理能力现代化建设的发展。

本书依据普通高等教育“十二五”应用型本科规划教材编写精神、公安院校全日制本科生培养方案要求兼顾其他层次人才培养需要，经10余位教师共同努力撰写而成，主要阐述了公安领导科学的产生与发展、公安领导科学的研究视域与学科意义、公安领导权力、公安领导决策、公安领导指挥、公安领导用人、公安领导沟通、公安领导方法、公安领导能力与效能、公安领导变革与创新等内容。

全书以“应用型”为基础，力求在六个方面有所突破：一是建立学术专业架构。公安领导科学是一门专有学科，有其内在的基本问题、知识体系和论证方法，本教材结合政治学、公安学、公共管理学等学科知识，进行跨学科的交叉研究，建立了以公安领导现象为分析基础、领导过程为基本框架的学科体系和话语方式，形成公安领导科学专有的学术范式。二是适应时代需求。公安领导是有着特定政治性、法律性与专业性的综合科学，回应时代要求、坚定政治信仰、立足公安实际、总结工作经验、针对现实难题，是公安领导科学不容回避的课题。本教材以党的十八大，十八届三中、四中全会精神和习近平总书记系列重要讲话精神为指导，以全面深化公安改革为总要求，以学科建设为基本任务，对公安领导科学的学科定位、专业知识和应用方法进行体系构建。三是理论知识的规范性。公安领导科学的科学性主要是指知识的系统性、差异性和统摄性，本教材以公安领导的主体、原则及领导流程为研究重点，重在厘清领导科学与相关学科的差异，形成有专业特征、行业特点和学科理论的特色教材。四是公安实践的针对性。本教材在理论指导、案例选择和实践路径方面，集中选择有代表性的特优个案，重点解决公安基层领导关心、关切、关注的理论应用和方法供给。五是服务教学的适用性。教材服务于教师和学生主体，因此，既突出了相关的理论研究成果，也突出了警务实战特性、案例分析、问题思考等内容，力求将教学的三个核心要素（教师、教材、学生）相互协同。六是行文表达的规范性。教材是教师学生共用的知识文本，既须注重理论原理的阐释，亦须注意文字表述的通达、简洁，本教材特别注意语言文字表述的简练、概括和便于记忆，力求教学过程中能实现“教中重点突出、学中记忆简要、实践中快速应用”的理想效果。

改革无止境，学业无边界。本教材各位同仁愿与同道同仁及同学站在历史与未来的交汇点上，立平治之志、扬改革之帆、行知识之道、筑学业之基，为公安改革、法治中国和国家现代化建设助力。

《公安领导科学》编写组

2015年4月

目 录

第一章　绪论

【学习目标】

通过本章的学习，理解和掌握公安领导的概念及本质特征；了解公安领导科学的产生、发展及其学科的研究视域；理解公安领导科学的学科意义。

第一节　公安领导的含义

学科立足首先是对核心概念的清晰界定。核心概念是指学科建设中的基础性、决定性概念，甚至处于母概念的地位。核心概念一旦确立，其他概念相应也就可以清晰认知了。核心概念是一个学科知识树全部内容的出发点。公安领导科学的核心概念是公安领导，对其规范性、描述性界定是公安领导科学的研究起点。

一、公安领导研究的三个视角

事实上，有多少公安群体就有多少公安领导。不同的公安群体，由于其主体不同，活动的目的及其所处的环境也不尽相同，应该说有什么样的公安群体就有什么样的公安领导。即使是对同一个公安群体，由于观察者和研究者所采用的视角不同，或者立场不同，也会得出不同的公安领导含义，哲学学者更关注公安领导的价值观、心理学学者更关注公安领导的需求体系、政治学学者更关注公安领导的权力、指挥学学者更关注公安领导的控制、决策学学者更关注公安领导的执行、行为学学者更关注公安领导的激励、管理学学者更关注公安领导的目标、行政学学者更关注公安领导的职责、社会学学者更关注公安领导的团队、人力资源学学者更关注公安领导的能力、生态学学者更关注公安领导的环境，诸如此类。当然，无论哪种视角，其研究的对象只有一个，即公安领导活动。因此，无论是从哪一个视角，或者是从哪几个综合的视角对公安领导含义进行界定，都离不开“公安”和“领导”这两个范畴。同时，公安领导科学诞生前一直孕育于公安管理学科体系之中，“公安管理”对公安领导有着深厚的影响。如从政治性、职业性和专业性分析，公安学、领导科学与公安管理学对公安领导的研究具有较好的启发价值和引导意义。

（一）公安学的视角

公安学是一级学科，包含性强，几乎所有涉及公安管理的学科均属于其分支。公安领导科学作为公安学体系下的一门学科，当然应以公安学基本理论、研究方法为基础。

公安学对公安领导的总原则有专门论述①，认为党对公安工作的领导具有独立性、全面性和直接性，体现在对公安机关的政治领导、思想领导、组织领导、决策领导和法制领导，公安领导必须完全地和无条件地服从党的领导，党对公安的领导是公安权力设立与行使的根本原则，这是公安领导的根本属性。

在领导体制上，实行"条块结合，以块为主"的双重领导体制，各级公安机关在党委和政府的统一领导下开展工作，同时接受上级公安机关的领导和指挥。

因此，公安学视角下的公安领导活动，是绝对地服从党领导的一种特殊的职业活动，体现了政治属性、职业属性的统一。

（二）领导科学的视角

领导科学是一门独立的学科，其基本学术范畴在领导现象与领导活动，主要在对领导活动的过程分解、在资源配置最优化过程中实现智慧、技术与体制的理性安排。领导科学有管理学、政治学与公共政策学的基本内容与方法，也有领导艺术、领导方法和领导力等专属领导科学的专业理论。

公安领导活动是领导活动中的一个特定的范畴，也是领导科学理论在公安这一特殊领域的具体应用，二者是包含与被包含的关系，因此，领导的含义同样适用于公安领导，同时公安领导又有其自身"公安"的特殊性，这种特殊性决定公安领导有其不同于其他领导的体制、工作方式和任务目标等。

关于领导的定义，一般认为斯道戈迪尔和巴纳德合编的《领导手册》中的 11 种含义概括具有代表性：领导意味着群体过程的中心；领导意味着人格及其影响；领导意味着劝导服从的艺术；领导意味着影响力的运用；领导意味着一种行动或行为；领导意味着一种说服的形式；领导意味着一种权力关系；领导意味着一种互动中逐渐形成的效果；领导意味着一种分化出来的角色；领导意味着结构的创始；领导意味着一种实现目标的手段。②

国内对领导也有多种解释，比如，毛泽东曾说，领导的责任，归结起来，主要是出主意、用干部两件事。③"出主意"强调了领导的决策职能，"用干部"则强调了领导的用人职能；邓小平曾说，领导就是服务，强调了领导的责任在于提供条件和创造良好环境，以支持和帮助追随者追求职业的成功；也有学者认为领导就是创造④，强调了领导的创新职能等。

我国领导科学教材种类繁多，许多高校都根据自己学校的实际情况编写了相关教材，对领导进行了较为全面系统的解读。例如，全国干部培训教材编审指导委员会主编的教材《领导科学概论》将领导定义为：是由特定要素构成的统一体，是领导者影响、率领和引

---

① 参见公安学基础教程编写组编著：《公安学基础教程》，111～112 页，北京，中国人民公安大学出版社，2012。

② 参见全国干部培训教材编审指导委员会主编：《领导科学概论》，15 页，北京，人民出版社，2006。

③ "领导者的责任，归结起来，主要地是出主意、用干部两件事。一切计划、决议、命令、指示等等，都属于'出主意'一类。"《毛泽东选集》，2 版，第 2 卷，527 页，北京，人民出版社，1991。

④ 参见王家福、徐萍主编：《国际战略学》，341 页，北京，高等教育出版社，2005。

导被领导者在一定的客观条件下实现双方共同的价值观和目标的社会活动过程。① 彭向刚主编的教材《领导科学概论》将领导定义为：领导者为了实现某一特定群体的共同目标，在一定的客观环境影响下，采取恰当的方式方法，率领和引导被领导者完成预定任务的创造性实践过程。② 刘建军在《领导学原理——科学与艺术》一书中将领导定义为：在社会共同活动中，具有影响力的个人或集体，在特定的结构中通过示范、说服、命令等途径，动员下属实现群体目标的过程。③

综上所述，关于领导的定义至少须包括五个要素：前提、主体、结构、手段和目标。社会共同活动是领导产生的前提，领导是在一定的社会组织或群体结构之中展开的活动，领导者通过一定的手段影响被领导者，领导的结果是实现其所领导的组织或群体的目标。

（三）公安管理学的视角

与公安领导科学联系最紧密的学科是公安管理学。领导活动、领导过程、领导现象在大的范围内是行政管理的一部分，学术上也长期把领导科学视为行政管理学的一个组成部分。如张光在《公安行政管理原则》中认为："公安领导就是通过必要的领导方式和手段，有效地影响被领导者，在特定的环境条件下，实现公安组织目标的过程。"④ 在另一本教材中，张光等强化了这一判断，细化了公安领导的过程与职责，认为："公安领导是指各级公安机关的领导者，在一定的环境条件下，对部下施加影响，从而率领、引导、鼓励、指挥部下为实现公安工作目标而努力的活动。"⑤

在公安管理学的研究中，对公安领导的定义至少包含四个要素：主体、手段、环境、目标。公安领导者及被领导者是公安领导的主体，领导者通过率领、引导、鼓励、指挥等手段影响被领导者，公安领导所在环境是其活动展开的条件，公安领导的最终目的是实现公安组织或者公安工作目标。

公安部政治部在其主编的人民警察中级培训教材《公安管理与公安领导教程》将公安行政领导解释为：第一，是指公安行政领导活动，即各级公安机关的领导者依照党的政策和国家的法律，带领广大公安干警和治安保卫人员为实现公安工作目标而进行的决策、计划、组织、指挥、监督、协调、控制等一系列活动。第二，是指各级公安机关的领导者或领导群体，即依法负有公安决策、计划、组织、指挥、监督、协调、控制等重要职责的，拥有特定相应权力的，用科学方法激励广大公安干警去实现公安特定目标的个人或领导集体。⑥

二、公安领导的定义

综合以上三个视角，公安领导是指在以维护国家安全和社会稳定为目的的公安活动中，公安组织及特定主体，对组织成员及相关对象施加影响，在一定的环境条件下引领其共同

---

① 参见全国干部培训教材编审指导委员会主编：《领导科学概论》，15 页，北京，人民出版社，2006。
② 参见彭向刚主编：《领导科学概论》，31 页，北京，高等教育出版社，2007。
③ 参见刘建军编著：《领导学原理——科学与艺术》，9～11 页，上海，复旦大学出版社，2001。
④ 张光：《公安行政管理原理》，75～76 页，北京，中国人民公安大学出版社，2002。
⑤ 杨建和、张光：《公安管理学》，97 页，北京，中国人民公安大学出版社，2005。
⑥ 参见公安部政治部编：《公安管理与公安领导教程》，2～3 页，北京，中国人民公安大学出版社，1999。

实现既定目标的活动过程。这一定义包含以下内容：

（一）公安领导活动的前提和条件

以维护国家安全和社会稳定为目的的公安活动是公安领导活动的前提。对国家和社会安全有序的共同追求，促使专门从事这类公安活动群体的产生，才产生了公安领导活动。

同时，特定的公安环境是公安领导活动的条件。国际和国内的自然环境和社会环境所提供的人、财、物、时间和信息等资源是公安领导活动得以展开的基础。特别是国内社会环境中党领导下的政府组织环境，给予公安领导活动科学化和法制化等根本保障，政府其他部门是公安领导活动得以实现的联动统一体，公安领导活动必须在政府其他部门的协同下才可能顺利展开和完成。同理，世界范围内的反恐防暴和维护世界和平等是公安领导活动的国际环境条件。

（二）公安领导活动的主体

公安领导活动的主体包括具有影响力的公安组织及特定主体，和受其影响的组织成员及相关对象。其中，公安组织及特定主体是指公安领导者；组织成员及相关对象是指公安被领导者。二者共同构成了公安领导活动的主体。广义的公安领导活动主体包括所有参与公安领导活动的人。狭义的公安领导活动主体主要是指正式组织中参与公安领导活动的成员。本书在讨论面向社会的公安领导活动的问题时涉及广义的公安领导主体范畴，但在讨论公安、司法等正式组织内部的决策及权力等具体问题时，主要侧重于狭义的公安领导主体范畴。

（三）公安领导活动的手段

公安领导活动的过程依赖其组织成员及相关对象的具体操作和落实。公安组织及特定主体通过自身的影响，组织、管理、指挥、率领组织成员及相关对象，使其形成共同的愿景，并激发其积极的潜质和完成公安工作任务的积极性，同时通过约束、监督、惩处等规范其相关行为。

（四）公安领导活动的制约

我国公安领导活动并非独立的活动，是在中国共产党的绝对领导之下，在所属地方政府的依法领导之下的活动。中国共产党的公安战略决策就是公安领导活动的指导思想和行为指南，它为公安领导活动指明了方向和规定了行为的准则。同时，所属地方政府以行政手段依法对公安领导活动实施领导，促使公安领导活动高效率地执行行政命令，并与政府其他部门相互协同、顺利完成各项相关行政任务。公安领导活动是在党和政府的调控中展开的特殊活动。

（五）公安领导活动的过程和结果

公安领导活动是以维护国家安全和社会稳定为目的的活动，最终的结果是实现公安领导的既定目标。公安领导活动主体的多元性使公安领导活动的过程和结果都具有综合性。公安领导活动就是落实党的公安决策、实现政府的公安责任、完成公安组织的特定职能、追求公安组织未来的发展，以及保障公安团队和公安个体等公安领导活动参与者的利益等。

三、公安领导的特性

公安领导的特性是指公安领导的特有性质，既包括其政治属性，又包括其特定的职业属性。

此外，公安领导还具有与其他领导共同的创新性、间接性、协同性、全局性、权威性、统筹性、前瞻性等，但因为其领导的对象、内容和时间、空间、事件等不同，也表现出一定的特殊性。

（一）公安领导的政治性

公安领导活动是国家行政活动的一个部分，公安机关作为人民民主专政的重要工具，公安领导活动具有天然的政治性。主要表现在，无条件地执行党的公安决策和政府的行政指令，承担维护国家稳定，保卫国家和人民生命财产安全的行政职责。

（二）公安领导的法治性

公安领导活动的法治性主要体现在合法、守法和执法三个方面。

1. 合法

合法指依法治警。国家法律规定公安领导活动是法定的活动。其主要体现在两个方面：一是公安领导活动依托的主要组织机构是依法设置的机构，绝不允许任何人和任何组织私自设立。“合法”是公安领导权力的基础，没有合法性的保护，公安领导就没有权力性影响力，就没有权威。二是公安领导依据公安组织制度所展开的任何活动都是合法的活动。

2. 守法

守法指依法行政。法律赋予公安领导主体拥有其特有的职权和特有的职业化地位与相应的保障，同时也限定公安领导权力的使用。公安领导活动在以《宪法》为基，以《中华人民共和国公务员法》、《中华人民共和国人民警察法》为“纲”，以《公安机关组织管理条例》、《公安机关人民警察纪律条令》、《人民警察训练条令》、《公安机关五条禁令》、《人民警察奖励条令》、《人民警察内务条令》等为“目”的规定范围内展开。公安领导要坚持行使上述法定权限，不得产生任何越权行为。

3. 执法

执法指依法执政。公安、司法等机关是专门的执法机关，对公安执法工作的领导是公安领导活动最重要的，也是最具特色的组成部分。这主要体现在，一是公安、司法等机关是国家治安行政执法的核心机构，对威胁国家安全和对社会治安秩序、公民合法权益产生不良影响的事件进行相关的行政执法控制；二是公安、司法等机关也是国家刑事司法的主要力量，对直接关系国家、社会、公民利益和关系到社会公平正义的案件、事件、矛盾纠纷等实施执法干预。

（三）公安领导的公共性

公安领导活动产生的前提是以维护国家安全和社会稳定为目的的公安活动，公安领导活动因这一活动的存在而存在。其主要表现在，公安领导活动首先是面向全社会的治安执法公共领导活动和刑事司法公共领导活动，然后才是因此而存在的面向内部的组织及其成员的领导活动。因此公安领导主体必须以维护公平正义、公共利益为己任，既要关注组织和组织成员需求的满足，将其组织的可持续发展和成员的职业发展作为重要的活动内容，还要关注满足党和国家、社会及公众的公共安全需求，全力承担所有的公共安全责任。

（四）公安领导的武装性

公安、司法等机关是具有武装性质的国家治安行政力量和刑事司法力量，担负着维护国家政权、保障人民生命财产安全的职责任务，相应的，公安领导活动具有军事性、暴力性和强制性等特性。

（五）公安领导的服务性

全心全意为人民服务是中国共产党的根本宗旨，公安领导活动具有服务于党和政府组织，服务于社会各界，尤其是服务于人民群众的服务性。事实上，早在1954年第一部国家宪法里就对服务性有相关的规定，即“一切国家机关工作人员必须效忠人民民主制度，服从宪法和法律，努力为人民服务”。1995年颁布的《人民警察法》第三条规定：“人民警察必须依靠人民的支持，保持同人民的密切联系，倾听人民的意见和建议，接受人民的监督，维护人民的利益，全心全意为人民服务。”因此，公安领导活动必须以服务于党、政府和人民群众为宗旨。

（六）公安领导的应急性

几乎所有的社会组织，无论是军队、政府还是企业，应对相关的突发事件和危机状况都是其领导活动的重要内容之一。所不同的是除了公安领导，其他的领导应对突发事件和危机状况都是偶然发生的，只有公安领导应对这种事件和状况却是一种常态。这种常态使公安领导者必须经常面对突如其来的恐怖事件、严重的暴力犯罪案件和群体性治安事件等。因此，协调各种社会关系、调动社会各种资源对突发事件和危机状况进行紧急现场指挥和有效处置是公安领导者必备的能力。

四、公安领导与公安管理的关系

如果对公安领导进行溯源的话，其归宗于公安管理，实属公安管理体系的一部分，所以公安领导寓于公安管理之中。只是随着社会分工和职业化的发展，各种专门化的公安活动不断衍生，使公安领导从公安管理体系中独立出来。其客观的必然性就是公安宏观战略决策制定的专门化，加之公安队伍规模庞大（目前公安民警的人数超过公务员队伍总人数的四分之一）、岗位和技能分类综合性强、环境影响因素广博众多，使专门化的公安战略决策所涉及的自然和社会变量的技术论证活动进一步独立出来，公安战略决策及其服务机构的独立职能直接促成了公安领导的产生。因此，对二者关系的探讨无疑会促进对公安领导的深入理解。

（一）公安领导与公安管理的联系

公安领导是公安管理理论体系的重要组成部分，同时在公安的实际工作中，二者无论是主体还是目标和环境都具有较强的兼容性和复合性。因此，至今仍有许多公安学界特别是公安管理学界的学者，一直将公安领导作为公安管理的一部分加以论述。

1. 主体之间的联系

在大管理的概念下，公安领导主体主要承担管理工作中的“人——人系统”的工作，包括“激励”与“沟通”等内容。一个人可以既承担着公安管理工作，又承担着公安领导工作，同一个人可以在公安领导者和公安管理者之间相互转换。一般而言，能够做好公安领导工作的人，就能做好公安管理工作，但能做好公安管理工作的人，却不一定能做好公安领导工作。

2. 目标之间的联系

正常的情况下，公安领导目标与公安管理目标具有高度的一致性。在大管理的概念下，一方面，公安领导目标是公安管理目标的一个组成部分，在高、中、低三个公安管理层次的目标体系中贯穿着公安领导目标体系。另一方面，高层公安管理的公安整体发展战略的制定，往往由公安领导活动完成，因此公安管理目标也是公安领导目标。二者相辅相成，并有机结合和相互转化。

3. 环境之间的联系

二者共处同一个科学化、法治化等文化环境之中，享有共同的警用装备、信息等资源。特别是职业化发展使公安领导者和公安管理者在面向社会时处于同一个利益共同体。无论是公安领导者还是公安管理者在面向社会执法时代表的都是整个公安队伍，都是公安主体形象的塑造者。

（二）公安领导与公安管理的区别

公安领导过程是承上启下、全面协调和统筹兼顾的过程。承上是指将党的领导思想和政府的依法治理落到实处，启下是指打造零距离战斗力的公安团队，和将党的领导思想和政府的依法治理等内化参与者个体行为的动机和准则；全面协调是指与政府其他部门及其他社会资源和力量联动协同，互利共赢；统筹兼顾是指将国际国内方方面面的环境条件及所涉及的物、时间和信息等所有影响因素纳入同一个系统之中加以运筹，服务于公安领导活动的主体。比较而言，公安领导更注重宏观的总体路线方针的正确性，因此更加关注系统性、方向性和可持续发展的长远战略问题。

公安领导和公安管理是相辅相成、共生共荣的关系，当二者发展均衡、都强有力的时候，公安工作的绩效就能达到最大限度的发挥、取得令人满意的效果；若两者都很薄弱或发展不良，公安工作就会陷入瘫痪。如果二者中有一方缺失，公安工作的效果也难以最大化、最优化。没有强而有力的公安管理相结合的公安领导，可能会为了创新变革而创新变革，甚至选择不理智的方式寻求发展，表面上常常给人以轰轰烈烈的假象，而具体操作上却无所适从；反之，没有强有力的公安领导相结合的公安管理，可能为了维持管理秩序而维持管理秩序，使公安领导者官僚而令人感到压抑，甚至丧失创造性而无法持续发展，表面上常常给人按部就班、工作效率很高的印象，实则无法应对周围环境变化，最终导致落后衰败的结局。因此，二者发展必须均衡，否则，不仅在功能和形式上呈现迥然的反差，而且还也会引起潜在的冲突。具体表现为：

其一，公安领导有力而公安管理薄弱。过强的公安领导对外界一切公安事物及其可能的演变有很敏感的反应。现代社会的飞速发展决定了公安的新事物、新问题和人民群众的新期待也随之快速发展。公安领导行为方式和决策的改变，特别是长远和宏观的公安战略层面的创新和改革，没有相应强大的管理机制做保障，就无法转变为具体和近期的目标任务，落到实处。同时，只有被激励而集结的情绪高涨的公安群体，没有管理制度控制，最终反而会破坏已有的公安工作秩序，降低公安工作的效率，甚至导致失控的状态，难以处置。

其二，公安领导薄弱而公安管理有力。过强的公安管理，无论是正式结构，还是非正式结构，都具有很大的惯性，沉重而难以阻挡。任何冒险性的创新、主动性的权变，特别是重大决策改变和机构改革的公安领导力都会被削弱。强大的公安管理会弱化公安领导，使人们更关注公安精细化管理的利益和眼前的工作效率，及各项岗位职责的专业化和工作行为的模式化，而不注重公安宏观战略的践行和长远发展的社会效益，进而回避改革和创新等风险，不关注有利于大局的整体协同和全社会联动。同时，特别强调系统控制和预案监督执行，对激励机制、充分授权和拓展权变不感兴趣，最终会因为墨守成规和不具备创新精神，导致公安工作无力应对环境的变化，因而守旧衰退。

第二节　公安领导科学的产生与发展

从公安领导活动的产生来看，公安领导科学有一个很长的发展历史，但作为一门学科，它却只有一个很短暂的现在。和所有的学科产生与发展的规律一样，公安领导活动的产生与发展也同样源于人类生存与发展的某项基本需求，即“安全有序”。国家和社会安全有序需求是公安领导活动产生的原始驱动力。同时，人的主观能动性决定了人们并非只是被动的从事这项活动，而是会对一个一个公安领导实践活动的事件经历进行感性认识，并将感性认识进行长期的积累和经验总结，经过“思辨”和“实证”的过程，逐渐形成对公安领导活动客观规律性的系统认识，并随着公安职业化的发展，最终升华为具有独立科学体系的专门的学科。

一、国家和社会需求

公安机关作为武装性质的国家治安行政力量和刑事司法力量，肩负着维护社会大局稳定、促进社会公平正义、保障人民安居乐业的神圣使命。公安领导活动是人类有意识地改善国家安全和维护社会大局稳定的组织形式。我国的公安领导活动是人民民主专政制度的具体体现，是我国国家和社会安全有序需求的必然产物。根据人类行为的基本模式①和欧洲质量奖卓越模型图②，公安领导活动的基本模式如图 1—1 所示。

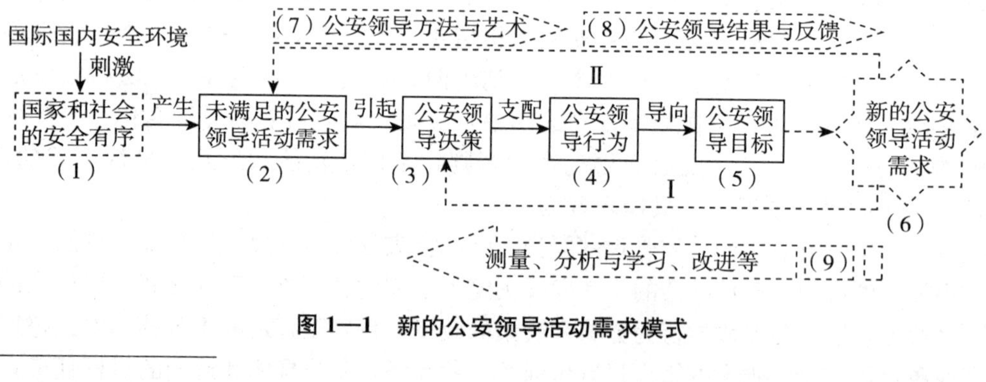

图 1—1　新的公安领导活动需求模式

---

① 参见俞克纯、沈迎选编著：《激励·活力·凝聚力——行为科学的激励理论与群体行为理论》，6 页，北京，中国经济出版社，1988。

② 参见国家质量监督检验检疫总局质量管理司主编：《“卓越绩效评价准则”国家标准理解与实施》，9 页，北京，中国标准出版社，2005。

在国际国内的安全环境的刺激下［图1—1—（1）］，国家和社会的安全有序必然促使未满足的公安领导活动需求的产生。产生的需求［图1—1—（2）］必然引起公安领导解决问题的动机，做出积极应对的决策［图1—1—（3）］，并确立满足需求的目标［图1—1—（5）］，同时在决策的支配和目标的引导下，最终通过公安领导行为操作［图1—1—（4）］，达成公安领导目标。目标达成，其需求满足，那么就会在新的国际国内环境的刺激下，由新的国家和社会安全有序问题，引起新的未满足公安领导活动需求的产生［图1—1—（6）］，重新循环（图1—1—Ⅱ）。在这个过程中的各阶段工作结果不断反馈，公安领导主体会根据所遇到的具体问题，选择传统有效的方法，或者创造性地运用公安领导科学原理予以解决［图1—1—（7）（8）］，同时通过不断测量、分析与学习、改进等［图1—1—（9）］的适应性和发展性的调整和改变（图1—1—Ⅰ），将一切认识不足和预期不到的问题化解，使公安领导活动的运行过程紧贴公安工作实际，从而最大限度地满足国家安全和社会稳定的需求。

（一）国家安全

正如周恩来所说："和平时期，国家安危，公安系于一半。"国家安全需求是维护我国根本利益的集中体现，公安领导活动的实质首先是保证我国国家安全。在国际安全形势的风云变幻和我国社会矛盾多发叠加期，公安领导必须以系统的国家安全观为指导，即统筹政治安全、国土安全、军事安全、经济安全、文化安全、社会安全、科技安全、信息安全、生态安全、资源安全和核安全11个方面的安全需求，维护国家核心和重大利益及人民安全，在发展和改革开放中走中国特色国家安全道路，大力推进国家安全建设，并依法维护社会稳定。

（二）社会安全有序

在国家安全的基础上，保证社会安全有序，社会才可能持续发展。它主要包括两个方面。

1. 社会公平正义

推进依法行政，必须坚持严格执法，切实维护公共利益、人民权益和社会秩序；站在完善和发展中国特色社会主义制度、推进国家治理体系和治理能力现代化的战略高度，全面推进法治建设；将社会公平正义、维护社会和谐稳定作为行政执法工作最重要的价值追求，努力建设社会主义法治国家。

2. 人民安居乐业

树立人民是真正英雄的历史观，以人为本、人民至上的价值观，立党为公、执政为民的执政观，发扬一切为了人民、为了人民一切的服务精神，确保人民安居乐业。

目前我国社会公共安全问题多元化、复杂化，并且多发，形势严峻，主要体现为犯罪现象普遍存在、犯罪类型呈逐年上升的趋势，特别是毒品犯罪涉及面较广并持续增多，群体性事件和重大安全事故频发，民族宗教冲突和暴力恐怖活动、民族分裂活动等时有发生。对此我国把平安中国建设置于中国特色社会主义事业的发展大局之中，将人民群众对平安中国的梦想作为国家努力方向，通过系统的、综合的和依法的综合治理，促进社会安定有序。

二、专业科学的进化

20世纪40—60年代美国首次提出的实证式领导行为科学，至20世纪70年代风靡西方的领导权变科学学说，成为领导科学产生的标志。西方领导科学始于企业领导活动的研究，但迅速地渗透到了全社会。随着它在社会领域的广泛运用，很快发展形成了普适于西方警察学界的警察领导科学体系。

（一）西方警察领域对领导科学理论的践行

西方警察领域随着领导科学在其全社会的迅速普及而产生和发展。其中比较有代表性而且体系完整的论著如1967年佩尔（A. R. Pell）撰写的《警察领导力》（*Police Leadership*）同时，西方还在其警察局和监狱组织等公安领导实践中不断探索和梳理，总结出了独具西方警察领导特色的理论。比如，世界著名的两种理论：（1）1992—1994年威廉·布拉顿（William Bratton）担任纽约市警察局局长，不到四年的时间，布拉顿将全美最"烂"的、治安状况几近失控的纽约市变成了全美最安全的城市。布拉顿任职期间所采用的领导方式方法被学界论证为"转换型领导理论①"，并推广成为经典的领导理论。（2）1990—1993年约翰·韦特利（John Whitle）就任安格拉监狱看守长，三年的时间，韦特利重塑了安格拉监狱②，韦特利的服务性公安领导模式和软硬公安领导方法等同样被总结成为经典的领导理论，被社会广泛推广和借鉴使用。西方源于警察领导活动实践的理论研究成果丰富，而且紧贴西方警察实战，其相关的著述集中体现的是"警察领导力"方面的内容，例如，《21世纪警察领导力》（*Police Leadership in the Twenty-First Century*）、《警察领导力与管理》（*Police Leadership and Management*）等。

（二）我国公安领域对西方领导科学的借鉴

公安领导科学的产生源于1982年《中共中央、国务院关于中央党政机关干部教育工作的决定》（简称《决定》）的推动。《决定》中将"领导科学"作为党政干部必须学习的基础课之一，并在1983年由广西人民出版社出版了夏禹龙、刘吉、冯之浚、张念椿撰写的我国第一本《领导科学基础》专著，至此，领导科学在我国受到了广泛重视，并迅速普及各个专业领域。1991年9月由鹭江出版社出版了倪小宇编著的《公安基层领导学》，成为我国较早的公安领导科学论著。公安部政治部自1995年开始，针对我国公安

---

① 转换性领导理论认为，威廉·布拉顿的成功与其人格的"引爆点"特质、有限警力资源的科学分配、统一主体思想认识、零距离战斗力的团队建设、排除情境中的一切障碍等分不开，可以说是一个原有公安局系统静态要素不变，在树立和统一公安主体生态意义的变革理念基础上，对公安局人、财、物、时间、信息等资源深度开发利用，尤其是重新分配组合统筹兼顾，并以自身特有的人格魅力和领导艺术充分激发公安主体的工作激情，排除障碍，创新公安局的运行机制，构建可持续发展意义上的公安局心理机制的过程。因此，转换型领导理论是科学哲学意义上的公安领导理论。

② 当时监狱的暴力行为，以及谋杀、自杀和越狱多发。犯人长期抱有不满情绪，狱警们士气十分低落。韦特利用三年时间使安格拉监狱发生了巨变，监狱暴力事件的数目大幅度下降，犯人的焦虑和不安心理得到有效缓解，犯人抱怨的次数从每个月50次下降到10次。韦特利以行为强化理论为基础，利用其监狱长的权力和环境资源等，采取软硬领导法，通过监狱良好行为规范的构建，促成了良好氛围和风气的形成，最终凝结成为安格拉监狱良好的组织文化。具体做法是：以正派与公正的人格特质感召；为犯人提供基本的权益保障，认为自己是犯人的辩护人，积极帮助犯人上诉，为他们聘请法律顾问，提供所有的正当的服务；既鼓励犯人良好行为表现，提供各种各样的奖励措施，也毫不姑息地惩治那些不遵守狱规的犯人。

部及其局机关的培训组织编写了人民警察中级培训教材《公安管理与公安领导教程》，并在此后的2007年出版了《公安领导科学研究》，促进了公安领导科学的发展。

2011年公安学一级学科的确立，大大推动了公安领导科学的发展，2013年中国人民公安大学在其公安管理专业开设了公安领导科学公共选修课程，研究生院将公安领导力专题研究纳入了其公安管理专业硕士研究生的专业选修课程。

三、公安改革与公安教育事业的发展

公安领导活动的古老性虽然并没有使公安领导科学成为一门古老的学科，但却在公安改革、创新和科学发展的今天越来越受到广泛的重视，加快了其发展并臻于完善的脚步。在公安领导的实战方面，公安职业化的发展促使了公安领导主体队伍分类管理的进步，公安领导主体队伍建设正在走向规范化。在理论研究方面，我国毅然决然地建立了公安学一级学科，走在了世界的前列，是世界公安史上第一个建立公安一级学科的国家，这必将促使专门的公安领导政策研究、公安领导决策制定和公安指挥实战，以及专门服务于公安领导战略制定的公安智囊机构等进一步发展，表明独立和完善的公安领导科学体系正在形成。

（一）公安职业化的发展

任何一个领域的发展都源于社会分工的不断发展，任何一个学科的产生都离不开学科分类的不断进化。公安领导科学的产生与发展是公安职业化发展的必然结果。自1949年中央人民政府公安部成立，罗瑞卿出任公安部部长，至“文化大革命”前，公安的组织机构、队伍和保障等建设趋于完善，特别是从中央到地方公安院校相继成立并快速发展，形成了一定规模的配套教材和系列著述，公安领导的主体、职能等在治安和管理等理论体系中得到初步论述。特别是1984年7月，公安部成立了以公安院校为主要基地和主体的教材编审委员会，编写了一整套人民警察中级培训教材，体现出对公安领导干部职业化教育培训的重视，极大地促进了对公安领导自身的专门研究的科学发展。

20世纪90年代后，“服务型公安机关”等国外警务理念融入我国公安的职业化发展的进程，各地公安机关先后组织开展了“从严治警”、“政治建警”、“科技强警”，以及“三化建设”①、“三项建设”②、“四项建设”③ 等活动，同时，开展了情报主导警务、社区警务、主动警务等方面的警务实战改革。全国“二十公”会议，特别是党的十八大以来“依法治国、依法执政、依法行政共同推进，坚持法治国家、法治政府、法治社会一体建设”，“促进国家治理体系和治理能力现代化”等精神的提出，大大促进了公安领导工作的专门化理论体系的发展，公安领导主体应有的政治观念、岗位形象、角色定位、团队精神、环境适应性、法制素质和能力、对公安领导权力如何监督，及公安领导者如何带队伍、如何建制度、如何变革创新推动公安组织可持续发展等公安领导实践及其科学理论知识体系得到了前所未有的快速发展。

此外，在回应警务实战的需求开展的公安“大教育、大培训”活动中，公安领导

---

① 三化建设：队伍管理正规化、技术装备现代化、治安工作社会化。

② 三项建设：公安信息化、执法规范化、和谐警民关系。

③ 四项建设：基础信息化、警务实战化、执法规范化、队伍正规化。

（科）学成为全国乃至各级各类公安领导干部培训班必须学习、掌握和研究的课程。

（二）公安学一级学科的建立

2011 年公安学、公安技术被国务院学位委员会和教育部正式批准为一级学科；2013 年中国人民公安大学在其本科培养方案中增设了“公安领导科学”课程；2014 年公安部将公安领导科学列为两个一级学科教材系列，中国高等教育学会将公安领导科学列入普通高等教育“十二五”应用型本科规划教材系列，由中国人民大学出版社出版。

第三节　公安领导科学的研究视域

“公安领导”隶属于国家行政领导的范畴，同时独具“公安职业化”的特殊性质。因此，公安领导科学的实质是公安学与行政领导（科）学相交叉的研究领域。从结构组成的角度来看，公安领导活动的构成主要由公安领导活动的主体、公安领导活动的环境和公安领导活动的目标三个要素组成。从行为过程的角度来看，公安领导活动的运行过程实质就是上述三个要素之间的彼此互动。从心态意识的角度来看，三个要素之间的彼此互动关系是公安领导的主体理念目的和思想战略引导支配的结果。从生态环境的视角来看，公安领导活动是社会大系统活动的一个子系统，其纵向的延续是历史传承的结果，其横向的发展是与社会其他系统不断进行资源的交换、相互依存的过程。

一、公安领导静态结构

同其他社会活动（如公安教学活动）一样，公安领导活动包含着谁在活动，为什么活动，活动什么，即主体、环境、目标三个基本的要素，它们组成了公安领导活动的静态结构要素（见图 1—2）。

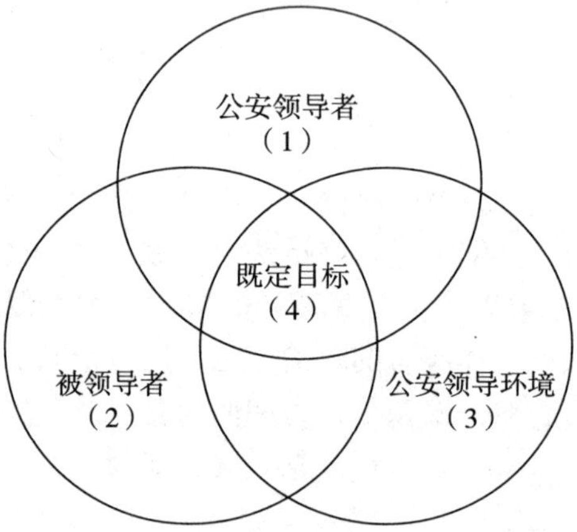

图 1—2　公安领导活动的静态结构图

公安领导者及其被领导者共同构成了公安领导活动的主体［图 1—2—（1）、（2）］，公安领导环境［图 1—2—（3）］决定了公安领导活动的内容，公安领导主体依据其环境需求制定公安领导既定目标［图 1—2—（4）］，并逐步实施达成目标，满足公安领导环境对公安领导活动的需求。

（一）公安领导主体

公安领导者是指具有影响力的公安组织及特定主体。广义的公安领导者主要包括：党委和政府的有关领导者；公安、司法、国安、部队等组织中的有关领导者；其他社会组织中的有关领导者。狭义的公安领导者是指正式组织中专门从事公安领导工作的领导者。

被领导者是指受公安组织及特定主体影响的组织成员及相关对象。从广义上讲，包括在公安组织及特定主体影响下参与公安领导活动的所有的成员。狭义上讲，包括正式组织中专门从事公安工作的有关民警、法警、武警等。

广义的公安领导主体是指以维护国家安全和社会稳定为目的公安领导活动的所有参与者。狭义的公安领导主体是指正式组织中专门从事公安领导活动的人。在解决面向社会的公安领导活动的问题时涉及广义的公安领导主体内容，但在讨论公安领导特征、指挥等具体问题时，主要侧重于狭义的公安领导主体内容。

（二）公安领导环境

公安领导环境是指推动和制约公安领导活动展开的所有事物。社会上任何事物的生存和发展都离不开与其环境之间的资源交换，公安领导活动与其展开的环境相互渗透、相互依存。由于研究的视角不同，因此对公安领导环境的划分方法也不尽相同。

(1) 从系统论的视角来看，公安领导环境系统分为外部环境系统和内部环境系统。外部环境系统是指组织以外对公安领导工作产生影响的国际环境系统和国内环境系统。内部环境系统是指组织内部的环境系统。

(2) 从影响公安领导活动的要素性质来看，公安领导活动的环境影响要素分为自然要素和社会要素，其中自然要素又可分为地理、气候、时间等要素，社会要素则分为政治、经济、文化、军事、教育等要素。

(3) 从公安领导活动的内容来看，公安领导环境分为国家安全环境和社会公共安全环境。

（三）公安领导目标

公安领导目标是指公安领导活动的既定目标，是公安领导活动中的激发性和指向性因素，公安领导活动的过程就是通过自身的影响，使其组织成员及相关对象建立一个共同的愿景，即共创一个国家安全、社会稳定、人民安居乐业的美好梦想，并在这个梦想的激励和指引下，做出长、中、短期的公安领导发展的定位和操作规划。公安管理意义上的公安领导目标就是公安组织目标。但事实上，公安领导目标与公安组织目标并非是同一语，只有在二者完全相互转化的时候，才可能相互替代。

公安领导活动过程是承上级，即将党的公安意图和政府的公安战略规划转化为公安领导目标体系；同时，启下级，即将公安组织目标，包括公安团队目标、公安个人目标等，与上级党的意图和政府公安战略规划有机整合。就具体工作而言，公安组织目标具有更强的完成公安工作任务、解决具体公安问题的针对性，而公安领导目标必须统筹兼顾所有资源和条件，考虑公安问题解决的价值选择和轻重缓急，更加关注公安组织整体利益和文化精神建设，及组织中、长期，甚至未来的发展。不仅如此，广义的公安领导主体决定了公安领导目标甚至还包含更宽泛意义上的公安目标。

事实上，公安领导主体的多元化必然导致各个主体之间存在的“利益”冲突问题，即执政党、政府、公安团队和公安个体等的利益之争。如何协调它们之间的关系？关于这一点只有在深入理解“目标管理”理论、进一步讨论公安领导目标背后“谁制定的公安领导目标?”和“谁在落实公安领导目标?”等各个层面的问题之后，我们才能更好地理解制度化的目标体系及其实现过程、结果的内涵。在此，我们只探讨公安组织中各层级之间的公安领导目标与公安组织目标之间的转换问题（见图 1—3）。

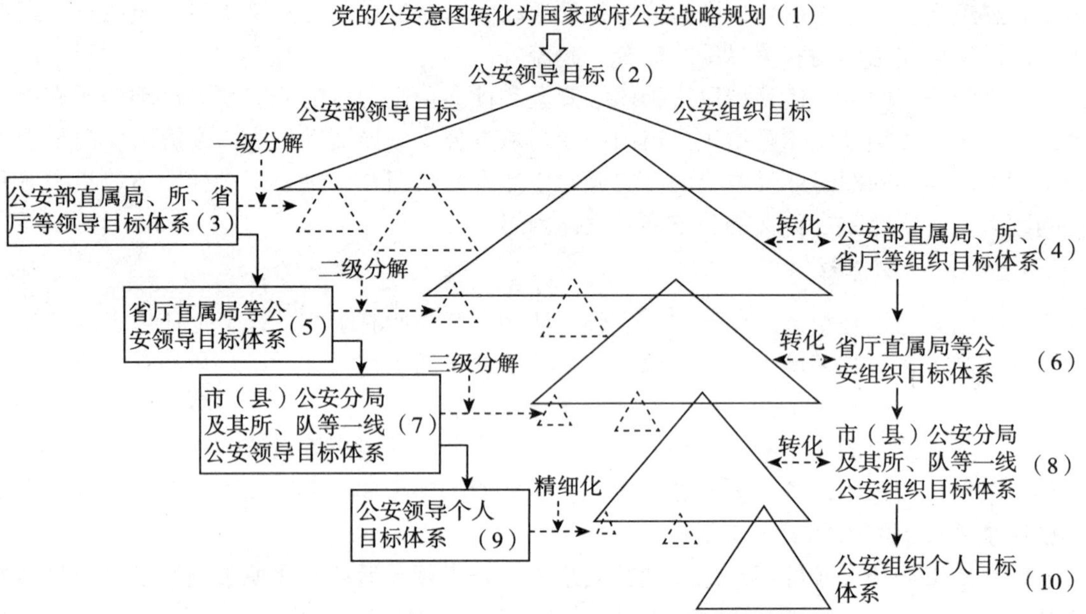

图 1—3　公安领导目标与公安组织目标关系模型

党的公安意图转化为政府公安战略规划，并通过逐级分解成公安领导的目标体系加以体现［图 1—3—（1）—（2）—（3）—（5）—（7）—（9）］。公安领导目标体系逐级对应转化为公安组织目标体系得以落到实处［图 1—3—（3）—（4）、（5）—（6）、（7）—（8）、（9）—（10）］。公安领导目标就是在党的公安意图、政府公安战略、公安组织目标、公安团队目标、公安个体目标等有机糅合的基础上所构建的承上启下的目标体系。就公安领导目标转化为公安组织目标的一致性问题而言，总的公安领导目标与总的公安组织目标之间，及其分解后的各层级之间的公安领导目标和公安组织目标，完全一致的转化是一种理想状态，只有在这种理想状态下公安领导目标才可以被看做公安组织目标。在现实的公安领导工作中我们不难发现，很多公安机关在公安组织目标没有改变的情况下，只是公安机关一把手换了，整个公安机关就随之发生了全然不同的改变。这是个非常值得深思的问题。

从根本上讲，上述问题与公安领导的技术化和价值化的两重性有关。如果说公安领导技术是公安领导活动外在的操作层面的行为，那么公安领导价值就是潜在的支配和决定其操作行为的动机。显然公安领导技术比较容易程序化，因而也比较容易转化为公安组织目标；而公安领导价值难以程序化因而很难有效转化为公安组织目标。从这个角度而言，公安组织目标更多的是突出强调了公安领导技术目标的落实，而事实上公安领导价值目标所包含的社会效益、情感、责任、警营文化等各个方面的内容，在公安组织目标中很难完全体现。但无论怎样，公安领导目标追求的是与党的公安意图、政府的公安战略计划和公安组织目标等的一致性。

二、公安领导动态行为

公安领导活动的动态行为过程，也就是公安领导“怎样活动”。如果我们将公安领导活动简单地比做一部钟表，那么静态结构就是这部钟表的零部件，部件之间的连接和钟表工作的过程就是动态的行为，动态的行为过程就决定钟表行走的状况。因此，公安领导活动的动态行为实际上就是上述静态结构要素的互动关系，有什么样的静态结构就有什么样的要素互动关系，有什么样的要素互动关系就有什么样的公安领导活动的结果。

（一）主体互动关系

公安领导活动的基本互动关系之一就是公安领导者与公安被领导者之间的互动关系。广义的公安领导主体是多元化的主体。首先是各级党委和政府。中国共产党是公安领导主体的核心，对公安领导实施绝对的领导；各级政府对公安领导实施科学化、法制化、信息化和规范化的领导。其次是各政府部门及社会组织中专门从事公安领导活动的人，其中，公安机关、司法机关、国家安全机关、部队等相关人员处于公安领导主体的主导地位，辅之以辅警和协警等群体，以及其他各机关单位和社会组织中从事保卫等相关工作的人员。

这里我们特别要提到的是“公安被领导者”，事实上，在实际的公安领导活动中，公安被领导者既可能是公安领导者的拥护者，也可能是公安领导者的反对者，当然，更可能是公安领导者活动既不反对也不支持的中立者。公安领导活动主要依靠公安领导者与公安领导者的追随者来完成。因此，在现代领导科学界主流说法是领导主体由领导者和其追随者组成。没有其追随者的公安领导者只是一个“傀儡”，实际上已经不是公安领导者了。同样道理，在其前面没有任何所追随的公安领导者，其追随者也失去了存在的意义。从这一点上来说，公安领导者与其追随者是相互依存、互为因果的关系。

（二）主体与环境互动关系

公安领导主体的主观决策与其客观环境之间的互动关系是公安领导活动的又一个基本互动关系。从生态学意义上讲，公安领导活动同其他社会事物一样，都是客观环境需求的产物，是客观社会公安事物发展的必然结果。所谓“人法地，地法天，天法道，道法自然”①，适者生存是一个普适性的法则。因此，公安领导活动是依据客观社会环境和自然环境需求所进行的有目的的行为活动过程。其中社会环境主要包括经济环境、政治环境、法制环境、教育环境、外交环境、军事环境、国防环境、科技环境等。如果说公安领导主体决定的是“怎么做”，那么环境则规定的是公安领导主体“做什么”。前者决定公安领导活动的方法和艺术性，而后者决定的是公安领导活动的内容和科学性。可见公安领导活动的行为过程一方面必须顺应和依赖环境，以求得组织的生存和发展；另一方面又试图反作用和塑造环境，以有益于充分发挥其主观能动性。

---

① 《道德经》第二十五章。

（三）主体与目标互动关系

公安领导主体由不同的组织机构、团队和个体组成，决定了各个组成主体之间迥然不同的需求体系，及其不尽相同的行为目的，即使是同一个需求和同一个行为目的，由于主体间文化、特质等差异，其满足需求和达到目的方式和手段也必然各不相同。公安领导目标往往是统一公安领导主体意志和行为的最重要手段。公安领导长远的、体现未来公安发展梦想的目标设置，能使公安领导主体共建同一个美好愿景，激发公安领导主体工作的指导思想和行为的协同一致。同时通过中期，特别是近期公安领导目标体系的引导，而明确了每个个体都“必须完成什么”的责任和义务，和相对应的权利保障、“不作为”和“不能做什么”的制约和惩处，及有出色或卓越表现的奖励等。因此，公安领导活动目标即具有对其主体行为的激发、引导和指向的功能，也具有对其主体行为有效监督和灵活调控的作用。

（四）主体、目标与环境互动关系

环境决定公安领导活动的目标的内容及其设置，公安领导活动的目标由主体来实现，公安领导的主体、目标和环境，三者是构成公安领导活动不可或缺的组成部分（见图1—4）。

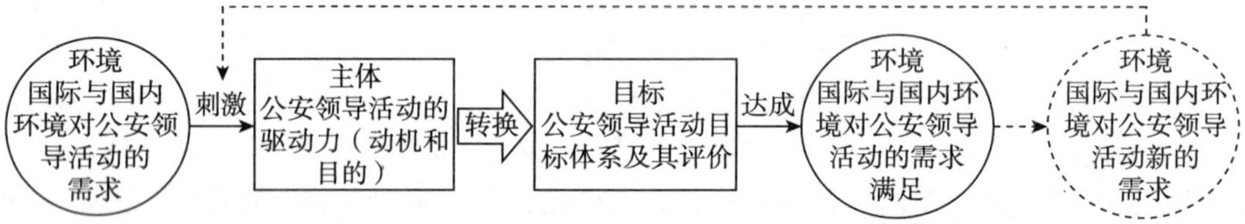

图1—4　公安领导活动要素的互动关系模式

公安领导活动是公安领导主体应对国际与国内公安环境的需求而产生的适应性活动。同时公安领导主体为了使其行为符合客观环境条件，求得其效能的最大化，公安领导活动的主体会主动学习，与时俱进地不断调整三要素的内涵及其互动关系，也会通过反馈对行为的结果不断进行测量、分析，以寻求公安领导方式方法的改进与创新，从这个意义上讲，公安领导活动的过程也是学习的过程，是更好地满足环境需求，并不断地开发和利用环境资源求得公安领导主体，乃至其组织更好地生存和发展的过程。

三、公安领导心态意识

无论是在公安的内部管理还是在面向社会的治安管理，以及侦查、保卫、犯罪、警务指挥等所有的公安理论和实战领域，人们都一直努力追寻着公安领导技术的实现，不断论证公安领导决策，及其执行、监督、结果反馈等各个环节及其程序的科学化等问题。然而，心理支配行为，行为学的这一逻辑起点使人们不得不追问，究竟是什么样的心态理念决定建立了这样的公安领导技术环节和程序，而不是那样的？决定了将公安领导技术落脚于解决这一类问题，而不是那一类？这个问题实质上已经上升为公安领导哲学研究的范畴。

所谓“制度管人，管死人；文化管人，管住魂。”当多元化的公安领导主体利益相互冲突的时候，恰恰是公安领导哲学所营造的传统文化成为公安领导主体最终行为选择的支配力量，也是在公安领导哲学中的公安领导主体才能获取担负国家安危、百姓安居责任的勇气，及激发爱岗敬业、百折不挠、流血牺牲的情绪情感，和发展公安事业创新的智慧、变革的勇气。没有公安领导哲学的公安领导者仅仅是一个执行器，机械地执行党政命令，或者说是一个报警器，感性地反映下级的情况，这样的公安领导者不可能为公安领导体制上的发展提供创新和变革的力量。具有公安领导哲学的公安领导者更善于制造建设性冲突，将新的理念、前沿的理论和新的事物融入公安组织，在心态意识层面创造适合公安组织持续发展的社会心理机制，使公安组织与时俱进，走向卓越。

（一）公安领导价值

公安领导价值是公安领导活动行为选择的取向和准绳，是公安领导活动之意义的源泉。所谓“领导重在决策，决策重在选择，选择重在排序，排序重在价值”，有效排序，才能避免布里丹选择①。如果说公安管理活动倾向于追求更高的效率，那么公安领导活动则倾向于追求更高的价值。因此，将公安领导价值放在首位的公安领导者才能高瞻远瞩，拓展公安战略思维的空间，将公安资源的配置范围伸展到全社会，避免霍布森选择②。

公安领导价值简单地说就是对公安领导事务好坏、对错，是非等的判断。最终做还是不做的所有选择，都取决于其价值判断的结果，即“值”还是“不值”，或者哪一个更值的衡量。在“做正确的事”和“正确地做事”之间，公安领导技术突出的是正确地做事，而且做得越正确公安领导活动的效率就越高，公安领导价值强调的是做正确的事，而且做的事越正确公安领导活动的效益就越好。可见公安领导价值解决的是“大方向”问题，公安领导技术解决的是“落到实处”问题。大方向错了背道而驰，具体技术落实越有力反而越是相去愈远；反之，具体技术落实错了无济于事，大方向怎样正确也于事无补。

因此，公安领导价值与公安领导技术相辅相成，是公安领导活动不可或缺的两个方面。完整的公安领导科学理论是卓有成效的公安领导技术与决定公安领导技术正确运用的公安领导价值的有机结合。公安领导价值是公安领导的本质所在，它决定着公安领导技术能否正确运用；公安领导技术又使公安领导价值在警务实战中得以充分显现。只关注公安领导价值的公安领导者倾向于理想的公安领导决策制定，但往往对公安领导决策的可操作性重视不够，从而使其价值追求无法转化为现实的公安战斗力；反之，只关注公安领导技术的公安领导者则不仅难以为组织营造历史性的优良传统，而且还会使公安领导者的影响难以形成社会性的拓展力量。因此，公安领导活动实际上是依靠其价值的力量为人类创造公共安全有序的梦想，并使其梦想付诸现实实战的高尚活动。

（二）公安领导责任

公安领导责任感的产生及其内含的研究是公安领导哲学的核心问题之一，但同时也是

---

① 布里丹选择，又称“布里丹之驴”，是以 14 世纪法国哲学家布里丹名字命名的悖论。有一个叫布里丹的人，牵着他饥饿的驴子到野外去吃草。看到左边的草长得很茂盛，他带它到了左边又觉得右边的草颜色更绿，又带驴子跑到右边；但又觉得远处的草比左边和右边的都好，便牵着驴子跑向远方……最终他的驴子被饿死在了途中。

② 又称“霍布森陷阱”。霍布森是 17 世纪英国剑桥一位卖马的商人。他向买马者承诺：买或者租用我的马，只要给一个相同的低价格，就可以从马圈中随意挑选。但他只在马圈留了一个小门，大马、肥马和好马都出不去，能出去的都是一些小马、瘦马和劣马。

难解的问题之一。公安领导责任感既包含着服从党的绝对领导的工具性，又包含着朴实纯粹的公安职业道德的属性。因此，一种公安领导责任感是从实证主义行为科学的视角强调公安领导活动服从党的绝对领导和政府指令的责任感；另一种公安领导责任感是从理想主义伦理文化的视角突出公安领导活动的职业道德属性的责任感。那么，公安领导主体完成其工作任务，究竟是出于被迫或习惯了的服从，还是出于自身责任感的自觉行动？二者虽然都是履行了其责任，但却出于不同心态意识支配下的截然不同的责任感。前者是外在的，因而包含着趋利避害的心因影响，而后者是内在的，是积极主动的担当，因而包含着纯粹道德的力量。

在实际公安领导工作中二者既相互重合，又相互冲突，很难明确区分，最终支配公安领导行为的往往是二者的结合，只是不同的公安领导主体可能其主流的责任感不同。当然，由于每个人的世界观、人生观、价值观、信念及习性性格等迥然不同，因此，视个人的发展独立于公安组织发展之外，将公安组织作为一种工具性东西的公安领导主体，可能会将个人政绩的获取置于公安组织整体利益之上。而将公安组织的发展作为自己人生价值实现的公安领导主体，则会将自己的一切，甚至生命，投放于公安组织目标的实现和公安组织整体利益的获取之中。

事实上，还有一类公安领导主体，其责任感不仅限于公安组织的发展，而是扩展到更广阔的空间，他们将推动人类社会的发展作为自己人生的价值，这种基于人类社会发展的远大理想的责任感远远超越了公安领导目标，更具崇高道德的感染力。从这个意义上讲，也是公安领导主体通过其责任感的超越，而将自己有限的生命无限延伸，润物于公安组织的发展、国家民族的兴衰，乃至全世界的和平，这种责任感的超越使公安领导活动具有更大的风险性和挑战性。

（三）公安领导情绪情感

公安领导情绪情感是在公安领导活动中的客观事物是否符合公安领导主体的需求、愿望和观点等时所产生的一种主观体验。支配公安领导主体的工作态度的不仅仅是理性认知，正所谓知之深，爱之切，爱之深，求之切。实际上一个完整的公安领导主体的工作态度由理性认知、情绪情感、意向表现三个心理成分组成，三者相互影响、相互制约，可能具有高度的一致性，也可能相互矛盾彼此冲突。当三者完全一致时态度的稳定性最强，但更多的情况是三者不完全一致。“理性”、“情绪化”和“走形式等”这类词汇经常用来形容一个公安领导主体外在工作态度其内在的情绪情感的支配。在实际公安领导活动中我们时常会发现，许多决定公安领导态度表现的是公安领导主体的情绪情感，而且公安领导主体的情绪情感既有其与生俱来的自然属性，也有其后天习得的社会属性，因此，公安领导主体行为受其情绪情感所左右是固有的和必然的。

事实上，上述特点具有普遍意义，与其他社会活动主体并无多大区别。只是公安领导主体岗位角色的特殊性要求其情感投放必须准确无误，情绪控制必须恰当有度。因为公安领导主体是超脱于一般社会主体，具有预防、纠正，甚至采取暴力手段控制社会事物的职责和权力的特殊主体，所以必须具有公安领导活动特有的价值判断力、执法公信力、决策执行力、情势洞察力、百姓亲和力、用人激发力、危情应变力、团队凝聚力、创新学习力、协同综合力、反恐遏制力、指挥联动力、权威影响力。这就要求公安领导主体必须做到情绪情感的正确投放和有效控制。

四、公安领导生态环境

公安领导活动是社会存在和发展中众多社会活动中的一种活动，与其他的社会活动相互依存，互为因果，必然随其他社会活动的发展变化而不断变革。这种变革的过程是公安领导主体主动适应其他社会活动的演变而自我革新的过程，是为了更好地维护执政党的统治、国家稳定、社会安全有序和人民财产安全、人身安全等，积极作用于其他社会活动的过程。从生态学的视角来看，就是社会生态系统中的公安领导活动子系统与其他各个社会活动子系统之间实现更好的资源交换和相互协同。生态系统中任何一个系统的改变都会带来整体系统的改变。公安领导活动展开的生态环境是其自然生态环境和社会生态环境共同作用的结果，其中，对公安领导活动影响比较大的是社会生态环境。这里我们不妨将公安领导活动的社会生态环境分为公安领导外环境和公安领导内环境。

（一）公安领导外环境

公安领导外环境主要包括国际公安领导环境和国内公安领导环境。其国内环境是其国际大环境的组成部分。国内公安领导环境必然随着国际公安领导环境的变迁，而不断发生适应性的变革和创新发展。

1. 国际公安领导环境

国际公安信息化迅猛发展，世界公安格局变幻莫测，特别是信息化背景下世界虚拟公安格局正在被予以新的定义和规划，新的网络公共安全问题层出不穷，国际网络公共安全的矛盾日益激化，以高科技为手段的跨国犯罪和暴力恐怖等问题不断涌现。目前，国际社会公安环境呈现出新的特点，即全球信息化、利益一体化、犯罪跨国化、暴力恐怖组织在世界范围内活动。这些情况都促进了跨国警务联动与日俱增、世界各国的相关组织相互协同，相互依赖和彼此制约成为必然的趋势。国际社会公安环境的改变必然引发我国公安基本战略的改变，即我国公安战略走向国际化、多国区域化、全球化和跨国警务等。

2. 国内公安领导环境

随着改革开放，经济社会的发展，我国社会处于转型阶段，工业化时间太短，在没能很好地完成工业现代化的情况下，就迎来了全球信息化的挑战，这必然造成各个阶层矛盾凸显。推进改革开放和社会主义现代化建设中所肩负任务的艰巨性和繁重性、改革发展稳定中所面临矛盾与问题的规模和复杂性、在前进中所面对的困难和风险均前所未有。国家行政治理在实践中摸索，国家民族问题、政府法治建设问题、干群关系问题、社会保障问题、贫富差距问题、社会道德诚信体系建设问题等，尤其是犯罪高科技手段的运用和国际化发展趋势，都使国内社会公安问题错综复杂，根治难度加大。

（二）公安领导内环境

公安领导内环境主要是指公安领导主体所工作的组织环境。以公安部为例，我国公安部的公安领导内环境，包括公安机关和办事、办学及研究等机构运行过程中所涉及的所有影响因素。从文化的视角来看，这些影响因素主要包括公安部属组织的深层精神文化、中层制度行为文化和浅表物质文化。公安领导的内部环境，与其外环境相互依存。

由于公安领导静态的结构、动态的行为、心态的意识和生态的环境四个部分的辩证统一关系，决定了各个部分相互影响，其中任何一个部分发生改变都会引起其他部分的革新。

第四节　公安领导科学的学科意义

公安领导科学既具有很强的理论研究性，又具有很强的实践操作性，决定了在个人层面上，无论你是谁，无论你在哪里从事公安工作和从事什么样的公安工作，你的个人发展总会受到公安领导的影响。同时也决定了在国家和社会层面上，一个国家和社会安全秩序的好坏，其实就是公安领导的好坏。

一、确立发展的公安领导理念

没有“影响”就没有领导，通过“施加影响”，使组织成员及相关对象实现既定目标是公安领导的必由之路。“晓之以理”是对公安领导者怎样施加影响的精辟总结。这里的“理”就是支配行为的理念。随着社会的进步，改变世界格局利益的争夺从农业社会的近距离肉搏，到工业社会各种近、远程武器的比拼，发展到今天的信息社会，正在逐步被意识形态理念的渗透所代替，世界各国都在投入大量思想观念等文化元素，在世界范围内征召其追随者，这显然是包括公安领导者在内的所有行政领导者必须面对的空前挑战。

（一）引领积极的公安意识流

近年来，一些社会学家在研究和解释社会群体极端行为时，运用了流行病学的原理和理论，为我们呈现了一个全新的视角，认为新的精神和新的信仰在任何组织中，由有影响力的人进行传播，一旦其信奉者达到了一定数量，或突破了某一临界值，就会出现社会意识流现象，即这一新的精神和新的信仰广泛地被人们所接受，并且支配组织成员的行为，使整个组织立即发生根本性的变化。现代公安理念之争就是公安事业的阵地之争，就是国家安全和社会公共安全之争。因此，公安领导科学学科肩负着引领公安走向符合社会主义事业和可持续发展的社会意识流的重任。

（二）吸纳世界前沿的领导观念

系统科学是20世纪科学哲学的重大发现，成为21世纪世界各国及其各行各业在实践中加以运用的哲学思想与战略观念，也使其成为赢得竞争的主流领导思想。公安领导的科学发展观实质上就是从整体上统筹兼顾各方面的公安因素，追求全面协调可持续发展，其实质就是系统科学思想指导下所形成的公安领导系统创新的方法论。宇宙大爆炸的理论揭示了整个宇宙的创生过程就是一个系统创新的过程，也是一个由简单到复杂的发展过程。物质世界从无机到有机，再到人类，和人的精神世界从符号到语言，再到文化，无一不是系统创新发展的过程。因此，公安系统中大大小小的公安事物无一不是公安系统创新的结果。例如，图像侦察系统、DNA和菌群比对系统、智慧警务系统等公安高科技系统，和人性化单警装备系统、“社区警务”等。

二、掌握公安领导科学研究的基本理论

纵观中西方公安领导科学，特别是普适性的领导理论的实际研究，我们不难发现，其具体研究的范式不外两类：一是基于自然科学方法的研究范式，以实证式的科学领导

理论为主要成果；二是基于人文科学方法的研究范式，以思辨式的人文领导理论为主要成果。因此，它决定了领导理论往往具有两种存在的形态：一种是领导科学理论；另一种是领导艺术理论。领导科学理论分析的结果总是具有准确清晰、独一无二的特性，而运用人文学科理论分析的结果则是不准确模糊，甚至存在多种可能的。这也是迄今为止同一内容理论的学科，在名称上却有“领导科学”和“领导学”差别的原因，前者之称是延续了西方该学科产生的科学实证性的初衷，而后者之称是强调了该学科理论的人文属性。

一般来讲，同一理论体系的研究范式具有同一性，因此，我们不妨通过具体的领导理论的研究范式来认识公安领导理论的研究范式。

（一）实证式的科学领导理论

实证式的领导理论侧重于“从具体到抽象”的自然科学的研究方式，通过系统的实证性论证，将领导活动抽象并高度概括为具有“同一性”的体系。显然，实证式的领导科学理论有明确的概念内涵与外延，具有严密逻辑性，可验证和重复，是普适而简单的纯科学领导理论。纯科学领导理论与研究者本体无关，反应的是领导活动中客观事物本身固有的运动形式，因其简单、赋有逻辑性和可实证，易于理解和掌握，而在世界范围内被广泛运用，并迅速发展。实证式的科学研究范式是西方领导科学理论的一个重要特色，为我们研究公安领导科学提供了极具价值的理论基础。领导科学具体的理论研究范式主要划分为四种：特质理论范式、行为理论范式、权变理论范式和新领导力理论范式。

1. 领导特质理论

最初的领导理论主要是针对领导特质的研究，研究者试图将所有的卓越领导者具备的特质抽象出来，构成简单的同一性的要素。早期领导特质的研究偏重于个人的先天素质。古希腊哲学家亚里士多德认为，人从出生之日起，就已经注定了他是“治人”还是“治于人”的命运。其相关的著述建立在经验的总结和道德说教基础之上。20 世纪初西方开始使用自然科学的方法，试图从社会称之为伟人的人身上抽象出领导者的特质，建立领导者与众不同的人格特质的同一性，从而对领导者的成功进行归因研究。因此，当时的研究又称之为伟人论。特别是两次世界大战对卓越军事领导者的强烈需求，促使人们投身于领导特质的研究，希望其成果能有效解决其选择、培养等问题。然而，究竟应该采用怎样的分类方法，从哪些方面和以什么标准衡量领导特质，缺乏统一的口径，致使归纳出的领导特质越来越多，最终莫衷一是。

20 世纪 40 年代以后，随着心理学的蓬勃发展，为突破特质理论的研究瓶颈提供了契机。1948—1970 年间美国领导学家拉尔夫·斯特格迪尔（R. M. Stogdill）进行了百余次的领导人格特质研究。其中一项考察了 100 项人格特质理论的研究成果，归纳出领导在最基本的人的需求体系方面的特质，即具有控制他人欲望，在人的能力体系方面具有满足他人需求的能力等。同时，他特别强调了领导人格特质的“时代性”，即任何成功的领导者都与其当时的环境分不开，成功人格特质的成果限于那个时代，并不具备普适性。在其后的持续研究中，他又增加了一些新的特征，如魄力、独立、压力负荷能力等。斯特格迪尔与其同时代的，及其后的众多的研究者，诸如吉普（Gibb）、吉赛利（Ghiselli）、诺斯科特·帕金森（N. Parkinson）和德鲁克（Drucker）、彼特（Peter）、切斯特·巴纳德、威廉·鲍莫尔一道在领导特质研究领域取得了丰硕的成果。

2. 领导行为理论

20 世纪 40 年代末领导行为理论兴起。该理论认为，领导者的行为不外乎表现为调动人的积极性和完成工作任务两个维度。极具代表性的行为理论是 1945 年美国俄亥俄州立大学以斯特格迪尔和沙特尔为核心的团队，对 1 000 多种影响领导行为的因素进行筛选，运用高度概括的方法构建的“领导行为四分图”（Four Chart Leadership）理论，该理论认为领导行为包括员工导向（employee-oriented leader，也称关系行为）和生产导向（production-oriented leader，也称任务行为），将两个导向按高和低的两种情况 2×2 划分，即形成了由四种领导行为组成的“四分图”理论。与其同出一辙的还有密歇根大学的研究。同时，芬兰和瑞典的研究者对领导行为只存在两个维度提出了质疑，认为在变化的世界中，有效的领导者往往更注重寻求新方法，发动和实施变革，创造符合社会发展的新价值。于是后期的研究者对俄亥俄州立大学研究的原始试验数据进行了重新考察，发现了“做事总愿意采用新的方法”、“运用新观点解决问题”、“鼓励下属采取新的活动”等发展维度，即发展导向（development-orientation，又称发展行为）与领导有效性有关，同时认为，这些项目在当时没有得到应有的有效领导的解释，是因为领导行为具有时代性，在那个时代，创新和改革并不像今天这样重要。1964 年美国得克萨斯大学行为科学家罗伯特·布莱克（R. R. Blake）和简·默顿（J. S. Mouton）对“领导行为四分图”进行了发展性研究，在“关心人（concern for people）”和“关心生产”（concern for production）的两个维度上进行 9×9 细分，即形成了由 81 种领导行为组成的“管理方格图”（Management Grid）理论。

一些学者通过对领导者影响被领导者的权力运用方式的研究，提出了领导作风（average leadership style，ALS）理论（也称领导风格理论，或领导方式理论），认为权力定位在领导者或者组织成员手中的不同，或者领导者授权程度、组织成员参与程度的不同等，表现为不同的领导作风。具有代表性的领导作风理论主要有美国科学家卢因（Lewin）提出的“民主、专制和放任”三种领导风格理论；美国科学家伦西斯·利克特（Rensis Likert）提出的“专制型、仁慈专制型、民主协商型、民主参与型”四种领导方式理论；美国罗伯特·坦南鲍姆（R. Tannenbaum）和沃伦·施米特（W. H. Schmidt）提出的由专制和民主作为两个端点，其连线之间存在着无数个不同程度的民主和专制的“领导风格连续统一体（也称领导行为连续体）”理论。

3. 领导权变理论

20 世纪 60—70 年代形成的有关领导绩效不仅有赖于领导者，还取决于被领导者和情境因素交互作用的影响的理论，又称情境理论，即通过选取被领导者和情境两个方面的中间变量进行分析研究所形成的领导理论，诸如领导者与被领导者关系的好坏、工作的结构化程度、领导者职位权力强弱、被领导者对领导决策接受程度、追随者工作技能成熟程度、信息资源的适用性、群体规范与士气等。其具有代表性的理论，一是美国西雅图华盛顿大学心理学与管理学教授弗莱德·菲德勒（Fred E. Fiedler）将职位权力（强—弱）、领导与成员关系（好—坏）、工作任务（明确—不明确）三种情境因素引入基本的领导行为理论，其中三种情境的二维因素通过组合形成八种不同的情境，领导方式的选择应与八种情境类型相适应，才能获得有效的领导，这种理论被称为“菲德勒模型”理论；二是加拿大多伦多大学教授豪斯（House）把激发动机的期望理论引入基本的领导行为理论，提出

“道路—目标理论”，又叫目标导向理论，认为领导者的效能是为下级指明达到目标的道路并激励下级积极实现组织目标；三是美国学者维克多·弗罗姆（Victor H. Vroom）和菲利普·耶顿（P. W. Yetton）提出的“领导参与模型理论”，又称领导参与理论，认为有效的领导应该根据不同的情况，让下属不同程度地参与决策；四是美国学者卡曼（Karman）提出的领导生命周期理论（Situational Leadership Theory，SLT），认为领导者应该根据被领导者的心理和人格的成熟程度，即“不成熟—有点成熟—比较成熟—成熟”的四个阶段，依次分别采取“命令—说服—参与—授权”四种领导方式。

4. 新领导力理论

20 世纪 80 年代进入信息社会，领导科学实践的发展不断推动着其学界重新厘定领导的内涵，以领导者与被领导者关系为核心变量的领导理论得到快速发展，认为任何组织和社会的发展都是领导者和被领导者共同推动的结果。领导者与被领导者在客观上存在着各种关系，诸如知识和技能的替代关系、需求和利益的交换关系、情感和血缘的纽带关系、精神和文化的影响关系等，因此实际的领导是依据二者的关系而灵活权变的领导。这方面具有代表性的理论，一是 1979 年米契尔（Mitchell）等人通过领导者对下属的判断取决于其对下属取得绩效的成因解释的分析，提出的“领导归因理论”。从下属的视角来看也会用领导来解释组织的结果，特别是当组织衰败或走上卓越两个极端时，人们会归因于领导。二是史蒂文（Steven）等人提出的领导抵消器、领导替代品与领导放大器理论，认为领导活动具有干扰和减弱其组织成员工作成效的特性，称之领导的抵消器；而组织中的成员可以利用其他资源代替领导者，称之领导替代品；一些因素可以有效地放大领导对下属的影响，称之领导放大器。三是查理·曼茨和亨利·西姆提出的自我领导和超级领导理论，认为卓越的组织是每个个体都能自己领导自己的团队，超级领导就是通过培养自我领导者而实现其高效领导职能。

近年最为流行的新领导力理论，一是交易型领导理论，主要是指在精神和物质的奖酬基础上的即时交换来影响被领导者；二是变革型领导理论，主要是指通过组织未来发展的美好愿景激励其成员超越个人或团队利益，推动组织变革创新，使组织走向卓越；三是魅力型领导理论，主要是指下属根据所观察到的领导者的某些行为，而把领导者归为伟人或具有杰出能力的领导者；四是柔性领导理论，主要是指依靠领导者的非权力性影响力，潜移默化地将组织意志内化为个人的行为；五是内隐领导理论，主要是指领导者提供服务，退至边缘，被领导者占据领导活动的主导地位；六是平民领导理论主要是指平民时代替代了伟人时代所产生的领导平民化现象；七是简约领导理论，主要是指领导活动是降低成本、增加效能的过程，因此不应该是越来越复杂，而是越来越简单的过程；八是转换型领导理论，主要是指通过了解和预期事态的未来发展趋势，激发被领导者投身于对追求愿景，理解、包容并积极参与改造目前不良状况的领导方式；也是使被领导者成长为自我领导者，使团队在挑战中学习、建设和追求可持续发展的领导方式。

（二）思辨式的人文领导理论

实证式的领导理论侧重于“从具体到抽象”的自然科学的研究方式，通过系统的实证性论证，将领导活动抽象并高度概括为具有“同一性”的体系。与实证领导理论相比，人文领导理论的概念内涵与外延模糊，没有严密的逻辑，甚至不可验证和重复，往往是存在许多个视角而有争议的思辨的理论。思辨的学科理论则与研究者本体合而为一，是人以自己作为研究工具、经过大脑的感悟总结的理论。如果说科学的范畴内没有相互冲突的理论，那么在人文科学的范畴内则是百家争鸣，甚至全然对立的理论。

很显然，在实际的领导活动中，一切思辨的形而上学的领导理论，包括领导哲学、领导行为学、领导伦理学、领导美学、领导政治学、领导语言学、领导形象学等，甚至包括领导宗教与信仰等都具有人文领导理论的性质，但的确都是构成领导文化灵魂不可或缺的组成部分。无论是我国还是西方，思辨式的人文领导理论研究成果犹如宇宙繁星而难以尽数，并不断创生发展。

1. 西方领导艺术理论

西方领导理论始于领导科学理论，但在其发展过程中领导艺术理论的研究成果及其影响却远远超过了领导科学理论。以彼得·圣吉（Peter M. Senge）的《五项修炼》为代表的领导艺术理论研究非常盛行，这类著述中往往包含大量的实际领导案例。特别是詹姆斯·麦格雷戈·伯恩斯的领导理论被世界理论学界推崇为经典的领导理论研究，就是源于他的理论是基于当代世界著名领袖的案例研究。他写了多部美国总统的传记研究著作，例如，1956年出版的《罗斯福：狮子和狐狸（1882—1940）》和1970年出版的《罗斯福：自由的战士》。伯恩斯著述甚多，其研究焦点集中于罗斯福、丘吉尔、马丁·路德、甘地、纳尔逊·曼德拉、毛泽东、伊丽莎白一世、拿破仑、克林顿等许多对世界历史影响重大的人物。伯恩斯的每一部著作都堪称领导艺术理论研究的经典之作，其中影响最大的首推他的《领导论》。事实上，西方领导艺术理论研究著作比比皆是，不胜枚举。

2. 我国经典的领导理论

将领导作为专门的学问，在我国至少是自先秦开始。只不过我国没有使用“领导”一词，而是称之为“君”、“政”；也没有使用“领导（科）学”一词，而是称之为“治国之道”、“从政之道”、“治政之术”等。最初对其深刻的阐述分散于我国哲学思想体系中的经史子集中，封建社会的中后期开始产生了多部专门的著作，诸如唐代《贞观政要》、《帝范》、《臣轨》，宋代《资治通鉴》，元代《三事忠告》，明代《帝鉴图说》，以及清代《资政要览》、《康熙政要》、《学治臆说》和《佐治药言》等官场教科书籍。① 这些闪烁着人类智慧的古代领导思想对后世领导科学的发展有较大的影响，也是现代公安领导的重要文化基础。

三、培养未来的公安领导者

信息时代的知识大爆炸和科学技术神奇般地飞速发展，这些知识和科学技能迫使公安领导者必须依靠和追随其被领导者弥补自己的不足，传统的“治人和治于人”，甚至“领导与被领导”的界限逐渐消融。在交易型领导理论意义上，公安领导者提供服务，公安被领导者创造公安工作价值，公安领导者与公安被领导者之间互惠互利、相互交换、实现共赢成为主流。具有时代性的“领导替代”和“自我领导理论”应运而生，“个人英雄”的公安领导者被潮水般拥上前台的公安主体队伍所吞没。明智的公安领导者退而“平民化”求居后台，角色转变为“超级领导”，通过培养团队每个个体的“自我领导”，而顺应时代

① 参见田广清、孟继群编：《中国领导思想史》，8页，长春，吉林人民出版社，2004。

发展的必然要求，从而体现自身存在的价值。同时，信息时代地球村式的一体化和碎片式的利益主体多元化，都对公安领导者的领导能力提出了更高的要求。特别是将追求个人价值和个性化的成员集结起来，打造成一个零距离战斗力的公安团队，成为新的历史时期给予公安领导者最具挑战性和最艰巨的任务。

信息社会改变着公安领导观念及其行为模式，公安领导结构发生着史无前例的巨大变迁，对时代性的公安领导者的需求程度将远远超乎人们的预想，社会呼唤着新型的公安领导者。从目前公安学、公安领导科学、公安管理学和公安组织行为学等发展态势来看，具有“引爆点”领导力、能够统筹兼顾公安内部和外部环境要素进行系统创新、善于整合全社会资源化解公安危机，并有能力将公安危机转化为公安发展的契机，都是传统领导者所不侧重，但却是未来公安领导者必备的基本能力。

美国经理发展协会主席詹姆斯·F·波特在其《组织行为学》中曾提出了“三维领导”的概念，认为发展意义上的领导者在人格特质、领导艺术和业务能力三个维度上必须保持一定的平衡关系，未来的领导者是三维领导要素的混合和统一。随着全社会信息科技的高速发展，公安组织发展的脚步越来越快，必然要求公安领导者具有非凡的感召其被领导者的人格特质，具有懂得公安各警种业务、不断与时俱进进行创新变革的能力。跟不上这种高标准、均衡、快速发展的脚步，无疑就会造成公安领导者能力危机的弥漫，特别是公安领导者的领导艺术危机。

（一）“引爆点”领导力

社会问题的导火索是具有引爆人格特质的个别人，具体说是由这个个别人所传递的信息引发了社会问题。农业社会和工业社会受科学技术发展的限制，早期“枪弹”和“靶子”的信息传播模式更多地为领导者提供了展示其人格的机会和平台。信息社会不同于工、农业社会，网络给所有人提供了几乎没有成本的便捷的信息传播机会，人人都有机会成为引爆的人。那些善于捕捉并借助情境包装信息，并使得这一“信息”成为“打火点”、轻轻一触让世界动起来的人，就是具有引爆点领导力的非凡的领导者，如同银匠里维尔沿途传递的信息，拉开了美国独立战争的序幕，而同样作为的戴维斯却没有引爆任何人一样[①]。

引爆点领导力实际上就是我们所说的人的“影响力”，只是这种影响力的施加带有巧妙地借助和整合了情境中的分力，以“四两拨千斤”的巧劲，制造了奇迹般的风潮。如同蝴蝶效应[②]和破窗效应[③]。事实上，在全球一体化整合和碎片化裂变的今天，公安领导工作更加离不开具有引爆人格特质的人。其原因主要包括以下几点：

（1）思想的统一。公安队伍建设上离不开具有引爆人格特质的公安领导者，将党的路

---

① 马尔科姆·格拉德威尔在其《引爆点》（*Tipping Point*）一书中讲了一个传奇的故事：银匠里维尔和制革工人戴维斯，都听到了预示英军可能于次日进剿民兵的消息，两个人都连夜骑马出发，自不同路线从波士顿到列克星敦，沿途将英国人要来的信息传达给各地的民兵组织。结果是里维尔所经过的村镇的民兵们连夜组织起来，迎头痛击了英军，“打响了美国独立战争的第一枪”。而戴维斯却没能“点燃”任何民兵。

② 蝴蝶效应：20世纪70年代，美国洛伦兹（Edward Norton Lorenz）在解释空气系统理论时发现，亚马逊雨林一只蝴蝶翅膀的偶尔振动，可能会引起美国得克萨斯州的一场龙卷风。

③ 破窗效应：詹姆士·威尔逊（James Q. Wilson）及乔治·凯林（George L. Kelling）认为，环境中的不良现象（如犯罪行为）如果任其存在、不及时制止，就会诱使人们效仿，甚至变本加厉。

线方针和政府的法制管理，及公安发展战略等传递并根植于每一个追随者的头脑。

（2）社会关系的协调性。具有“引爆”人格特质的公安领导者才能通过全社会联动和协同，得到广泛的支持，从而高效率、高质量的解决综合性的公安问题。

（3）道德领导的辐射作用。具有引爆人格的公安领导者，才能真正地成为公安被领导者职业道德的典范和楷模，“榜样的力量”才能发挥应有的作用。

（4）公安任务的完成。只有引爆人格的公安领导者才能有效影响组织成员及相关对象，勇于担当，顾全大局，服从命令，坚持原则，忠实为民，不怕牺牲和无私奉献地积极迎接每一个挑战。

这里非常值得探讨的是“谁引爆了谁”。“引爆”仿佛也是个战场，消极的既实利又势力的人，甚至具有反社会、反和平和极端暴恐倾向的人也可能具有引爆的人格特质，与公安领导主体所具备的引爆人格特质比较而言，谁更强劲谁就能引爆对手，而不是被对手引爆。还有一个我们不难发现的问题，即引爆具有随机性，因此我们必须关注舆论舆情的引导和控制。同时，优秀公安领导者具有非凡的理解力和洞察力，能够有意图、有目的和恰当地培养引爆“情境”，设计引爆信息，并不失时机地通过引爆释放整个公安团队潜质，引发其改革创新的气节，将公安组织推向自组织发展，甚至跨越公安组织的边界，引发社会的变革创新与发展，为社会缔造一种永恒的传统。

（二）零距离战斗力的团队打造

世界上最伟大的力量是团队的力量。一位伟大的公安领导者最为非凡的能力就是带出一支零距离战斗力的公安团队。“一人必死，十人不能当；百人必死，千人不能当；千人必死，万人不能当；万人必死，横行天下。”所谓“千人同心，则得千人之力；万人异心，则无一人之用”。正如我们所熟知的“木桶原理”一样，公安团队行动的速度和任务完成的质量并不在于动作最快和技能最高的那一个队员，而是取决于公安团队中行动最慢的、任务完成技能最差的那个队员。零距离战斗力的团队是成员间彼此无缝隙地结成一体，为共同的公安任务、目标和梦想精诚合作、默契配合，平时不惜力、战时不惜命的团队。

这里我们不妨举一个“蚁军”的例子：一位农夫上山开荒，在砍荆棘时不小心弄破了一个箩筐大的蚂蚁窝，成群的蚂蚁涌了出来，农夫立即用杂草和荆棘围成圈，圈住蚂蚁并点燃。风助火势，蚂蚁四散逃命，但四面八方全是烈火，蚂蚁的命运可想而知！然而，意想不到的是蚂蚁群聚拢抱团，像滚雪球一样迅速滚出火海，逃离了险境。弱小蚂蚁势如破竹，勇不可当，其实只有一个秘诀就是结成“团队”。一名公安工作者无论多么平凡，只要他融入公安团队，他就能成为卓越的人。事实上，没有成功的个人，只有成功的团队，因为每一个成功的个人，他的背后一定有一个成功团队的依托。可以想象这样一个场景：清晨，每一位公安工作者都渴望回到岗位上，岗位上有战友和领导的认同、信任和协助，无论遇到什么状况大家都不离不弃，彼此理解疼爱，忠诚相依，担当责任、勇于挑战。为了共同规划的美好明天和梦想，心理充满着期待和激情，精诚合作无猜忌，默契配合相搀扶，情同手足如兄弟。这样的公安团队有着共同的愿景，能够给予每一位成员强烈的成就感和归属感。

零距离战斗力团队离不开两个方面的基础建设。

首先，公安领导者自我领导。公安领导者培养自我领导者自己首先必须成为自我领导者，才能起到榜样的作用，使主体成员心悦诚服，甚至内心充满激情地追求自我领导。自我领导的精髓是自我治理、自我决策、自我选择行为模式、自我激励及自我决定人员组合和资源配置、任务分解等，特别是领导者通过自我领导进一步成长为超级领导者，公安超级领导者是所有公安被领导者释放潜能创新变革的源泉，似花蝶的神奇力量，将每一位成员的创造力和智慧糅合并激发出来。

其次，创造人人自我领导的公安领导主体队伍。知识爆炸式的发展使任何一个公安领导主体成员都有机会通过特殊的知识、专门技能或技巧、人际协调或组织指挥能力等获取公安领导权，从而占有公安领导职位。刘邦在得胜后的一次庆功会上，曾向群臣解释说："夫运筹帷幄之中，决胜千里之外，吾不如子房（张良）；镇国家，抚百姓，给饷馈，不绝粮道，吾不如萧何；连百万之众，战必胜，攻必取，吾不如韩信。"公安领导模式技能瞬息更新的今天，没有人人都是自我领导者的团队，就有可能千里之堤溃于蝼蚁之穴。

今天的公安领导工作需要所有被领导者的创造力，需要他们走在公安创新和变革的前列，形成学习型的公安领导团队。在这样的公安领导团队中谁具备特殊知识技能，能够将问题解决得最好，就为谁创造公安领导的空间，而替代原来的公安领导者。

（三）职业心理问题与疏导

21 世纪中国面临的最大问题是心理问题，而公安领导主体的心理问题将居全国的首位。公安领导主体的心理问题主要源于四个方面的综合作用。

（1）国际国内总体大环境的影响。公安领导主体肩负着转型期所带来的社会矛盾凸显和问题高发、主体多元错综复杂及规模增大，特别是公安危机事件频发，其中反恐防暴事件随"国际化"、"区域化"、"一体化"的社会发展，境外的极端思想渗透进来，境内的极端组织与其勾结等，这些影响国家和社会公共安全的问题，造成公安领导主体工作责任大、任务重、挑战多，势必将增大其心理压力。

（2）组织内部环境的影响。组织适应国家总体形势，其组织的结构形态不断向复杂化演变，从简单的条块结构到适于电子政务警务的虚拟结构、适于特殊警务任务的矩阵结构和适于国际合作的多维立体结构等。这种结构不断向复杂化演变并且多元并存的新型公安组织形态，要求公安领导者不断地图谋创新和变革。特别是公安领导者日渐平民化，其法定权力和职位的影响不断弱化，逐渐被公安领导者个人的非权力性影响力所代替，使公安领导的权威基础及其内涵不断被置换。这就要求公安领导者在传统个人素质和能力基础上，具备更高驾驭组织内外瞬息万变的形势、不断推陈出新创新变革的个人素质和能力。

（3）公安领导主体职业的特殊性。公安领导主体需要高超的职业耐受性，因为他们不仅生活没有常规，经常夜以继日，甚至工作没有限量，而且具有高应激性、高对抗性、高风险性，特别是面对的更多是社会负面的现象，常年处于负面的、不良的精神垃圾的影响之中。同时，他们还面临着组织内部竞争压力大，以及工资待遇、晋升机会等保障与公安领导主体的客观需求差距较大等问题。

（4）公安领导主体心理素质基础。公安领导主体的家庭教育往往是延续中国式的传统美德的教育，学校的教育往往注重政治思想和业务知识能力的培养，而风险性、残酷性等社会阴暗面的耐受性教育有限，甚至欠缺。这种种必须面对的客观事物都将会导致公安领导主体不同程度的心理问题。因时、因地、因人地制定和实施公安领导主体身心健康的保障制度，努力打造具有阳光心态、积极行为方式的、战无不胜的和谐组织。这项看似简单的未来公安领导者的核心工作，实际需要公安领导者具备非凡的品质、过人的公安业务技能和高超的公安领导艺术。

（四）领导艺术的提升

简单地说，公安领导艺术就是创造性地运用公安领导科学的原理。公安领导主体的个性人各有别，即使是同样的领导科学原理，不同的人创造性地运用，必然会呈现了不同的领导艺术。

事实上公安领导程序化或模式化的方面，永远都无法穷尽现实公安领导活动中所有的细节，这些细节必须依赖领导主体的自由裁量加以解决，也就必然会融入主体的人格特质，与人的主观感受相糅合，具有时代性，更具有独特性和整体性。公安领导艺术最为核心的部分莫过于公安领导主体的语言艺术，成功的领导者几乎都具备出众的语言才能，甚至堪称语言大师。当然，“非语言”艺术的运用也奇妙无穷，有时静默空无胜有声的魅力和力量，在人们想象的空间里反而能无限延伸。

（五）统筹兼顾与创新

信息社会是一个因信息技术瞬息万变而使社会的新问题、新情况、新思想层出不穷的社会，作为这个社会公安的捍卫者，必须也只能吸纳新的理念以更替旧的观念、寻找新的途径以处置新的事件、采用新的方式以化解新的难题。这一客观形势的发展要求组织的结构多样化，其体制机制不断发展改革。公安领导主体为满足其组织发展的需求，必须不断统筹兼顾所有资源，因不同的人、不同的时间、不同的事件而变换其思维方式和行为模式，进行系统创新。以统筹兼顾的系统思想为出发点的创新成为这个时代公安领导工作的主旋律。

（1）公安人力资源。公安人力资源在任何历史时期和任何社会制度中都是公安的核心资源。其统筹兼顾的创新就是现代社会科学前沿的“治理术”① 和“善治”理论的具体运用。各社会组织之间的相互协同及其上下级之间密切配合，尤其是全社会各阶层的无缝隙联动。实际上就是在数量上将有形的公安人力资源变为无形的遍布全社会的人力资源，将有形的公安领导责任和权力化为无形的人人都有义务和权力维护社会秩序的新局面。

（2）现代信息科学技术。将生物医学、卫星图像、网络安全等技术融入公安工作，特别是利用互联网和物联网、云计算、大数据情报挖掘、智能引擎、视频技术，以及知识管理等的高度集成，大力发展智慧警务，促进公安领导工作的智能化。

（3）统筹兼顾整体资源。术有专攻，人有所长，物有所值，事有其巧。现代社会将公安领导工作推上了“大协同”的发展平台。在“大领导”的概念下，公安领导的过程就是一切为了人，为了人的一切，而统筹兼顾所有的人、装备、财务及时间、信息等公安资源，最终实现小公安、大社会的公安自组织创新发展的过程。

【本章小结】

公安领导科学是一门探讨公安领导活动规律的学科。公安领导活动的产生与发展源于人类社会安全有序的基本需求，同时，经过长期实证式科学研究的总结和思辨式人文研究

① 法国思想家福柯在其研究的晚期对国家治理所提出的研究进路，具体是指通过发展全新的政治和知性技术，使领导权力的形式和目的纳入理性可控的范围。

的积累逐渐形成了对公安领导活动客观规律性的系统认识，而成为一门独立的学科。公安领导是指在以维护国家安全和社会稳定为目的的公安活动中，公安组织及特定主体，对组织成员及相关对象施加影响，在一定的环境条件下引领其共同实现既定目标的活动过程。公安领导具有工具性、法治性、公共性、武装性、服务性、应急性等特殊属性。公安领导科学既有很强的理论性，也有很强的实践性，其学科的要义，不仅在于指导公安领导主体个人的职场成功或业务造诣，及职业生涯发展，更重要的在于确立公安发展的领导理念，引领积极的公安意识流，打造卓越的公安团队。同时格物致知，吸纳世界前沿的领导理论研究范式和传承我国乃至世界悠久的公安领导历史文化，以期不断发展和完善公安领导科学的基础理论和实践。

【推荐阅读】

1. ［美］詹姆斯·麦格雷戈·伯恩斯．领导论．北京：中国人民大学出版社，2006.
2. 刘峰．新领导观．北京：北京大学出版社，2005.
3. ［美］加里·尤克尔．组织领导学．北京：中国人民大学出版社，2004.
4. 田广清，孟继群．中国领导思想史．北京：九州出版社，2003.
5. 刘峰．管理创新与领导艺术．北京：北京大学出版社，2006.
6. 刘建军编著．领导学原理——科学与艺术．上海：复旦大学出版社，2001.
7. 公安部政治部编．公安领导科学研究．北京：中国人民公安大学出版社，2007.

【思考题】

1. 如何理解公安领导的含义？
2. 结合现代社会的发展，谈谈你对未来公安领导者的理解。
3. 为什么说公安领导工作是科学与艺术的统一？

第二章 公安领导权力

【学习目标】

通过本章的学习，理解公安领导权力的定义、构成要素；了解公安领导权力的特征及公安领导权力行使中应遵循的原则。理解公安领导权力异化的实质、形式，了解公安领导权力异化的防范机制。掌握公安领导权威的含义及其功能。

第一节 公安领导权力的含义

领导，字面意义解释即是指引领、引导、督导等，实指权力的实现活动。领导活动的实质是领导权力的实现过程，是权力主导者行使权力的活动，这种活动可能是单一的行为，也可能是集体的组织的行为，是一个包括决策、指挥、协调、组织等较多环节、较长时间的行为过程。公安领导权力是公安领导科学中的核心要素。

一、公安领导权力的定义

（一）权力的定义

权力是比较性力量，是“权”（权衡）之中的“力”。从字面上理解，权力含有双方力量的比较，一方对另一方具有控制性、影响性甚至绝对的主宰性。所以，权力就是社会活动中一方（主体）对另一方（客体）的支配力、影响力、控制力。权力是人类文明活动的结晶，是人类公共生活过程中的理性选择。在权力概念中，需要明确以下几点。

第一，权力是一种社会关系。权力一定关涉两方力量的对比，是一种对比性力量。在讨论权力时，涉及的是社会关系，因在现实社会中的主要权力关系体现在政治活动中，因此，权力一般指的是政治权力。①

谈及政治权力，即强调权力的政治属性，是依托国家权力或者主要政治性制度设置行使的权力，这种国家制度性安排在现代社会中有确定的法定规范、特殊的强制力与既定的

① 王浦劬在《政治学基础》中将政治权力界定为“社会公共权力”、公共权力。“通常的政治权力即是指这种社会公共力量。”见王浦劬等：《政治学基础》，67页，北京，北京大学出版社，2014。

利益需求。

第二，权力是力量对比后的影响力。权力双方不是平等力量，而是力量不均衡的表现，主体对客体具有先在的强势，主体决定、控制与影响着客体的行为。

权力主体、客体力量的不均衡性导致权力主体的强势存在，权力客体的服从成为权力关系存在的前提，因此，权力主体客体关系呈现控制—服从关系。因为双方的控制与服从的不对等关系使得权力在行为过程中利益分布的不均衡也就成为当然，在处理利益的平衡配置时，对双方力量的理性关照成为权力理性的重要体现。

第三，权力是一种强制力。权力主客体关系的不对等性、权力客体的当然服从性、权力主体的当然主宰性导致权力客体利益的先天屈从、弱势，尤其是在政治权力行为过程中，社会成员个体的政治权利存在与表达出现前在的弱势，这些权利主要与个体自由、民主和利益相关。因此，在现代社会讨论（政治）权力时，需要预设这些个体基本权利的存在，并以使之安全性运行为前提。

第四，权力的目的是利益。社会资源存在的不足和社会成员欲望的不断升级导致利益分配必然存在矛盾、紧张、冲突，为处置利益分配的矛盾，人们选择了公共权力的存在。公共权力存在的契约假设导致了权力公共性的假设；但人们欲望不断发展的结果是不断扩充权力的边界，权力对公共物品的利己性占有使得权力的独占性、边界扩张性与腐败性就成为必然。因此，如何有效预防与制约、监督权力主体利益的独占性（腐败性）就成为政治文明的重要内容。

第五，权力更多的是一种行为过程。权力可以是一种客观实体的存在，也可以是一种制度安排，但更多的是主体对客体动态的行为过程。权力作为一种客观实在，常见的是两种形式：一是政权，以权力部门、权力机关为主要方式，如人们常见的立法、行政、司法与政党及其他政治组织；二是权力制度，即权力机关的设置、运行及权力机构的规则。但在主客体关系中，权力力量的体现主要是通过行为过程加以实现的。其中，领导权力即是权力运行过程中的一种具体的实现方式。

（二）公安领导权力的定义

公安领导权力是指公安机关领导的权力，是公安机关领导者为实现组织目标、意图、意志，在职责职能范围内、在职位职务范围内依法对公安机关及其人民警察实行的支配力、影响力与控制力。对于这个定义，可做如下理解。

第一，公安领导权力的来源是法律。公安领导权力是依法设定的职位权力，是公安机关依法赋予各级、各类领导职位的制度性权力，法律是公安领导权力的来源、行使范围，也是领导权力效力的决定性支持与限制因素。公安领导权力的范围一定是法定的，不可无限制的恣意活动，如超越范围行使领导权力，表明这个权力出现了异化。

第二，公安领导权力的主体是公安领导者。顾名思义，公安领导权力是指公安机关的领导者行使的权力。公安机关的领导者一般是指各级公安机关的负责人，其权力职位形式是正副部长、厅长、局长及处长、科所队长等。行使中可以是个体权力方式，也可以是集体权力方式。

第三，公安领导权力的客体是各级公安机关及其人民警察。公安领导权力的客体即接受公安领导权力支配的组织和人员，包括各级公安机关及其人民警察。其中，亦包括公安机关依法招录的警务辅助人员。

第四，公安领导权力的行使范围是在公安机关内部。公安机关是国家治安行政机关与刑事司法机关，其权力目的是维护社会大局稳定、促进社会公平正义、保障人民安居乐业，即“维护国家安全，维护社会治安秩序，保护公民的人身安全、人身自由和合法财产，保护公共财产，预防、制止和惩治违法犯罪活动”。在这个范围内，公安领导权力涉及组织内的管理，工作范围内人、财、物等各种资源的调控与维护。

第五，公安领导权力的行使有其特定目标。公安领导权力是实现公安机关职责任务的工具，其目标体现在四点：（1）实现公安工作目标。促成本单位所承担的维护国家安全、维护社会治安秩序，保护公民的人身安全、人身自由和合法财产，保护公共财产，预防、制止和惩治违法犯罪活动的具体职责任务的完成。（2）警力资源的有效使用，促成资源现有价值的最大实现。（3）保障人民警察权益。（4）激发人民警察的活力、创造性，使资源不断增值，形成组织价值生长、成员成长的良性发展。领导权力效用性的强弱与组织压力和助力密切相关，与领导者个体素质、能力、权威多寡密切相关。

第六，公安领导权力的实质是国家政权工具的体现。公安机关是国家政权的重要组成部分，是人民民主专政的重要工具，其政治性质、职责任务具有高度一致性，公安领导权力、领导方式具有高度一致性，公安领导权力对于公安机关实现保障国家安全、维护社会稳定的政治任务具有重要推动、引领作用。

二、公安领导权力的构成

（一）关于领导权力构成的一般观点

公安领导权力的构成是指公安领导权力的组成要素。领导权力的构成体现多重性、复杂性，不同的学者有不同的概括，主要代表性观点有以下几种。

1. 六种权力说

由心理学家约翰·弗伦奇（John French）和柏崔姆·瑞文（Bertram Raven）提出，分为强制性权力、奖励性权力、法定权力、感召权力、专家权力与代表性权力。①

国内研究者冯秋婷在主编的《领导学概论》中，笼统性提出六种领导权力说，即决策权、组织权、指挥权、人事权、奖惩权、调控权。

2. 四种权力说

邱霈恩认为，典型、实质、具体的领导权力应为决定权、主动权、支配权与话语权四种，其中话语权有多重意义，是领导言辞的决定、决策、主导、宣示、引领作用的体现，甚至有建构意识形态（主流话语与正统意识）的作用。②

（二）公安领导权力的基本构成

综上所述，公安领导权力的构成仍可以人、财、物、事等的决定权、支配权与使用权来概括，具体而言，公安领导权力主要包括决策权、人事权、指挥权、调配权、监督权。

1. 决策权

决策是整个管理活动、领导活动的中心，甚至有“管理就是决策”、“领导就是决策”的说法。决策与组织目标、组织理念、组织动员、组织执行、组织建设即组织资源的配置

---

① 一般认为，此二人提出的权力来源为五种：法定权、强制权、奖赏权、专家权和参照权。邱霈恩在《领导学原理》中列为权术性的领导权力。参见邱霈恩：《领导学原理》，55～56页，北京，清华大学出版社，2012。

② 参见邱霈恩：《领导学原理》，56页，北京，清华大学出版社，2012。

高度相关。相应地，决策权是公安领导权力的重要构成，具体体现为对公安机关事务的全面主持、资源配置和资源动员的权力，主要包括：(1) 业务工作决策，即根据公安机关的职责任务，按照业务要求，对本单位组织履行维护国家安全、维护社会治安秩序，保护公民的人身安全、人身自由和合法财产，保护公共财产，预防、制止和惩治违法犯罪活动的责任进行信息选择、问题界定、方案规划与抉择，提出公安业务工作目标和任务，研究决定有关业务工作事项。(2) 人事决策，即对人事干部的提拔任用、调配审批。(3) 会议决策，即召集会议，设定会议议题、与会人员及会议流程，讨论政策问题、议定政策方案。

2. 人事权

人事权是指公安领导者依照干部管理权限，对本单位中的人民警察的人事管理权力，如选拔、录用、升降、教育、培训、调配、辞免等的决定权力、执行权力。警察人力资源是组织管理活动中的基础性资源，人事权是公安领导权力的基础。

3. 指挥权

指挥权是指公安领导者在政策执行时对警察人力资源的命令、指示、调配的权力，是保证命令贯彻、政策实施及政策后果的保障性权力。

4. 调配权

调配权是指公安领导者对财、物的支配权、用度权、处分权。此处所指财、物，是指资财（财权或财务权）、物用（物质资产）。组织的物产、财务，是组织活动的物质保障，领导者的调配权决定着领导可动用组织资源的深度、广度与宽度，对于决策、人事与指挥权力的实现有巨大的辅助作用。

5. 监督权

监督权是指公安领导对本单位各项公安工作的检查、督导和奖惩权。其主要包括对业务工作和队伍建设的目标任务、工作措施、制度规定的执行落实，组织完善各项规章制度和工作机制等实施检查的权力；主要包括业务工作的监督，如监督管理公安机关各项业务工作目标任务、工作措施、制度规定的执行落实，组织完善各项规章制度和工作机制；纪律作风的监督，如对单位下属领导成员、党员民警履行岗位职责、遵守执行廉洁自律规定进行监督；组织管理的监督，如对机关党建工作、队伍教育制度、内部管理等工作提出指导性意见和建议，并进行指导、监督、管理；针对工作中的问题，提出指导性意见和建议，并督促其加以改进、纠正的权力；实施奖惩的权力，即公安领导者在对于下属人员工作效果评估后的赋予奖励、惩罚的权力。奖惩权力涉及领导者对于政策效果的评估与反馈，对组织成员有激励、惩戒的功能，与组织管理的各个环节均有密切联系，是评判领导者权威效果的主要方式之一。

三、公安领导权力的特征

（一）权力的基本特征

权力的基本特征是指权力所具有的本质性的内在特性。它一般由两个方面组成，一是本身具有的独特性，二是与相似概念比较得出的差异性。

权力的基本特征，概而言之，主要有公共性、腐败性、强制性、扩张性和多重职能性。

1. 公共性

公共性是指政治权力行使的范围是超越个体私域，涉及社会大多数人的利益。范围的公众性使得其目的须是公益性，即以绝大多数人的利益实现为指标；在权力行使过程中，强调大众的参与性、行为的公开性，这又是保障目的公益性的前提条件。换言之，公共性是指目的正当性、过程公开性、结果公益性三者的结合。

公共性是权力的第一属性，表明政治权力在创设、行使与发展过程中道德、文明的进化力量。公共性实现程度是判断政治权力正当性、有效性的最重要的标准。

2. 腐败性

腐败性，是指权力公共性的滥用，即公共权力私有化、权力谋取私利的特性。腐败性既指权力的利益交换，亦指利益在权力安排下的特殊占有（特权）。

权力的腐败性是权力的固有属性之一，源于掌控权力的人所固有的自利性。同时由于权力主体对客体的绝对性优势，权力主体的自利性更能得到实现，因而腐败性变得不可避免。关于权力的腐败性的经典表述是阿克顿勋爵的名言："权力使人腐败，绝对的权力绝对使人腐败。"①

腐败性是权力的劣根性，是权力之恶的主要表现。对权力腐败性的预防与制约是人类永恒的话题，也是政治文明形成与发展的主要课题与成就之一。

3. 强制性

强制性，是指权力主体对客体的作用方式，有着固执己见性的强迫、压制，以强迫的力量或行动对付阻力，迫使客体服从主体意志的特性。

强制性是权力的本质属性，源于权力双方力量的不对等和主体追求利益的最大化需求。强制性实现机制在力量博弈过程中主体对客体的有效控制程度、主体使用强制的意志和环境。强制性权力的基础来源于暴力，暴力的有效性是现代政治权力建构的潜在预设，因此限制单纯的权力强制成为现代社会政治制度建设的重要指向。

4. 扩张性

扩张性是指权力边界的扩展延伸，以使权力利益的最大化。权力边界的扩张性源于权力主体的利益角逐的恒常性及权力腐化的必然性。

权力主体对利益追求的恒在性使得权力利益只有在涉及更大范围时才能求得利益的最大化，于是权力边界具有恒常的扩张冲动，直至唯一的权力主体存在，因此专权是权力边界扩张的必然结果。

权力扩张的冲动作为权力腐化的必然结果，导致制止权力边界扩张又成为权力理性的必然要求，因此，限权、分权成为权力文明的首选。

5. 多重职能性

权力的多重职能性，是指权力既有政治职能、又有社会职能；既体现公共性的善性，亦有腐败化的恶的倾向性；既是行政性、立法性和司法性权力，又有政党性、团体性与组织性等类别，还有中央、地方等不同层次，体现出善恶、高低、区域等不同道德、层次的差异。

权力的多重职能性表明权力的工具性，关键在对权力的有效制约与监督，使之在人类

---

① ［英］阿克顿：《自由与权力——阿克顿勋爵论说文集》，286页，北京，商务印书馆，2001。

文明与理性的驱动下，发挥善的能动性，约束恶的劣根性，最大化地造福社会。

权力的多重职能性，在公共价值层次上体现出安全、秩序、发展、正义等文明理性，在行为层面则有指挥、组织、执行、监督及决策等不同行为方式，这都为政治权力的讨论提供了更多的路径。①

概而言之，在讨论权力时，涉及权力主体、权力客体、利益、强制力、公共性、腐败性等内容，这些内容也是政治学与行政学经常性讨论的内容，当然也是公安领导科学研究的主要内容。

（二）公安领导权力的特征

公安领导权力是一种特定权力，除具有权力共有的基本属性外，公安领导权力还有其具体的特征。公安领导权力是公安组织管理活动的中心环节，是领导主体在决策、执行、监督与评估等多个环节权力的综合性运用，是组织生存与发展的决定性因素之一。公安领导权力的特征也在这些方面得到了显现。

1. 组织性

组织性，是指公安领导者权力的表面来源与归宿。从根本意义上来说，任何政治权力组织的权力来源均是民众权利的让渡，权利本位、人民主权是现代组织权力的根本表达，但在具体的组织范围内，领导者权力是组织的赋予，领导者只是接受委托而代行权力。

组织性的规定，是设定领导者角色的重要方面，是划定组织与个人权力的本质界限的基本原则。组织至上要求领导者必须明确其个人定位只是组织一分子；必须严格遵守组织规则、制度与章程，不得例外规则；必须服从组织的根本利益，服务组织，保障组织成员基本权益。个体行为必须服从组织目标、准则与要求。现代社会的组织资源源于民众利益的让渡，公安领导权力均是公共权力，公安领导的权力来源从根本上是民众权利的一种让渡，公共性是组织的第一价值，因此，领导权力的公共性也成为权力正当的第一标准。

2. 法定性

法定性，是指公安领导权力经由特定程序正式任命并得到组织及成员接受、认可的特性。这个程序可以是法律规定，亦可以是组织章程、制度规则。

法定性是现代政治权力获得、行使的前提条件，也是权力得以有效、顺利与正当运行的关键。法定性赋予权力获得、行使的基本原则、规则，但亦依此确立基本的边界、规范，使权力得到必需的制约与监督。唯有有效的制约与监督方能保证权力的正常运行，防止权力的滥用与腐化。

法定性需要程序化规定加以保障。在实际政治生活中，由执政党组织部门考核、建议，由专门的国家机关程序化任命，并须在单位会议宣布，此种程序化设计既是权力法定的仪式化，亦是权力法定的制度规定，使公安领导权力的政治性、法律性与正当性得到有效保证。

3. 决定性

决定性，是指公安领导权力在单位组织资源中居于支配、主导、核心地位，是单位资源的决定性要素。

---

① 参见王浦劬等：《政治学基础》，74～75页，北京，北京大学出版社，2005。

一般而言，组织权力分布必有主次、轻重与多少的差异。领导者与下属权力间的关系的权力决定性体现在：首先，居于中心地位。领导者的权力优先产生，因其需要设立不同层级、位阶的权力。其次，支配性。领导者权力细分为不同级别、不同领域、不同方面的权力，并赋予不同层次的组织成员，领导者权力派生出其他层次的成员权力。第三，主导性。领导者权力在使用过程中的偏向决定其他权力的轻重，领导者个人偏好的选择性使组织内权力分布具有人格化倾向。

公安机关是科层组织的部分，科层组织是社会学家按照组织行为规定行政权力设置的一种分析概念，强调权力来源、范围的法定性，权力层级的等级性，权力内部运行的公文性，官员的专业性，人格的独立性，晋升依资历、业绩的规范性，工资制等。在我国语境中常以“机关性”来替代，如以科层组织研究的著名专家M·韦伯的称谓“官僚制”更易理解。官僚制的核心特征是上下级间的等级关系，下级对上级命令与指示的绝对服从是保证行政权力有效运行的前提。公安领导权力经由法定程序授予，对于组织资源（包括人、财、物、事）的调配均有重要支配性的影响，并引领、主导着组织目标的确立与实现。决定性是公安领导权力影响力的集中体现。

4. 代表性

代表性，是指公安领导权力是本单位的组织符号、单位成员利益的保护者，显示组织基本特征、典型形象。代表性既是法定性的必然结果，也是其正当性的积极评价。一般而言，代表性是领导者权力的体现，是组织的正式委托导致的领导者个体权力所具有的核心力量、正统力量与法律地位的体现。组织的存在需要有外在联系、内在驱动和社会生存，其中起领头、引领与导向作用的领导者，对内代表组织权力，担负决策、管理的中枢；对外代表组织，负责联络、沟通、交流，使组织在社会网络与权力网络中正常运行。

一方面，公安领导权力由执政党、政府及公安机关共同考察、评定、批准、任命产生，有着确定的组织支持，当然可以成为单位成员和社会群众认知、评价的代表；另一方面，公安领导以其业绩、服务和品德获得警员与下属的支持，单位成员发自内心的认可、忠诚与支持，上级单位的信任和赏识，使得其权威与威信得以有效建立，这种基于道义、信任的忠诚，使之实然成为单位的代表。

代表性，是公安领导权力权威的重要表现，是公安领导权力受托性、正当性的反映。

5. 稀缺性

稀缺性，是指公安领导权力职位、职数的有限性。

公安领导权力是法定的特殊岗位、职务，是公安人员中的优秀分子组成，是公安权力的优秀代表，因其优异性、代表性，不仅任职资格有严格的限定，职位、职数亦有特别的规定。公安队伍人数庞大，占公务员队伍的四分之一强，但目前设定公安领导权力比照公务员管理办法，使得我国公安领导权力的职位、职数变得更为紧张、稀缺。

6. 职务性

职务性，是指公安领导权力的实职性，即承担的领导职位、职务与职能具有一致性。

职务性是领导权力的外在显现形式，领导权力一旦形成，必须赋予其相应的职位、职务与职能，使之名正言顺地行使权力。职务是领导者的职权，职位是领导者负责的岗位，职能是领导权力必须承担的责任。一般来说，领导职务、领导职位和领导职责应是一致的。领导权力应遵守在其位、谋其政的权责一致的原则。

公安领导权力的稀缺性、领导权力的决定性和领导权力的法定性决定了公安领导权力的职责、职位与职权的一致性，即公安领导权力原则上是按照工作任务的需求设置相关职位、职务，再选派相应人员担任，领导职责、领导职位和领导职权均有严格的确定性。

第二节　公安领导权力的行使原则

公安领导权力的行使原则，是指公安领导权力运行所遵循的基本准则。公安领导权力的整个运行过程是公安领导权力的行为过程，是指为达成既定目标，公安领导者依托组织体系、对单位权力施加控制与影响的行为过程，包括公安领导权力的决策、指挥、用人、沟通、监督、反馈等各个环节。

公安领导权力的行使原则主要是指政治性原则、依法性原则、效率性原则、正当性原则、民主性原则、权变性原则与责任性原则。总体而言，政治性、依法性、正当性是权力获得、行使的总规则，效率性是权力运行的基本原则，民主性与权变性则更多地体现为决策与执行环节的准则。

一、政治原则

政治原则，是指公安领导权力的党性原则、人民性原则，是公安机关、人民警察政治属性即阶级属性、政治统治权力属性的体现。公安权力是人民民主专政的重要工具，是国家政权的重要组成部分，是国家政权的捍卫者、建设者，因此，政治性原则体现为以下两点。

（一）公安领导具有鲜明的党性

要求公安领导者始终时刻牢记第一身份是共产党员、第一立场是党的立场、第一职责是为党工作，始终要坚持正确的政治立场、政治方向，保持政治定力，自觉坚定地与党中央保持一致，坚决维护中央权威。

（二）公安领导讲规矩，讲原则

要求坚决整治不良政治生态，对违反党的政治纪律、政治规矩的行为，对一切不正之风，要坚持原则，敢于斗争。例如，要坚决反对执行命令、指示不坚决不认真，搞上有政策、下有对策，口是心非、阳奉阴违，甚至垒山头、搞宗派、结党营私的拉帮结派行为；要坚决反对讲关系不讲是非，讲人情不讲原则，讲利益不讲法纪，圆滑世故，见风使舵，大搞潜规则的流氓、江湖习气；要坚决反对奉行好人主义，不敢批评、不愿批评，怕得罪人、怕丢选票，搞一团和气的庸俗哲学；要坚决反对以权谋私，搞权钱交易、权色交易的腐败行为。

二、依法原则

依法原则，是指公安领导获得、行使必须确定性地获得法律授权、规定，只在法律赋予的范围内运行权力。

依法原则，至少包括以下几点。

（一）权力获得的法定化

权力获得的法定化即公安领导权力的获得是依照组织章程、法律规定，以法定程序授受的。我国国家制度的根本政治原则是中国共产党领导制度，公安领导权力首先是经由组织考察、选拔、提名并报经政府与人大机构任命，程序明确，公安领导权力的获得及向下级授权，均须以此确定的权力赋予程序进行，不得随意、任意进行。

（二）权力行使的法定化

权力行使的法定化即公安领导权力的行使必须在法定范围，依照法定程序、权责一致的原则进行。法定范围，是指公安领导权力、公安权力只在公共领域、权力指定区域进行，不是无边界、任意边界。依法性原则有两个特别重要的指导性原则：（1）法无规定无权力，是指公权力的来源必须是确定的法定程序赋予，无授权则公权力无权力；（2）法无规定不作为，是指公权力行使必须在法定范围内进行，不得超越法定范围任意行为。法定范围至少包括两方面：一是只在公共范围内，不得进入民众私域范围，如私人住宅、私生活与民事纠纷区域，所谓“法无禁止即自由”即是公民自由（权利）的基本原则；二是公权力只在本权力可进入的范围，没有取得授权的他领域不得进入。

法定程序，是指公安领导权力、公安权力行使时的程序原则。公安领导权力适应这个原则，应确立法律至上的基本理念，即在公安权力规章、运行规则与法律相抵触或法律出现空白、领导权力选择时必须首先遵从法律、必须得到明确的法律授权，通常表达为“法律优位”、“法律保留”的子原则。所谓“法律优位”是指当法律与部门规章制度不一致时，法律处于绝对的决定地位，部门规则应主动地修改或废止；“法律保留”是指法律未明确规定，部门不得任意裁量，须有明确的法律授权。

公安机关作为执法司法的主力军、生力军，公安领导作为公安权力的主导者、骨干力量，行政执法机关担负着贯彻实施宪法和法律的重要职责，是依法治国方略的实施者、推进者、捍卫者。行政执法机关的执法能力和执法水平如何，在很大程度上反映着政府法治形象，体现着国家法治文明程度，影响着法治中国建设进程。要认真落实全面依法治国新要求，创新理念、完善制度、加强监督，坚持不懈地推进严格执法、文明执法、公正司法，提升执法司法的公信力。要深刻懂得法律重在约束权力的道理，始终保持对法律的敬畏之心，自觉地把执法为民的职业良知和秉公执法的法治精神统一起来，带头信仰法治、坚守法治，依法规范和约束执法司法权，绝不能凌驾于国家法律之上以言代法、以权压法，绝不能公器私用、谋取私利。

（三）确立法治思维

公安领导依法用权，确立法治思维是先决条件。法治思维是指将法治的理念、精神、原则、规则与要求运用于认识、分析和处理问题的思维习惯和方式。培育、增强法治思维具有特别重要的意义。因为理念是行动的先导，没有正确的理念就不可能有行动上的高度自觉。所谓思维方式决定人的行为习惯，习惯成就性格，性格决定命运。一旦形成发自内心的理想信念，就能转化为无穷的力量。养成法治思维方式，会促使公安领导对法治形成坚定的态度、坚强的决心和坚毅的行动，成为学法遵法守法用法的引领者、示范者。法治思维应该包括六个方面的内容。

1. 权利本位思维

即任何权力（power）、法律设置的目的在保障人权，人民的权利是终极目的。这是由法治的本质所决定的。权利本位思维就是要确立人民本位、以人为本，树立一切为了群众、一切相信群众、一切依靠群众的理念与观点，这是法治建设的根本立场和核心价值，也是我们公安工作的立足点与出发点。

2. 权力控制思维

权力作为“必要的恶”是现代政治的基本假设，公安权力必须确立“把权力关进制度的笼子里”的基本理念。权力控制思维就是要有权力的边界的观念，权力必须受到有效的制约与监督。一方面要切实履行法律赋予我们的分内职责，勇于负责，敢于担当，见义勇为，杜绝不作为；另一方面，要严守权力边界，按照权力清单用权、按照法定界限用权，坚决防止乱作为。

3. 规则至上思维

法治就是讲规矩。规则至上思维是说一要有规矩，二要守规矩，要以既定的法律规则为依据，运用法律规则进行观察、思考、判断和表达。有规矩，是说脑子里始终有根弦，首先想到这事合不合法，有没有法律依据；守规律，是依照“法不禁止即自由”、“法无明文不为罪”的权利保障原则，“法无规定即禁止”的权力限制原则，自觉遵从法律规定，建立法律权限不能突破、法律底线不能逾越的观念，防止、禁止权力的滥用、专横、嚣张。

4. 公开行政思维

公开行政思维，是指在权力行使过程中必须接受监督，必须坚持以公开为常态、不公开为例外的原则。公开是权力公正的前提条件，公正是法治的生命线。公开才有公平，透明才会清明。公开包括事前、事中和事后的公开，包括决策公开、执行公开、管理公开、服务公开、结果公开。

5. 程序优先思维

程序优先，是指在纠纷处置、行政处理的过程中，尊重既定的规则程式，让各方充分表达意见，由公开的过程达到公正的结果。程序是制度、法律的生命，马克思说：程序“是法律内部生命的表现”①。没有程序的制度、法律，只是一种虚幻的、观念上的制度与法律。程序正义本身就是实体正义的一种表现。同时它还包含着无限的实体正义，能不断地超越与完善实体正义，促进正义价值的不断实现。只有公开的得到各方遵从的既定程序，才能排除外在因素的干扰，实现结果的公正。唯有公正，方有权力的权威。所以，程序优先是结果（实体）正义的前置条件。

6. 技术理性思维

技术理性思维，是指以专业知识逻辑为基础、以事实与规则为中心的认知、思考方式，通俗地说，就是反对人情主义。技术理性思维，首要的是证据意识。证据意识是公安执法工作的安身立命之本，不仅是证实与打击犯罪的需要，也是自我保护、树立公安权威的需要。其次是要防止群体情绪的影响，尤其是在自媒体时代，社会悲情的放大效应会使我们的打击、执法、管理与服务工作受到很大影响，要切实做到公正用权、公平处事，不

---

① 《马克思恩格斯全集》，第1卷，178页，北京，人民出版社，2008。

因私利抛公义、不因私谊废公事、不因舆情乱作为。

三、效率原则

效率原则，是指公安领导权力行使时应在速度、效力与代价间做出最佳选择，即在最短的时间内、以最小的代价、取得最大的效果。

公安领导权力内的效率性原则，应包含三个子原则。

（一）时效原则

时效原则，即在法定范围内，以尽快时间、期限履行职责。公安权力涉及民众权益保障、社会秩序稳定等老百姓关心、关切、关注的很多问题，与民众生活息息相关，尤其是生命权利、自由权利和财产权利的保护，及时、果敢、果断、高效就意味着权益、安全和幸福。

（二）精干原则

精干原则即公安权力的机构设置要精干，职权分工要明确。机构臃肿、人浮于事、职权不清必然导致办事相互推诿、相互扯皮、效率低下。

（三）成本原则

公安领导权力的权力行为，要考虑客观规律，进行必要的条件、风险等可行性研究、一定的成本效益分析，以减少相对人成本，提高权力效益。

四、正当原则

正当原则，是指公安领导权力行使时应以权力的目的、结果与社会公认的道德、规则处于同一维度，即被社会成员和组织成员认可为正当。

公安领导权力是公权力，公权力的第一属性是公共性，公共性即包含了正当性的基本假定，因此正当性原则是公安领导权力的基本原则并无争议。公安领导权力的正当性原则包括三个方面。

（一）正义性原则

正义性原则即公安领导权力、公安权力是为民众福祉服务的，其强制、执法、管理、服务的根本目的在民众幸福，为民是公安权力设置、行为的根本目的，因此，若要让人民群众在每一起案件、每一项执法活动中都能感受到公平正义，保证公安权力的法律效益、政治效益与社会效益的一致性就成为基本要求。

（二）平等性原则

平等性原则即公安领导权力行使时禁止歧视，保证相对人权益的等值性。平等对待，即相同的情况同样处理，不同的情况不同处理，保证民众权利不因地位、职业、身份等情况受到不同对待、处置，使正当性原则获得切实履行的平台、支撑。

（三）公平性原则

公平性原则即公安领导权力在内部资源配置时的平等性。组织管理的第一原则是公平，组织成员因公平对待感觉到存在感、尊严感与价值感，产生对领导权力、组织权力的信任与忠诚，从而激发领导与组织的凝聚力、战斗力、执行力。公平性不仅是物质待遇，更有制度设计的不歧视和领导的规则意识。

五、民主原则

民主原则，是指公安领导权力在决策、监督等运行过程中注重多数决策、集体协商等的原则。

民主原则，是权力运行的基本要求，是对领导个体能力与素质存有不足的假定而推导出的理性决定。个体能力弱于集体智慧，个体素质存有不足、需要补充，都是现代社会对领导个体的基本假设，民主性的基本特征是多数决定、程序优先、公开决定。多数决定是民主的核心，即权力决策、权力运行必须以少数服从多数为前提，即使是权力主体的决定，亦须民主集中制的过程；程序优先是民主的保障，即既定程序是防止权力滥用、权力为少数人例外垄断的前在假设，程序公正是结果公正的前导，也是民主体制正常运行的"护法"；公开决定是民主的条件，即任何决定、权力运行环节必须是公开进行，便于监督，防止权力私用、滥用的腐败与腐化。

公安领导权力的民主性原则要求权力决定是集体决策，以多数智慧弥补个体能力不足的缺陷；要相信群众，尊重群众的创造性；要广开言路，营造群众大胆表达、大胆批评、大胆建议的开明气氛。

六、权变原则

权变原则，是指公安领导权力在行使过程中灵活变通、审时度势、因时因地因人因事变换权力方法、方式与手段。

权变原则的基本要求是：要有开放的系统，即权力体系尤其是决策体系是开放的，随时调整决策问题、方法，政策是一个"学习"的过程。领导与组织成员的关系是相互认可、信任的，是尊重、友谊、信任、合作、接纳、支持以及忠诚；此外，要求领导权力的适应性，领导需要强化科学预测能力、信息搜集处理能力、反馈总结能力。

公安领导权力中的权变性原则，特别要求公安领导要有风险意识，及早发现影响社会安定的风险因素，建立防控机制，主动预防、全力化解、有效管控。

七、责任原则

责任原则，是指公安领导权力在行使过程中遵循权责一致、权责对应原则，履行权力时承担的相应义务。

责任原则是现代领导制度的重要原则，也是对领导权力的应然要求。责任包括政治责任、行政责任、法律责任、道义责任。政治责任，是指领导者权力行使必须承担的政治性评价，包括是否符合执政党制度、纪律、规定，是否合乎国家法律规定，是否合乎道义正当性，一般指与执政党党规党纪是否相符及不相符合须承担的谴责、惩罚与制裁。行政责任，是指权力行使时领导承担的决策、指挥、执行、监督等行政环节须承担的义务，一般由相应的法律与专门性的规章明文规定。法律责任，是指领导者权力行使时违背法律规定应承担的义务和不利后果。道义责任，是指领导者行使权力时必须顾及社会公认规则、规范，并承担社会的整体性评价的道德义务。权责一致，是现代问责政府、权利与义务相应规范的基本要求。责任性设定，是提升领导者个体素质、促成治理体系与治理能力现代化建设的重要保障，也是预防、制约权力腐败的有效手段。

第三节　公安领导权力的异化与控制

权力的异化是权力的本质属性之一，前述权力的腐败性实即权力的异化。对权力异化的控制是任何权力体系的重要构成，并成为人类文明成果重要组成部分。公安领导权力是政治权力的一种，讨论公安领导权力，理所当然地应该讨论公安领导权力的异化与控制问题。

一、公安领导权力的异化

（一）公安权力异化的定义

“异化”与“同化”反义，在汉语语言学上简单解释，就是逆向生长、变迁与变化。本词原属德国古典哲学术语，源于拉丁文 alienatio，是德文 entfremdung 的意译，指某事物在发展过程中，背离其应有属性，转化为异于原事物的存在。

权力的异化即权力公共性的丧失、腐败性的蔓延，直至腐败性遮掩公共性，即常说的“公权力私用的常态化”。但权力异化如成为常态与主流，则是权力制度性的腐败，是政治衰败、政治腐败与社会溃败的表现，常被认为是制度性失败的表征。

公安领导权力的异化，是指公安领导权力的运行背离其应有的内在属性、违背其应当遵循的基本原则，最终丧失其应有效能甚至蜕变为组织目标、公共利益异己物的现象，是对所有不当运用公安领导权力的行为的高度概括和理论抽象。简言之，就是公安领导权力的私用、滥用和不用。

（二）公安领导权力异化的表现

公安领导权力的异化大体表现为以下几点。

1. 公安领导权力行使中的不作为

公安领导权力行使中的不作为，是指公安领导者该为不为、该为不及时为，主要指不履行或不及时、有效地履行规定职责，导致工作延误、效率低下的行为。

公安领导者作为特定公安领导权力的行使者，占据着依法赋予的特定职位，在其位、谋其政、负其责、尽其职，这是权力行使的基本要求。不作为必然导致公安领导权力实质性的缺位，就是放弃责任，忽视责任，不履行责任，是权力异化的主要表现之一。具体而言，公安领导权力行使中的不作为主要体现在：（1）执行不力。指不正确、不充分执行各级党委、政府及上级公安机关的决策和工作部署，或者执行中态度消极，措施不力，绩效低下，推诿扯皮，消极懈怠。（2）监管不力。指不积极履行管辖范围内的人和事的领导监管责任，包括对职责范围内的业务工作不抓不管，或对直接管辖的下属民警不加管理，导致队伍纪律松弛、作风涣散。

2. 公安领导权力行使的乱作为

公安领导权力行使的乱作为，是指公安领导者违反法纪范围、原则和要求，错误行使权力的行为。乱作为的“乱”是胡乱之意，是故意歪曲、恣意妄为。

公安领导权力行使的乱作为，主要有以下基本表现。

（1）越权作为。指公安领导者超越权力边界、范围与程序的任意行为、恣意妄为。公安领导权力是有边界、有行使限度的权力，这种边界与范围包括领导者个体与领导者所在的组织均需遵守，公安领导权力的决策、指挥、执行与监督，对人、财、物、事的领导等未依照组织章程、法律法规制定的先在程序规范运行，即构成领导者的任意行为，恣意妄为。

（2）非法行为。指公安领导者违反法律规定、党的纪律与规矩的违法违纪行为。法律与党规党纪的约束，是公安领导权力的高压线，是权力运行的第一原则，公安领导者超越法纪约束，如任意解释法律、故意扩大法定权限越权执法、纵容下属不法行为等均属此类。

3. 公安领导权力的腐败

公安领导权力的腐败，是指公安领导者运用职位权力谋取不法利益的行为。

腐败是权力异化的极端形式，指公安领导者的领导行为不是为公而是为个体和小团体私利的行为。其实质是背离权力的公共属性，将公共权力私人化、商品化，是出于公安领导者自利本性的权力异化行为。依据腐败程度，公安领导权力的腐败可区分为违纪型腐败和职务犯罪型腐败。

（1）违纪型腐败，即为党纪政纪所不允许，但国家法律不追究的以权谋私行为，如为亲友安排工作、收受礼金、小额受贿等。

（2）职务犯罪型腐败，是依法应受刑事处罚的腐败行为，是公共权力异化的极端表现形式。公安领导职务犯罪型腐败，既有一般职务犯罪型腐败的共同特点，又体现出鲜明的行业特点，主要表现在以下两个方面：一是收受贿赂型犯罪。包括：在单位工程修建、新进人员、干部职务晋升、工作调整等方面为他人谋取利益；收受违法犯罪人员亲属贿赂，在变更强制措施等方面徇私枉法，为其逃避法律制裁提供帮助；收受某些企业负责人贿赂，滥用职权，为其谋取非法利益或提供“帮助”。如为私人矿主非法采矿、娱乐场所非法经营等提供保护，并参与企业的“干股分红”等。二是“涉黑”型犯罪。涉及包庇、纵容甚至组织黑社会性质组织罪，其中绝大多数为收受贿赂，徇私舞弊，为黑恶势力提供保护伞。

（三）公安领导权力异化的危害

1. 权力异化的危害

权力异化是政治之癌，是政治失败的原因与结果。在一个常态社会中，权力异化均不被认为正当，都是政治治理的重要选择。权力异化的恶果主要体现在：

（1）政治权力的低效化。权力异化使得统治者轻易获得政治权力收益，乐于垄断现有政治格局，导致统治者改变现有利益格局、权力格局的动力不足；同时，权力主导者因权力垄断便轻易形成既得利益最大化，易于强化权力机器、增强统治工具，最大限度地控制社会矛盾与冲突，压制不同利益群体的要求、不满与抗拒。因为权力只是单向的暴力控制，客体利益被压制成为常态，客体的服从更多的是屈从，不合作、抗拒、反抗也就成为常态，统治者为求得被统治者的服从，只得不断强化统治工具与方式，因此权力成本最大化成为必然。

（2）权力人物的弱智化。权力人物的弱智化是指权力人物的智力与智慧不是随着利益的增加和社会的变迁而不断进化，反而是因迷信目前利益最大化不断强化固有统治技术，使得权力人物的能力、素质不断恶化的状态。垄断利益的最大化必然使权力控制最强化，强化的结果是暴力手段的持续化、暴力方式的绝对化和暴力工具的极端化，权力人物的智力、智慧的恶化，又会促使暴力极端方式的极化，二者相因相成，导致权力制度的劣化。

（3）权力格局的动荡化。权力统治是主客体的双向互动，暴力统治的结果只能是新的暴力的产生，暴力格局替代的无止境导致社会格局的动荡与混乱，使得社会资源的损耗成为持续性存在，导致社会出现延续而不发展的恶性局面。

2. 公安领导权力异化的危害

公安领导权力异化的危害，实即后文论述的加强公安领导权力控制的必要性的前因。前述权力异化的危害，亦是公安领导权力异化的普遍危害。在此基础上，具体而言，公安领导权力的最大危害是使公安领导权力丧失了领导权威，其结果导致：一是领导权力的效率低下；二是领导者个人的进取心、工作热情与动力不足，工作的意志下降；三是下属警员的积极性、主动性降低，使领导者所领导的单位凝聚力、战斗力与执行力降低，制约公安工作目标的实现；四是社会威望下降，群众对公安机关的信服程度降低。

二、公安领导权力的控制

（一）公安领导权力控制的定义

权力控制是防范权力异化并督促权力依法有效运行的制度安排和行为过程。权力的异化，既有违公共权力设置的初衷，又易成为民众安全与福祉的威胁，控制权力、使其有效理性地运行，是权力设置与行使的前置要求，也是政治文明的主要内容。

公安领导权力的控制，是防范公安领导权力异化并督促公安领导权力依法有效运行的制度安排和行为过程。其内容主要是依法对公安领导权力的行使范围和边界进行约束与限制，对公安领导者的决策、用人、指挥、沟通等用权行为是否严格按照法定职权、遵守法定程序进行监视与检查，对其权力效果是否达到预期目的进行审查与评估，对其违法和不当行为予以纠正与惩处。公安领导权力控制的实质是对公安领导权力行使的约束和规范。其目的是双重的：一方面是防范公安领导权力的异化，以防止公安领导活动的低效与违法，从而保障公民合法权益不受侵犯；另一方面是督促公安领导权力依法有效运行，以保障公安领导活动发挥其效能并能尽为民服务之职责。

（二）公安领导权力控制的必要性

1. 是防范公安领导权力异化，保障其有效运行的必然要求

“权力使人腐败，绝对的权力绝对使人腐败”，此处的腐败即是权力异化的同义语。权力的异化源于掌握权力的人的自利性、自便性与有限理性。自利性是指人对于利益追逐的永恒性；自便性是指对现有环境适应性之后、谋求环境（掌控信息）的永恒性所导致的懈怠性。有限理性，是囿于人的主观认知能力、知识储存、信息量等的不足，以及客观世界存在的不确定性因素等多方面的影响和限制所导致的人类的理性有限的特性。官员利益角逐的本性导致必须将权力控制资源与利益最大化，也必然导致权力范围的最大化、权力行使的私利化，所以，孟德斯鸠才断定：“一切有权力的人都容易滥用权力，这是万古不易

的一条经验。有权力的人使用权力一直到遇有界限的地方方才休止。”[①] 官员的有限理性则导致权力行使过程中的错误、失当之不可避免。于是权力的异化成为必然结果，并内化为权力的固有属性。权力是必然存在，也是人类文明智慧的产物，但权力的本质属性决定着权力必须接受控制。政治文明的重要成就之一就在于不断寻找控制权力的规则并固化为制度存在，即“把权力关进制度的笼子里”。

公安领导者既是依法定标准、经法定程序择优选用的德才兼备的警队精英，亦是具有普遍人性的平凡人物。在行使领导权力的过程中，亦不可避免地面临权力异化之固有属性的腐蚀与考验。特别是公安工作特定内容的封闭性、保密性、应急性特点，决定了公安领导权力行使中自利自便的固有属性更为强劲。而警务活动中所要求的服从性、统一性内含着对领导者理性的特别倚重，亦使公安领导权力中天然地具有忽视领导者的有限理性特征，容易导致排斥约束的“权力的自负”倾向和对领导权力的过度崇拜。正因为如此，以制度性的设置构建防范公安领导权力异化的有效屏障，并对其进行调控、引导、规范，以保障公安领导权力的有效行使，则尤为必要。

2. 是有效控制警察权、保障公民合法权益的重要环节

权力自诞生以来即存在公共性、腐败性的两面特性，即所谓“公共服务之手”和“掠夺之手”的“两手”[②]。警察权是国家权力的重要构成，是国家暴力机器的重要组成部分，具有行使界域广泛、自由裁量度大、暴力性强等特点，与公民利益密切相关，是特别容易被滥用、侵害公民基本权利为“掠夺之手”的一项权力。“警察权力与公民权利在一定条件下成反比例关系，即警察权的扩大意味着公民权的缩小，警察权的滥用往往使公民权化为乌有。”[③] 因此，从现代警察权设置起，就面临“谁来监督警察?”[④] 的追问。在我国，公安机关是我国人民民主专政的重要工具，是武装性质的国家治安行政力量和刑事司法力量，履行管理社会治安、维护社会秩序、保护人民利益、维护国家安全的重要职责。公安机关具有的特殊性质和任务决定了公安机关既拥有广泛的行政执法权，也拥有特定的刑事执法权，并有履行职权的特定方式，其职权能否依法高效运行，直接关系民众合法权益的保障、国家政权的稳定和依法治国方略的贯彻落实。对警察权的控制亦一直是国家权力控制体系中的重心所在。建设社会主义法治国家、加强社会治理体系与能力的现代化，无疑是当代中国现代化建设的迫切任务和时代课题。有效控制警察权、建设“法治公安”，均是题中之意。法治的核心是对警察权力的规范与制约，其目的在通过有效的控制，确保警察权力在法律规范之下的高效运行，最终实现警察权力与公民权利并行不悖、博弈双赢的理想局面。

公安领导权力是警察权构建中的核心要素，亦是警察权行使过程中的决定性因素，相应地，对公安领导权力的控制理应是警察权控制的重点对象。此外，公安领导权力作为监管警察权的权力，其对警察权运行过程的日常监督管理，是国家构建的警察权控制机制中

---

① [法] 孟德斯鸠：《论法的精神》上册，154 页，北京，商务印书馆，1961。

② 黄晓辉、陈诚：《国家权力监控机制比较研究——基于多数民主模式与共识民主模式的分析》，1 页，北京，人民出版社，2009。

③ 陈兴良：《限权与分权：刑事法治视野中的警察权》，载《法律科学》，2002 (1)。

④ [美] 罗伯特·兰沃西、劳伦斯·特拉维斯：《什么是警察——美国的经验》，418 页，北京，群众出版社，2004。

的核心环节。公安领导作为上级管理者，其对警察权运行的监督管理，是基于严格的上下级之间领导与被领导的权力关系基础上的控制，具有直接的强制性，具有其他外部控制机制无可取代的效力。合法有效的公安领导权力是警察权依法公正规范运行的组织保障。通过强化控制以构建决策正确、执行有效、监管有力的公安领导权力，是有效控制警察权的必由之路，是防止警察权力异化、保障公民合法权益的重要环节。

（三）公安领导权力控制的途径

控制公安领导权力的目的在构建规范、有效、积极、尽责的公安领导权力，对公安领导权力的有效控制需从公安领导权力的事前制约、过程监督、事后问责入手，构建全方位、系统化、动态化的控制机制。

1. 事前制约

事前制约，是指在公安领导权力运行起点所设置的制度化控制机制，涉及公安领导权力的体制设置和规范完善，是对公安领导权力实施有效控制的前提和基础。

从内容上看，对公安领导权力运行起点的制度性控制包括两个层面：

（1）合理构建权力结构。合理构建权力结构，是指公安领导权力体系建设。即建立坚持集体领导和个人分工负责相结合的制度，适当分解主要领导干部的权力和责任，形成领导班子成员内部权责分明、相互制约和协调的权力运行闭环系统。具体体现为党委集体领导下的行政首长负责制的领导体制。

在我国，坚持党对公安工作绝对领导是公安工作的根本原则；实行党委集体领导下的行政首长负责制，是公安工作根本原则在公安机关领导体制上的具体体现。在这一体制下，公安机关的各级党委是公安机关的领导核心，对本机关实行党的集体领导。凡是涉及党的路线、方针、政策的大事，重大决策的制定，重大工作任务的部署，干部的重要任免、调动和处理，群众利益方面的重大问题，以及上级领导机关规定应由党委集体决定的问题，均应根据情况分别提交党委集体讨论，并按民主集中制原则决定，而不得由个人专断。公安机关的行政首长分工负责执行党委的决策，其中正职首长主持全面领导工作，在行政办公会议上讨论问题时，拥有个人最后决策权；副职首长作为正职的副手分工负责有关部门的领导工作，在执行决策时，正职对党委负责，副职服从正职指挥并对正职负责。① 这一领导体制的有效运行形成公安领导班子中既有分工、制约，又有协作、配合的权力结构，有利于防范单纯行政首长负责制下的个人权力高度集中的弊端，可避免单纯集体领导制下的权力分散所导致的低效倾向，以及集体负责所导致的难以追究责任的无人负责结果，是防止公安领导权力异化体制保障。坚持并完善这一领导体制，是确保公安领导权力规范运行的前提条件。近年来，一些地方政府推行主要领导不直接分管具体事务的制度，形成“副职分管、正职监管、集体领导、民主决策”的权力运行机制，实行主要领导末位发言等保证决策科学化和民主化的程序性规定，值得借鉴。

（2）完善内部工作机制。完善内部工作机制，是指公安领导权力运行的规范化、程序化。为公安领导权力运行预设基本的轨道，确保公安领导权力“在一切行动中都受到事前规定并且宣布的规则的约束”②。权力规范的形式包括宪法、法律法规、职业伦理规则等，

---

① 参见程琳主编：《公安学通论》，217页，北京，中国人民公安大学出版社，2014。

② ［英］F. A. 哈耶克：《通往奴役之路》，73页，北京，中国社会科学出版社，1997。

其价值在为权力明确理念、设定原则、划定界限、确定范围、规定程序，前置性地限定、指引权力行为方向，构成控制权力的价值规范性前提。就公安领导权力的规范而言，重在依法以规章制度形式制定并公布公安领导权力清单，重点明确各级、各个领导职务的职责范围，权力边界、行使方式和程序，用权失当的责任承担及责任追究的方式和程序，做到定位准确、边界清晰、权责一致、人事相符，从而给公安领导权力的正当行使提供明确预期，确保其各司其职、各负其责，依照法定权限和程序行使权力，同时为公安权力运行的控制提供明确的标准和依据。

除此之外，公安机关实行的任职回避、岗位交流、任期制等制度均是从权力起点制约公安领导权力的具体制度安排。

2. 过程监督

过程监督，是对公安领导者的决策、用人、指挥、沟通等用权行为是否合法合理所进行的监视与检查。过程监督力求全面性和及时性，真正做到公安领导权力影响到哪里，活动延伸到哪里，监督就实行到哪里，是对公安领导权力行使过程的动态监控，是公安领导权力控制机制的主要环节。目前，我国对公安领导权力运行过程的监督在形式上是完备的，可谓主体众多、范围广泛、内容全面，方式多样，是一个非常庞杂的多元化的系统。

公安领导权力在行使过程所受到的日常监督来自两个方面。

（1）外部监督。外部监督，是指来自公安机关外部的监督，包括来自本级党委政府及其纪检监察、组织人事、审计部门的监督，以及人大、政协、检察等机关的监督，上述机关是依法享有监督权力、履行监督职能、负有监督义务的监督主体，各自在自己的职权范围内对公安领导权力的运行实施监督，是为体制内监督；除此之外，还有来自人民群众和新闻媒体的体制外力量的监督。在现代社会，以社会力量监督权力运行，其实质是公民权利对公共权力的制约，是实现权力制约的基本机制。公安领导权力是人民赋予的，必须受到人民群众的监督。要创造条件、拓宽渠道方便群众监督，坚决消除各种人为障碍，严肃惩处打击报复行为，切实保障人民群众的知情权、参与权、表达权、监督权。但与前述监督主体相比，来自社会力量的监督并不具有直接的约束力，其作用主要体现两个方面：一是推动对公安领导权力的体制内监督机制的启动，二是形成慎用公权的舆论环境、间接实现监督功能。

（2）内部监督。内部监督，是指来自公安机关内部的监督，主要是来自上级公安机关基于行政隶属关系的层级监督，以及上级公安机关的纪检监察、政工、督察、法制、审计等专门监督机构的监督；此外，是来自同级领导成员、本单位内设的各专门监督机构的监督，以及下属民警的监督。

从理论上来讲，上述监督主体对公安领导权力行为过程的监督是全方位的，包括对其贯彻执行党和国家的路线、方针、政策情况的监督；执法和守法情况的监督；履行职责、完成任务情况的监督；廉洁自律方面情况的监督；遵守职业纪律和职业道德的情况的监督。各个监督主体可以依据各自的法定权限，以国法、党纪、政纪、警纪、人民警察职业道德为标准，在不同的时间、从不同的角度和不同的范围对公安领导权力行使过程实施全方位的监督，配合相应的重大事项报告制度、述职述廉制度、任职回避制度、领导责任追究制度、执法过错责任追究制度、警务公开等具体制度，构成了严密的监督网络。但从实际看，由于对公安领导权力运行的虚监、弱监等问题亦普遍存在，因而对公安领导权力的监督机制的发展与完善，是公安改革的重点方向。

3. 事后问责

事后问责，是对公安领导权力效果是否达到预期目的进行审查与评估，对公安领导权力的不作为、失误、腐败等异化行为所进行的处理与制裁。其实质是对因违法、不当行使权力造成不良影响和后果的公安领导者进行责任追究并依法依纪加以惩处，是有效控制公安领导权力的重点环节和制度保障。

“有权必有责、用权受监督、违法必追究”，是现代法治社会的基本要求。权力行使的本质在于其是一种服务，是一种责任，对违法不当行使权力的官员进行相应的责任追究，既体现权责一致的法治原则，否定和惩戒使之受到抑制和消除，对未受到惩戒的国家工作人员也有着规范和警戒作用，也可对其他官员形成一种威慑，是兼具惩处和防范功能的权力控制制度设置。

当前，对公安领导权力行使的责任追究主要体现在三个方面。

(1) 党纪政纪责任追究。党纪处分是党对公安领导权力行使的责任追究，由《中国共产党纪律处分条例》明确规定。对违纪党员的处分共有五种：警告、严重警告、撤销党内职务、留党察看、开除党籍；政纪处分是对公安领导者违法失职行为尚不构成犯罪，依据法律、法规所规定的权限而给予的惩戒，由《行政机关公务员处分条例》、《公安机关人民警察纪律处分条令》等做出规定。

(2) 领导责任追究。领导责任追究是对公安领导者失职渎职行为进行责任追究的制度。依据 1997 年 4 月 3 日公安部制定的《公安机关追究领导责任暂行规定》（简称《规定》）的规定，公安机关追究领导责任实行“谁主管、谁负责”的原则。追究领导责任区分直接领导责任、分管领导责任、主要领导责任和上级领导责任。其中，直接领导责任者是指县（含县级）以上各级公安机关内部各工作部门的负责人，或者是受命执行某项具体警务工作、警务活动的临时负责人、现场指挥人员。分管领导责任者是指对分管的工作或者参与决定的工作负领导责任的县（含县级）以上各级公安机关的领导成员。主要领导责任者是指县（含县级）以上各级公安机关的行政首长，或者是依照有关机关的决定代行本级公安机关行政首长职权，主持全面工作的其他领导。上级领导责任者一般是指上一级公安机关业务部门的负责人和分管领导，必要时也包括主要领导。

追究领导责任的具体情形：第一，人民警察严重违法违纪，有下述任一情形的，应当追究直接领导者和分管领导者的责任：滥用枪支、警械致人死亡的；刑讯逼供致人死亡的；玩忽职守造成在押人员脱逃、暴狱、越狱或者死亡的；其他违法违纪造成严重后果的。第二，公安机关发生严重违法违纪案件或者重大责任事故，有下列情形之一的，追究分管领导者和主要领导者的责任：拒不执行上级公安机关决定和命令的；集体严重违法违纪的；违反规定收费、罚款造成恶劣影响的；集体私分或者变相私分罚没款、物或者赃款赃物的；违反规定经营或者参与经营娱乐场所的；发生严重事故，造成重大损失的；违反规定，超越职权，滥用警力，造成严重后果的；发生其他严重违法违纪行为的。第三，公安机关的各级领导人有下列情形之一的，应当追究责任：下达错误决定和命令，造成严重后果的；对超越法律、法规规定的人民警察职责范围的指令，不按规定提出拒绝执行的意见，也不向上级公安机关报告，执行后造成严重后果的。对应当承担责任的领导人，要区别情况，按照《中华人民共和国人民警察法》及有关规定可以采取停止执行职务、禁闭的措施；给予政纪处分和降低警衔、取消警衔处理；构成犯罪的，依法追究刑事责任。进入新世纪以来，为进一步增强公安机关领导者的责任意识，各级公安机关在前述规定的基础上，努力完善制度，以加强问责力度。

公安部党委于2010年7月印发了《公安部机关领导干部问责暂行办法》（简称《办法》），适用于部机关各局级单位领导班子成员及其内设机构的负责人。《办法》明确规定，对领导干部实行问责坚持实事求是、权责一致、惩教结合、依法有序的原则，问责的方式分为责令公开道歉、停职检查、引咎辞职、责令辞职、免职。《办法》规定了对公安部机关领导干部实行问责的九种情形：第一，决策严重失误，造成重大损失或者恶劣影响的；第二，对下级公安机关的请示、报告不及时处理，造成重大损失或者严重后果的；第三，因工作失职，本单位发生失泄密、火灾、安全等事故、事件、案件，造成重大损失或者恶劣影响的；第四，因工作失职，本单位发生违反“五条禁令”案件的；第五，本单位私自设立“小金库”，或者占用、挪用公款的；第六，本单位在工程建设、招投标、政府采购中发生严重问题或者造成重大损失的；第七，违反干部选拔任用工作规定，导致用人失察、失误，干部群众反映强烈或者造成恶劣影响的；第八，因工作失职，本单位或者其下属单位发生重大违纪违法案件，或者较短时间内连续发生违纪违法案件的；第九，对本单位或者其下属单位发生的重大违纪违法问题或者重大事故、事件隐瞒不报的。《办法》明确，被问责的领导干部取消其当年年度考核评优和评选各类先进的资格。引咎辞职、责令辞职、免职的领导干部一年内不得重新担任与其原任职务相当的领导职务，可以根据工作需要，酌情安排适当岗位或者相应工作任务。被问责的领导干部同时需要追究纪律责任的，依照有关规定给予党纪政纪处分。与此同时，地方公安机关也相应地制定了对领导干部实施问责的相关规范性文件。

（3）刑事责任追究。刑事责任追究是国家司法机关依据《刑法》，通过司法诉讼程序对权力行使者实施职务犯罪后的刑事法律责任做出的追究。根据我国《刑法》规定，主要涉及的罪名有贪污罪、挪用公款罪、受贿罪、行贿罪、滥用职权罪、玩忽职守罪、徇私枉法罪、枉法裁判罪等。根据公安领导者在权力行使过程中的具体犯罪性质、情节、危害程度综合判断其应承担的责任大小。

现代法治理念要求权力和责任的均衡配置，对公安领导权力行使的事后问责，强调的是要将一切权力异化的情形作为列入责任追究的范围，不仅要追究直接责任，也要追究间接责任。这就要求以严格具体的责任规定和民主可行的追责程序来保障其实现；同时，落实责任个体化原则，建立个人问责制、首问责任制，完善行政责任制度，促进依法行政、依法用权，力求以明确的责任承担和切实的惩罚措施形成威慑力，将领导权力的行使约束在正当范围和正当程序之内，养成谨慎、公开、透明、规范用权的权力文化，保证权力运行不出轨、不失控、不缺位、不越位、不滥用、不怠用、不侵权、不谋私。

前述事前制约、过程监督、结果问责均是健全的公安领导权力控制机制的重要组成部分。事前制约的价值在于通过体制设置和规范设定，保障公安领导权力的设置规范、权责明晰，运行机制科学、协调，为公安领导权力的运行设定了正确的轨道，是防范公安领导权力异化的前在的预防机制。过程监督是日常的督促检查，针对公安领导权力实施过程中的各种不当行为予以监视、检查、纠正，是公安领导权力运行中的动态的纠错机制，目的是矫正公安领导权力运行的偏差，保证公安领导权力在既定的轨道内行使。结果问责是对公安领导权力运行中的已经形成的异化行为进行责任追究，通过严格的处理和制裁，在惩处相关责任人员的同时在组织内部形成制度性的威慑力，使公安领导者不断强化责任意识和法治意识，将依法积极规范有效行使权力的职责使命内化为一种精神驱动和自觉追求，忠实地履行法定职责，是兼具惩处和防范功能的控权机制。只有这三个环节环环相扣，能动地作用于公安领导权力运行的始终，方可构成全方位、系统化、动态化的控制机制。

中国共产党的十八届三中全会明确提出要加强和改进对主要领导干部行使权力的制约和监督，这突出了加强对公安领导权力控制机制建设的重要性和紧迫性，并且从顶层设计的高度提出了明确的改革方向和具体要求。十八届四中全会通过的《关于全面推进依法治国若干重大问题的决定》，对公安权力的严格规范公正文明执法提出了具体要求，是新时期公安领导权力安排、行使、制约与监督的重要指导原则。公安领导权力必须依法严惩各类违法行为，完善执法程序，建立健全行政裁量权基准制度，加强行政执法信息化建设和信息共享，全面落实行政执法责任制，建立权力清单制度、健全执法考核指标体系、完善执法责任追究机制、强化对执法活动的过程监督，坚决排除对执法活动的非法干预，坚决防止和克服地方和部门保护主义，坚决防止和克服执法活动中的利益驱动，坚决惩治执法腐败现象，切实做到有权必有责、用权受监督、违法必追究。

第四节　公安领导权威

一、权威

（一）权威的定义

权威是指合法性（legitimacy）的权力。合法性是指权力双方因为信任而产生的相互依赖、相互促进的特性，即主体以正当、有效的权力设置与行为赢得客体的认同、忠诚与信仰，从而预先支付未来的期望与资源，使主体最大限度地利用现有资源从事自己的意志，达成目标。权威因为双方得利、相互信任而形成合作关系，是权力的理想模式。

领导权威，即领导权力得到下属及群众的支持与信任，具有巨大的威力、威望与威信。领导权威的定义包含有这样几层含义：

首先，领导权威是主体与客体的互动。权力主体与客体是相对立的存在，在传统权力观念中，处于绝对主动地位的主体多以控制、强制、管控等方式主宰资源，迫使客体服从。但权威要求主体主动提供有效的正当的服务赢得对方的服从，这是双向运动过程：主动提供积极的作为、正当的行为，客体回应善意、预付信任，二者建立合作关系，达致节约人际成本的最佳管理效果。

其次，领导权威的基础是信任。信任是人际最好的资源，体现着人类文明与理性，是远高于一般性消耗型资源的增值型资源。信任关系的建立是双方持久良性互动的结果，源于双方的善意。在社会资本理论看来，这需要互惠规范、关系网络、政策网络、大众参与和社会信任等多重资源的交汇运动。

最后，领导权威是实力。这是权威的本质属性，即权威本质上仍是权力，只是更高层次、得到双方认可、能最大限度节约成本的权力，是地位、实力、信誉、威望等力量要素的综合。

（二）权威的形成

权威的形成条件决定于主体、客体与环境三个方面。

1. 主体的正当性、有效性权力行为

权威形成的前提条件是权力的正当性。权力的正当性包括权力获得、行使与结果的合理性、合法性、公共性。其中，理念的正当性、过程的公开性与结果的公益性是权力正当性的基本要求。

有效性，是指权力能够理性解决政策问题、保证资源配置效益的最大化。有效性是问题解决时成本与效益性价比的合适，因此要求权力当为、善为和能为，以及主体较好的素质与能力。

2. 客体的合作

权威形成是权力主客体的双向运动，其中客体的合作态度、积极行为与宽容理念同样重要。在权力行为过程中，权力主体释放的善意应有客体积极的回应，客体尊重共同规范、主动参与和积极变革，是保证权威形成与持续性作用的重要因素。

3. 积极的环境

环境条件是所有权威生存的土壤。这既包括社会人文环境，也包括组织文化、社会文化与（境外）外部环境。这些环境因素是善意的，愿意接受改变、主动支持合作、遵守公共规则、适应社会变迁等因素均可促成权威的形成与持续。

（三）权威的价值

1. 节约治理成本

权威是权力双方的行为互动，是二者相互信任的结果。权力主体的理念、行为与行为结果均得到客体的认同、支持，并建立忠诚甚至信仰牢固的态度、情感、评价，因此二者互动的成本就会大大降低，甚至可能造成客体预支资源为主体服务的情况。成本降低是任何权力治理的理想结局，也是权力制度设计的理想前景。

2. 提升权力品质

权威是双方的认可与信任。主体如需得到客体自觉的认同，需要较好的道德素质、能力素质与道义行为原则，并随时适应环境的变化不断调适，不断学习是权力主体的基本素质，因此权力主体在不断学习的过程中提升权力主体、权力行为的质量也就成为必然。

3. 提升公民文化

权力客体是社会环境的重要组成部分，权力主体的优质化对于提升公民文化有巨大的示范、引领作用，社会成员的素质、能力与文化在培育、教育中得以濡化、涵化，形成参与、合作、平等的公民精神、国民品质，促使民族成长与国家发展。

二、公安领导权威

（一）公安领导权威的定义

公安领导权威，即公安领导合法化的权力，也就是领导权力得到了组织内成员自觉自愿的认可与服从。

在公安领导权威的概念界定中，有几个特别重要的内涵要素：

首先，组织内成员的善意。这是公安领导权威的核心要素，即组织内成员的态度、情感与评价是积极的、良善的，以认同、忠诚与信仰的意识、思想构成组织文化和日常经验，主动、合作性地对待领导权力，最大限度地形成正能量。

其次，主客体的双向互动。公安领导权力与组织成员二者的合作是领导权威形成的标准与标志，合作关系是利益博弈的结果，更是道义认同后的选择。双向关系是平等关系、契约关系发展的结果，这就需要处于强势地位的领导权力的低姿态，释放管理的善意、服务的诚意和制度的良心。

最后，主客体间的信任关系。善意、合作是双方相互信任的结果。信任关系导致合作的积极效果，合作关系密切信任关系，两者关系联结、密切主客体关系，导生积极的组织文化，催生凝聚力、执行力与战斗力。

（二）公安领导权威的构成

1. 个体权威

公安领导个体权威是指公安领导者的个体综合素质得到公安组织成员的信服产生的权威。

个体素质，是指公安领导者外在因素长期浸染、学习最后稳定形成的基本品质，包括政治与思想素质、文化素质、业务素质、身体素质和心理素质等方面。

政治与思想素质，是指公安领导对于政治理想、政治信念、政治态度和政治立场的内在品质。公安领导的政治素质在其各项素质中居于引领、核心地位，是其他素质的基础，“四个忠于”是政治素质的主要内容，以此激发公安领导自己并带领组织成员的领导能力、工作能力和敬业精神。思想素质是指公安领导的政治观、世界观、人生观、价值观、道德观等因素组合而成的品性与修养。

文化素质，是指公安领导的文化水平、文化程度与文化涵养。文化水平往往与受到的教育程度有密切关系，文凭、学历是有效的标准，但文化水平并不完全由文凭和学历所决定；文化程度是指接受教育的年限、层次、内容与最终取得的结果；文化涵养是指文化水平结集在个体身上体现出的文化层次与修养，如文明举止、礼貌态度和注重礼仪等。文化素质不仅决定公安领导的教育水平，也决定其学习能力的高下和将来发展后劲的强弱。

业务素质，是指公安领导对于警务管理、指挥、决策等业务能力、专业知识和专业技能，常表现为：岗位专业能力、分析综合能力、应变决断能力、群众工作能力、表达能力、领导和管理能力等。

身体素质，是指公安领导在工作、生活中所必备的身体各器官系统功能的良好表现。由于公安工作、公安领导工作的特殊性，如经常加班、工作时间不固定、连续性加班较多、现场处置情况复杂，甚至须临时处置，需要健康的体魄，较好的速度素质、力量素质、耐力素质、灵敏素质等，有较好的抗疲劳、随机应变能力，以便较好地长期工作。

心理素质，是指公安领导所具有的性格品质与心理能力的综合体现，常体现个体的性格品质、认知潜能、心理适应能力、内在动力，外化为情感、信心、意志力和韧性等心理特征，是个体的心理健康的重要指标，与主体行为表现高度相关。个体心理素质主要指标大致有——良好的个性：自知、自信、自强、自律、乐观、开朗、坚强、冷静、善良、合群、热情、敬业、负责、认真、勤奋等；正常的智力：感觉、知觉、记忆、思维、想象、注意力正常；较强的心理适应能力：自我意识、人际交往、心理应变、竞争协作、承受挫折、调适情绪、控制行为的能力；积极而强烈的内在动力：合理的需要、适度的动机、广泛的兴趣、适当的理想、科学的信念；健康的心态：智力正常、情绪积极、个性良好、人际和谐、行为适当、社会适应良好；适当的行为表现：符合角色、群体、社会规范、道德规范和法规。①

领导素质与能力，是指公安领导在领导工作过程中所具有的职业品质、个性和解决问题、应对困境的能力，包括思维决策能力、规划能力、判断能力、创造能力、调查能力、劝说能力、对人理解能力、解决问题能力、培养下级能力、调动积极性能力；并包括领导道德，如使命感、责任感、信赖感、积极性、忠诚老实、进取心、忍耐性、公平、热情、勇气等。其中，管理协调、组织决策与人事决定能力是公安领导素质的重要构成。具体来说，应有：面对复杂多变的社会现象能及时做出科学的分析判断，及时发现、准确判断问题、深远思考的观察思考能力；以分析能力、预测能力、统筹能力、掌控全局为基础的及时理性的科学决策能力；精确运用组织力量、合理分配职责权限、科学选才用才、有效监督运作、坚决准确及时推行计划决策的组织指挥能力；善于把任务、部门、人员有机地组合起来，形成默契、步调一致的集体行动的沟通协调能力；敏锐感知、及时应变、有效组织指挥的快速应变能力；善于提出新问题、解决新问题，富于胆识、敢作敢为的开拓创新能力。

2. 组织权威

组织权威，是指公安领导所处的组织（单位）具有的组织精神、组织哲学、价值观念、人际关系等组合而成的文化系统产生的影响力、控制力与决定力，这种权力影响是得到组织成员的信服而自愿自觉服从。其中良善的、和谐的组织文化是主要表征。

组织权威源于组织文化、组织制度和组织形象，宽泛意义上表述组织文化可以涵盖前述三个层面。公安领导所处的组织文化是指和谐的组织文化，是指公安系统所应具有的职业精神、组织哲学和行为规范，是公安作为一个职业群体、一个组织体系所共有的观念系统，是一个由警察个体与公安机关的价值观、信念、仪式、符号、处事方式、组织结构等组成的特有的文化形态。它表现为导视符号系统、内部办公系统、宣传告示系统的物态文化，民警个体在日常工作、生活、人际交往中所体现的职业态度、情感、作风、精神以及人际关系模式等的行为文化，公安机关的行为规则、常规和全部程序的制度文化和由“忠诚、为民、公正、廉洁”核心价值观、“以人为本”的管理哲学组成的精神文化四个层级，并以此培育、诱导民警，锻造警察精神，使之内化为民警的生活方式、工作常态，并以为基本的信仰，达到育警、励警、律警、悦警和强警的目的，形成制度忠诚、行为规范、情感理性、人格文明的“文化人”，并再生产出良性的体制制度，促成成员——组织——文化的互动性发展。②

（三）公安领导权威的功能

公安领导权威是一种善的制度化、人格化的权力，其功能不仅在于权力的强制、制约与约束，更在于作为公安机关的中坚力量、骨干力量的公安领导，通过自己的德、才、能、绩的良善表现，引导、示范、引领组织成员遵守秩序、达成目标、实现权力关系，其

---

① 参见肖汉仕：《心理素质的结构及其内外关系》，载《中国教育学刊》，1999（4）。

② 参见曹英：《公安文化：内涵、结构与功能》，载《中国人民公安大学学报》，2012（3）。

基本功能体现在以下几点。

1. 导向与指引功能

导向与指引功能是指公安领导以其思想体系、警察精神、职业道德、制度伦理与行为风范等规范性理念体系、组织制度和行为实践，引领单位内的警员形成良善思想意识、行为的概念。警员在比较性的认知过程中，对领导的思想观念、行为实践和组织管理，从认知、接受、认同到遵从，产生认同、信仰与忠诚，并内化为自己的观念、主张和态度、情感，自觉地贯穿于行为实践中，履行职责，形成与单位共同一致的价值取向、行为取向，增强依法行为的自觉性，预防、抑制违法违纪行为。

2. 约束与自制功能

约束与自制功能，是指公安领导利用权威力量对警员进行引导、调适，增强摒弃、抵制、抛弃不合组织的观念，以与组织、领导一致的功能。在复杂的社会环境中，单位警员的思想观念、言行举止有所偏离是正常现象，这一方面需要制度性的强制、领导权力的强制约束，但领导权威的软性约束、潜移默化的影响也能起到较好的作用，如领导着力营造的团队意识、社会舆论、工作作风、组织风尚等，形成“组织文化场”，达成团结向上、整体一致、互相合作的团队意识、团队风气和团队风尚，强化警员抵御不良风气的袭扰，达到集体合理化的自我调适，增强组织的战斗力。

3. 凝聚与激励功能

凝聚与激励功能，是指公安领导权威对民警的黏合、凝结作用，对民警的行为动机与主动性、积极性和创造性的激发功能，强化单位警员对公安队伍、公安精神信念和领导权力的自觉认同，形成组织、文化与成员的共享性，产生凝聚力、领导力。

公安领导权威在很大程度上是以认可单位警员基本权利、保障其合法权益并促成权益实现、体现“以民警为本”的“权利管理”，是以共同价值观、组织共识使警察个体得以群体化、职业化。领导通过组织建设、日常管理和行为激励，形成单位警员对领导、组织的良好判断、预期与愿景，确定巨大的向心力、认同感、凝聚力，自觉服从领导、靠拢组织、爱护团队、维护集体形象，爱岗敬业，乐于参与组织事务，发挥各自潜能，为组织目标、单位工作做出贡献。警员在领导与组织里得到平等、尊重的尊严感，激发出对队伍的认同、领导的信仰和制度的忠诚，从内心产生一种高昂情绪和奋发进取精神，自我激励，形成持久的动机驱动力、行为执行力。

4. 提高与形塑功能

提高与形塑功能是指公安领导以其个性化的努力、组织化的建设和社会环境，形成权威的濡化与涵化，成就公安领导与单位警员共同的提高，促进公安精神、公安组织与制度的完善，造成公安领导更大的影响力。

公安领导的个体魅力、人格价值和单位核心价值观、人本精神的组织理念、制度设置，使单位警员能够自觉自愿建立世界观、人生观和价值观，确立理念、信仰、品德、情操、志趣、气质和行为模式，成为“忠诚可靠、秉公执法、英勇善战、纪律严明、无私奉献”的新时期人民警察精神的实践者、捍卫者。与此相辅相成，领导、警员以其角色的学习与扮演，促成成员间的相互联系、相互作用与相互依赖，促进组织系统的正规化、法治化、民主化的运行，导使行为模式的固定化、结构化与制度化，产生人际信任、制度信任与社会信任，公安领导也更有权威，组织也得以更加健康与和谐。

【本章小结】

公安领导权力，是公安机关领导者为实现组织目标、意图、意志，依法在职责职能范围内、在职位职务范围内对公安机关及其人民警察实行的支配力、影响力与控制力。作为一种权力形式，公安领导权力亦具有权力异化的内在趋向，其特殊的职责与权限决定了公安领导权力异化的严重危害性，因此需通过事前制约、过程监督、事后问责构建监控公安领导权力的有效机制。公安领导权威，即公安领导合法化的权力，也就是领导权力得到了组织内成员自觉自愿的认可与服从。其功能不仅在于权力的强制、制约与约束，更在于作为公安机关的中坚力量、骨干力量的公安领导，通过自己的德、才、能、绩的良善表现，引导、示范、引领组织成员遵守秩序、达成目标、实现权力关系。

【推荐阅读】

1. 习近平．习近平谈治国理政．北京：外文出版社，2014.

2. 本书编写组编．《中共中央关于全面深化改革若干重大问题的决定》辅导读本．北京：人民出版社，2013.

3. 本书编写组编．《中共中央关于全面推进依法治国若干重大问题的决定》辅导读本．北京：人民出版社，2014.

4. 程琳主编．公安学通论．北京：中国人民公安大学出版社，2014.

5. 曹英．公安学：基本理论与中国视角．北京：中国人民公安大学出版社，2015.

6. 燕继荣．政治学十五讲．北京：北京大学出版社，2009.

7. 邱霈恩．领导学原理．北京：清华大学出版社，2012.

8. 陈荣秋编著．领导学理论与实践．北京：清华大学出版社，2007.

【思考题】

1. 公安领导权力行使中应遵循哪些原则？
2. 如何有效防范公安领导权力的异化？
3. 公安领导权威的功能有哪些？

第三章 公安领导决策

【学习目标】

通过本章的学习，理解公安领导决策的定义、要素；了解公安领导决策的类型及公安领导决策应遵循的原则；理解公安领导决策的体制，了解公安领导决策的程序与方法。

第一节 公安领导决策的含义

公安领导决策，是指公安领导在法定权限内对政策问题与组织内的公共事务进行的决策活动。公安领导决策是公安领导权力的重要构成，也是其领导活动的主要内容之一。公安领导决策与一般行政领导决策有很大的相似性，但也有较大的专业性、职业性差异。

一、公安领导决策的定义

（一）决策的定义

决策是政治权力重要的活动方式之一，在政治权力活动中，决策活动是政治权力的关键性活动，是决定权力结果、意志与利益分配的关键性环节。

决策的含义，在汉语语境中，有动词与名词的差异。名词是指一项决定性的建议与方案；动词是指权力主导者的决断、最终选择。二者意义的结合实际上构成了“决策”概念的基本含义，即权力主导者对决定性方案的最终选择。

理解决策的这个定义，需要确立下面几个重要判断。

首先，决策是权力主导者的行为。决策是权力主导者的行为、活动，即是在权力活动中，掌握主要权力或有主要话语权、决定权的领导者的活动。质言之，决策就是领导者的活动。

其次，决策是领导者处理问题的活动。领导者的权力活动是为了解决问题，有明确的目标与目的。一般来说，目标是对问题的直接解决，目的是最终目标的实现，在现代社会，政府目标是在公共利益的实现，即最大限度地满足大众需求。

最后，决策是领导者对解决问题方案的选择。对于需要解决的问题，可供选择的方案应是多元的，在多种方案中，领导者应从可行性、风险性等关键选项中比较不同的权重、优劣点，抉择出最为理性的方案。决策是领导者的理性选择。

（二）行政领导决策的定义

行政领导决策，是指行政权力体系中居于领导地位的成员与组织为解决问题进行的方案择决活动。

行政领导决策的这个定义，隐含了如下几个方面的要素。

首先，决策主体是行政领导，即行政领导决策是“行政领导的”决策。决策主体的特定性、确定性与限定性，是概念精确的主要标志。这里所说的“行政领导”，是指有明确的法定职权、经由明确的章程程序决定的行政领导。它可以是个体，如部长、局长、处长等主要决策人或第一负责人；也可以是组织化的集体，由单位集体进行决策。

其次，决策的目的是为解决问题。决策的目的是确定的，即解决问题。这个问题可以是公共事务，亦可以是单位内部事务，甚至是单位人事任免等问题；解决问题的关键在于发现问题、提出方案，并最终在几个方案中择优选择，因此领导决策的核心在于方案的择决。

最后，决策依据的法定性，即现代社会的行政领导决策是依法决策。此处的法定，包括行政领导权力获得的法定性、决策活动的依法性与决策范围的依法性（合法律性）。

（三）公安领导决策的定义

顾名思义，公安领导决策即是公安领导的决策，是指公安领导在依据法定职权解决公安领导过程中出现的问题而进行的解决方案抉择活动。

对于这个定义，可做如下理解。

首先，公安领导决策有着特定的主体。公安领导决策是公安领导的决策，这个“领导”既可能是公安机关的领导班子，是集体领导；也可能是公安领导者，主管负责人。在党的民主集中制原则下，集体领导、分工负责是基本的行政原则，在这个前提下，只要是与该问题相关的掌握决策权力、领导权力的部门领导均可视为决策主体。

其次，公安领导决策活动有着广泛的范围。公安领导决策是法定权力活动，其活动范围与公安工作的职责任务紧密相连，是对公安基本职责任务的起始阶段的规划。公安工作的职责任务有着确定的法定授权。公安机关作为武装性质的国家治安行政力量和刑事司法力量，肩负着维护社会大局稳定、促进社会公平正义、保障人民安居乐业的神圣使命，其主要任务是维护国家安全，维护社会治安秩序，保护公民的人身安全、人身自由和合法财产，保护公共财产，预防、制止和惩治违法犯罪活动。在公安领导决策活动中，既包括队伍建设、业务工作、体制改革、装备保障等内部事务，也包括预防和打击犯罪、维护社会治安秩序、人口管理、安全保卫等外部事务。

最后，公安领导决策有明确的直接目的。公安领导决策不是泛化的全面的工作，是有重点、有目的、有规划的高层次权力活动。其目的是对当前紧迫问题的主动回应、科学制定择决方案的理性活动。在这个复杂的思维过程中，公安领导者在纷繁的各种问题中需要确定政策问题，在多种备选方案中择优选择最佳方案，并进行合法律性论证。质言之，公安领导决策的直接目的是解决问题、实现领导权威，主要方式是解决方案的选择。

二、公安领导决策的要素

（一）行政领导决策的基本要素与实现

行政领导决策的要素，是指行政领导决策构成的主要因素，包括决策主体、决策问题、决策过程与决策结果等。①

1. 决策主体

决策主体，即主持决策的人与组织，亦称为决策者。

决策主体是决策活动的主导者、决定者，即日常所说的“行政领导”。决策活动的成败、绩效大小与决策者影响极大，尤其是在权力较为集中、社会参与和民主参与较弱的社会（总体性社会），决策主体（领导者）的决定性更为关键。

领导者决策能力的强弱、决策权力的大小与决策体系的构成，是决策者要素的重要因素。换言之，行政领导这个决策要素本身还有构成要素。决策能力与素质是决策者的个体因素，决策权力、决策体系构成是其客观要素。

2. 决策问题

决策问题，是指决策者列入议事（决策）日程、即将付诸行动加以解决的问题。决策问题是领导决策的逻辑起点，是决策活动的直接目的。在讨论决策问题时，需要明确以下几点。

（1）决策问题是客观实在。决策问题是单位组织面对的难题，是领导者必须要解决的现实存在。问题是指个体与组织的期望和社会现实间的差距，这种差距大小与领导者的认知水平、知识结构和决策层的感知水平有关系，但一定是现实中确实存在的难题。

（2）决策问题是认知结果（议题）。决策问题是社会问题、单位难题等社会存在，但这些问题与难题又是社会问题、公共问题的一个表现，如何将社会问题、公共问题、单位难题纳入领导者的决策范围，需要领导者（层）的察觉与认同，在这个意义上，决策问题是领导者（层）建构的结果，即“只有领导者认知到、重视到、决策到的问题方是决策问题”。“对一个潜在的公共政策问题察觉和定义都取决于受其影响的人数、他们传播这一问题的范围和能力以及使其要求被认为是合法的政策问题的机会。”②

（3）决策问题的多样性。社会现象的繁复性、领导者利益的多样性和权力控制的广泛性，必然导致决策问题的多样性，这就使建构问题处于十分重要的地位。

对于决策问题的多样性，可以借鉴罗威对政策问题的分类。③ 罗威根据公共政策问题受影响的人数及其相互间的关系，将政策问题分为分配型、管制型与再分配型三类。所谓分配型问题，是指社会资源（公共物品与服务）与代价（成本与义务）分配与特定人群的问题，此类问题主要特征在一方得利并不意味另一方必然有失，可能是双方得利的“非零和博弈”同时互惠的问题，如社会福利问题；管制性问题，是指特定（目标）群体特别限制的问题，此类问题属于“零和博弈”的问题，即一方得利、一方可能有失；再分配问

① 李成言在《现代行政领导学》中将行政领导决策要素归为决策者、决策目标、决策信息、决策备选方案、决策情势、决策后果等六个因素。参见李成言：《现代行政领导学》，208页，北京，北京大学出版社，2002。

② ［美］E. 克鲁斯克：《公共政策词典》，53页，上海，上海远东出版社，1992。

③ 参见陈庆云主编：《公共政策分析》，99页，北京，北京大学出版社，2006。

题，是指政府将一方的代价转嫁给另一方，属于典型的排他性“零和博弈”难题，一方得利、一方必须有失（见表3—1）。

表3—1　　决策问题的类型

问题类型	定义	特征	例证
分配型问题	资源（利益）分配	非零和博弈	公费医疗问题
管制型问题	资源或代价分配，但不指定特定群体	零和博弈	交通管制问题
再分配型问题	代价转移分配	排他性零和博弈	个人所得税改革

决策问题的多样性，既是领导者权力的体现，是权力作用、效益的体现，但亦是领导者权力伦理的体现，是建立组织权威、领导权威的重要方面。

(4) 决策问题与决策目标的一致性。决策目标是解决决策问题的最终结果与目的，要求具体、明确具有前瞻性、可行性与协调性，这也是对决策问题界定与设计的要求，即对问题应在一个较开放的环境中决策，有较多的人参与；充分考虑政策环境与各方利益要求；随时注意环境变化，对政策问题的支持条件有轻重缓急的因应，即短期、长期、应急与近期、远期等差别决策。

3. 决策过程

决策是领导过程的始点，也是领导权力重要体现。决策是一个活动过程，决策有约定的起点、中点与终点，即政策议程的设置、决策方案的提出与择决、决策指挥与执行、决策反馈与调整、决策评估与终结，是一个环环相扣、不可或缺、有始有终、充满领导智慧与规则的活动过程。在这个过程中，各个环节与阶段特点包括以下几方面。

(1) 政策议程的设置。政策议程，是指对必须解决的公共问题纳入议事、解决日程的阶段，即决策者在确定政策问题后，决定问题讨论、提议解决方案的过程，实际是话题、问题进入议题的关键阶段。

政策议程是连接政策问题与政策方案的关键环节，在这个“决策过程”中，需要注意以下几点。

第一，政策议程是一个系统工程。政策议程包括问题界定、触发机制、相关部门介入等多个系统。

第二，问题界定的基本要素。问题界定与客观情势相关，社会环境的压力、流行时尚尤其是公众诉求对社会问题转化为政策问题有较大的推动作用；问题本身的影响深度也是重要促成因素，如有较大的群体性事件的发生会迫使、倒逼政治权力的反应；政府回应能力、政府偏好是较强的主体因素。

第三，政策议程主体的多元性、核心性。公共政策（决策）议程是多元的，表现在：一是在具体决策时，与会具有表决权的领导成员均是决策人物，呈现决策团队的特色，这是集体领导、民主决策的要求；二是在公共政策议程时，主体由政治动员型、外在压力型和内在推进型等构成，政治动员型主体包括党政、立法组织和负责人，外在压力型主体包括媒体和社会公众个人和群体，内在推进型主体包括各种政治组织和社会组织的代表、专门研究机构的成员。

公共政策议程的决策主体又是核心化的，即在问题最终决策时关键领导的决定性作用不可或缺，这就是我们国家常说的领导体制中的“班长制”、领导决策时的拍板作用，这是体现领导者领导素质、领导能力与领导气魄的重要方面。

第四，政策议程中的大众议程与政府议程的相容性。大众议程是指一种利益要求和社会问题引起公众的广泛关注和讨论，从而逐步到达决策中枢的过程，是公民四个权利即知情权、表达权、参与权、监督权的重要体现；政府议程是指以政府为代表的公共权力主体正式讨论和认定公共政策问题、寻求解决方案的过程，是政治权力功能、作用的表现。

大众议程与民众参与相关，但民众如无组织化的表达，则会局限于零碎化、个体化、情绪化的初始状态，不利于决策的公共性；政府议程因为人的便利性局限，会使决策出现决策权与决策方式的双重固化。所谓“便利性人性”，是指人的两种本能倾向——自利性和对现有资源尤其是信息的垄断性占有（自便性）。

大众议程体现民众参与的民主化，在民众参与之外，还有专家论证的重要补充，既有体现集体参与决策的民主性的一面，也有专业性参与、论证的科学性的一面，大众参与和专家论证的结合是决策议程环节“策”相当重要的措施。但决策还须“决”，即主要领导的最终抉择，领导者个体的气魄与能力对于决策问题的界定、方案的选择有重要的意义。

政策议程如实现民主化与科学化的根本要求，则必须实现大众议程与政府议程的一致性、相容性。一方面鼓励民众有组织、在法治渠道上的表达；另一方面政府主动开放建言渠道，主动吸纳民间和社会组织的声音，形成上下互动、机制联动、社会协商的态势。

第五，注意保持政策议程触发机制的敏感性。政策议程的触发机制，是指激活决策体系对某一问题进行正式讨论的因素，主要是某个事件、人物的决定性影响。

一般来说，决策的触发机制包括，内在引发机制，如自然灾害、意外的人为事件、科技方面的重大变革、资源分配中的偏执与失衡和生态变迁；外在引发机制，如战争、武器技术的重大发展、国际冲突和世界性联盟的格局发生变化。在当前，我国激活决策机制起决定性作用的是领导、某种危机或惊人事件、抗议活动、媒体曝光。公共事件与社会舆情等触媒有较大的外部影响力。

在讨论触发机制时，应强化政府的察觉机制（预警机制）建设。预警机制是指预先发布警告、及时提供警示，实现信息的超前反馈，为系统及时布置、防范风险奠定基础的机构、网络、举措等设置与方法的集合。预警机制是决策的动力机制，是一种具有民主性、科学性的决策方式，要求政治权威与大众精英互动性的预测性发动。其优点包括：民主性，是民意表达机制、民主协商机制、民主决策机制、民主监督机制的逻辑前提；开放性，要求决策、过程与结果公开，建设广泛的参与性。

在讨论触发机制时，还应研究使政府决策迟缓、决策失灵的阻力机制。这种阻力机制的原因主要在政治原则的偏离、价值体系的偏离、政府体系的封闭、承受能力的超重和表达方式的失当。

第六，四种决策模型。政策议程的研究的终极目的之一是使决策过程简明化、决策方式模式化和决策效果的效益最大化。学者在综合性研究过程中，提出政府决策的内在创始、内在动员、外在创始与民主协商四种模型。①

内在创始模型，是指政府创设问题并自我消化在政府议程的一种决策模式，是一种内

① 参见刘伟：《政策议程创建的基本类型：内涵、过程与效度的一般分析》，载《理论与现代化》，2011（1）。

部启动、精英设计、拒绝大众参与与压力集团的介入、多在高度集权政府下进行的一种模式。其相关因素有：高度依赖领袖的个人素质（危机意识与道德观念）；与公共危机的严重程度密切相关，极度危机的严重威胁导致政权危机；预警机制与纠错机制的稀缺导致政策效率性差，且容易反复；严格限制体制外参与，社会问题的深层次原因难以察觉、分析；体制内的结构性过滤会减弱危机的严重程度，深化危机解决的难度。

内在动员模型，是指政府直接创设问题，并扩散到公众议程的一种决策模式，是一种自上而下、先上层后下层、政府主动制造话题、设置议题的决策模式。其相关因素有：高度依赖领袖的个人素质（危机意识与道德观念）；统治集团的高度动员能力，强人政治的有意识行为与强大意志；社会共识基础及统治阶层的接纳程度；严格限制体制外参与，社会问题的深层次原因难以察觉、分析；政策的适应性问题（可行性与社会成本）。

外在创始模型，是指非政府创设、由公众议程到政府议程的决策模式，是一种自下而上、先民间启动后政府确认、大众压力参与、政府倡导与民间推动相结合的一种决策模式。其相关因素有：社会组织化程度与公民理性化程度（有组织、程序化的表达）；社会力量的吸纳能力与组织能力；问题的严重程度和政策适应性；政府的开明程度和接纳能力。

协商民主模式，是由政府启动、政府议程到公众议程的一种“善治模式”，是政府主动回应民众期待、解决现实问题并得到民众积极回应的决策模式。其相关因素有：高度依赖领袖的个人素质（危机意识与道德观念）；与政府的开明程度及政策智慧息息相关；民众压力表达的理性程度；系统的自我改革能力较强；问题的适应性。

（2）政策规划。决策、公共政策的规划，即狭义的政策制定，是指公共组织特别是政府针对有关的重要政策问题，依照一定的程序和原则确定政策目标，拟定、评估和选择有关政策方案并最终择定的过程。即针对某个政策问题而提出、论证并抉择解决方案的整个过程，一般包括目标确定、方案设计、方案评估和论证、方案抉择等环节。政策规划是政策过程的一个环节，选择、确定政策方案的过程表明政策过程进入问题解决阶段；具有明确的指向性，是为解决政策问题而设计、择优政策方案；具有前瞻性，是在对政策问题的各种综合要素考量后对未来前景的一种预测性决策。

在政策规划阶段，需要重点注意下述问题：

第一，明确政策规划的原则。政策规划的原则一是指宏观性指导原则，包括从国情出发、整体效益和系统性一致性、社会公正及利益补偿、审时度势等子原则；二是指微观操作性原则，包括一贯与稳定、信息准确全面、可行性（政策环境、实现成本及大众利益的兼顾性考量）、动态性、兼听等子原则。

第二，洞察四种常见决策规划模式。

1）传统理性模式，是绝对（完全）理性、最优选择的决策模式，其假设是决策者具有绝对的理性，决策者在决策过程中具备统一的价值偏好，决策目标单一而且明确；基本内容是决策者知道所有与具体问题有关的目标，决策者能够辨别所有的选择，决策者能有意义地评估这些选择，所有问题的信息都是可以获得的。这是一种理想主义模式，在现实中难以得到基本条件的支持。

2）有限理性模式，是由赫伯特·西蒙提出的一个次优选择模式，其假设是人的理性具有不完备性、预见未来的困难性以及被选行为范围的有限性，完全理性不可能，只能是相对满意的；内容是在决策时提供一套标准，用来说明什么是令人满意的最低限度的备选方案，如果拟采用的备选方案满足或超过了所有这些标准，那么这个方案就是令人满意的。

3）渐进决策模式，由美国学者林德布洛姆（C. E. Lindblom）提出，其假设是政策制定的过程实际上是政策制定者对以往政策行为不断补充和修正的过程。决策者要考虑不断变化的环境需要，对政策不断进行调适；内容是渐进的过程是一个不断学习、试验、反馈和调整的过程。渐进决策方法将决策的运行看成是一个前后衔接的不间断过程，主张通过不间断的修正，达到最终改变政策的目的。其特点是：不求绝对目标与终极性政策，核心目标模糊性，首先解决面临的迫切问题（短期目标）；强调操作性，随时调整，不断修正，不断试错，稳中求变，积小变为大变；政策周期中的政策回路与政策循环；最终目标与预期目标有不一致性（政策红利与既得利益集团操纵）。

4）混合扫描决策模式，由社会学家 A. 埃齐奥尼（Amitai Etzioni）提出，意在改进传统决策模式、渐进决策模式，又称综视决策模式。其内容是在政策选择和执行过程中对信息的不断寻找、收集、加工、评价和权衡。核心目标的确定性把决策分为战略性决策和操作性决策两个层次：战略性决策在高层次上做出全面性、根本性的考虑，这一层次虽然强调理性，但不要求像理性模式那样做出精细的分析和择优，只要求留下一个或几个需要重点考虑的方案；操作性决策，要求将整个过程分解为几个具体的小决策或者小步骤，先易后难的执行。混合扫描决策模式的特点是：混合扫描，多角度与病灶切片扫描，提升决策质量；渐进主义（战略型决策）与理性主义（操作型决策）的结合有较大的政策弹性；缩减审查范围，节约决策成本；相对优化方案；克服保守倾向与过度利己主义。

第三，高度重视政策目标的制定。政策目标，指政治组织（主要是政府）为了解决有关公共政策问题而采取的行动所要达到的目的、指标和效果。政策目标为政策方案提供方向性指导（指引性），为政策方案的规划和实施提供核心的评估标准（终结性）。

1）政策目标的特征：一是极为重要性，是政策制定的方向与终点，政策方案设计的核心，政策方案评估、论证和择优及执行、（后）评估的基础与依据；二是问题的针对性，是对现实问题的准确把握；三是预期性，是对问题解决难度（可行性）的预测，对预期结果及代价（风险）的评估；四是规范性，应在道德规范、法律规范与政治规范内运行；五是协调性，是综合考量体制内各种组合主体的利益，尽量使政策目标具有包容性。

2）确定政策目标的现实原则：一是适应性，与现实环境和政府能力保持一致性；二是前瞻性，具有对未来发展的预期性，体现政策目的的开创性；三是协调性，与各种利益主体、各种关联政策保持协调一致，体现政策的妥协性；四是确定性，政策目的的明确具体，关于政策实现的时间、内容、代价清晰详细，尽量量化指标体系；五是伦理性，与时代价值同步，照顾客体各方利益要求；六是依法性，严格遵循法律规定，体现限权、程序、公开及法律优先、法律保留与禁止越权原则。

第四，注重决策规划流程。决（政）策规划，即政策构建，指在建立有关政策议程后，为了实现一定的政策目标，政府草拟（设计）、评估与择定政策方案与行动步骤的过程。这是政策制定的关键环节之一，对政策目标的实现具有决定性意义；是政策目标确定与政策择决的中间环节，关乎政策方案的草拟（设计）、评估、择决等动态过程；政府权力人员与智囊人员起着重要作用（政府主导），最好有竞争性建议；主体应有开放性，多元并存与个人决断相结合是较佳选择。

在政策规划时，应做到：最好有竞争性的规划者；规划可在政策问题清晰界定前、与相关群体接触前进行；规划者可吸取民间人士或非政府机构参与；规划与再规划可能无果而终；对于规划中利益受损者应有补偿；规划过程难以中立，必有得利者与失利者。①

第五，注意政策规划主体构成的合理性。政策规划主体是多元的、有主次责任的组合。在这个组合中，应是政府主导、民众参与和中立机构（第三方）协商的民主模式，体现为有领导的民主、可控民主；智囊参与，体现专家决策的价值；重视领导者个人决断的作用，领导者要尊重科学分析的价值、考虑各方利益的平衡、发挥个人决断的作用。这是个人负责责任伦理的体现、是领导者信息优势的结果，其中当机立断、掌控时机非常关键。

第六，注意决策方案的设计。决策方案设计的原则是紧扣政策目标、规划多重方案、排他性与互补性结合、创新性等，其中创新性是指对经验教训、环境与支持条件的整体性把握，主要在前瞻性；可行性，是指现实支持条件，包括技术可行性、经济与财政可行性、政治可行性和行政可行性（见表3—2）。

表3—2　　决策方案的现实支持条件

可行性	要素
技术可行性	政策与规划的物理技术的支持条件，尤其是科学技术的应用程度
经济与财政可行性	政策成本与收益；公共资源的比重
政治可行性	政治环境支持条件，如可接受性、适当性、回应性、法定性、公正性
行政可行性	行政环境的支持条件，主要指行政人员能力与素质、组织文化等体制内要求

决策方案设计的方法，即对政策备择方案的设计方法。备择方案是指决策者准备选择的方案，即用来解决政策问题、达成政策目标的首选手段、措施或办法。一般有两步走与具体方案两种方法。“两步走”方法指轮廓设计方法，主要在政策目标指引下，勾画大致的行动原则、指导方针、发展阶段。其特点一是整体性、全局性；二是互斥性；三是创新性。“具体方案”方法又叫“细化设计方法”，是对轮廓方案的落实性筛选、加工方法，其特点一是实用性，可解决实际问题，落实政策目标；二是可操作性，包含涉及方案的目标体系、实施措施、机构设置、人员配置及人员素质要求等子项；三是细致性，经得起怀疑者与反对者的挑剔。

第七，重视政策方案的评估。政策评估，是对各项政策方案效果的预测性分析和比较，是前评估，以决定政策方案的取舍。政策方案评估的基本步骤是：比对政策目标的可行性（标准）；比较性获得，重点在比较诸方案的共同点、差异与在现实中的关键性影响；逆向决策，即以“淘汰型反向选择”为佳；注意环节、程序的重要性，在分析、权衡、审定多个环节上综合考量，如通过生效，付诸实施；否定或修改，补充与重新决策；搁置，等待时机。其常见方法：一是预测性评估，对政策方案未来发展的预先测知，重在探讨风险与收益的性价比、未来发展的可能性，重在风险评估；二是可行性评估，主要在条件与

① 参见宁骚主编：《公共政策学》，335页，北京，高等教育出版社，2004。

后果支持条件的适当、可能、可行性的评估，重在条件评估。

第八，重视政策方案的择决。政策方案择决，是在评估、论证各种政策方案后，对政策方案择优的过程。政策方案择决是政策方案评估后的必然结果。

择优方案的基本方法，有全体一致同意法，即一票否决原则；多数抉择法，即绝对多数与相对多数原则决定；赞成投票法，即同意表决法；淘汰投票法，即否决表决法。其优缺点见表3—3。

表3—3　　政策择优方案的优缺点

方法	优点	缺点
全体一致同意法	谨慎抉择，可避免重大失误；适于重大决策	效率不足；不适于危机决策
多数抉择法	民主决策常见方式	易为激情决策所左右，但绝对多数决策有弥补作用
赞成投票法	对群体意见较敏感；易于发现被忽视的群体	群体理性的有限性，使精英意志遭到抑制
淘汰投票法	可阻止领袖个人意志决定多数意见	群体内部的小团体可能阻碍集体决策

方案择决后，即进入决策执行环节。狭义的领导决策过程至此基本完结。

4. 决策结果

决策结果是指领导决策的最终效果，其主要判断标准为是否实现决策者的意图，在这个意义上来说是主观意志的表现。但在具体的决策中，与一般决策类似，其评价标准仍是客观具体的，即在决策环节时是否合乎决策方案的目标，在决策效益与决策代价间的比值中是否合乎理性。一般认为评价决策结果的过程称为决策评估。

在对决策结果进行有效评估后，决策结果的另一个要素产生，就是决策终结，即决策中止，决策中止不仅包括决策完成既定目标后的顺利终结，也包括多余的、无效的及时终止，以节省资源，达到资源最优配置。决策终结主要包括功能的终结、机构的终结、政策本身的终结和计划的终结。其方式有政策替代、政策合并、政策分解、政策缩减等。

（二）公安领导决策的要素

公安领导决策的要素是指公安领导决策过程的组成部分，包括决策主体、决策目标、决策信息、决策方案、决策情势、决策方法与决策结果等要素。

1. 决策主体

如前所述，公安领导决策主体既包括决策体制，也包括决策者。决策体制是一个决策系统，包括决策中枢系统（首脑机关）、咨询系统、信息系统、执行系统和监督系统，构成相互配合、共同支持、规范、约束决策过程与决策活动，达到决策科学化、民主化的目的。但在基层公安机关的领导决策中，决策主体较为单一，领导者多为主要决策人。

2. 决策目标

决策目标即公安领导决策要达成的目的，是决策活动的直接动力，源于对决策问题的界定和现有条件、环境与风险的计算。决策目标是决策活动的起点，又是决策行为的方向，与公安领导的价值取向、决策素质与能力联系极为密切。

公安权力是国家权力的重要组成部分，是人民民主专政的重要组成部分，其核心价值观是忠诚、为民、公正、廉洁。忠诚是对执政党、国家、人民与法律的忠诚，体现政治本色和权力性质；为民是权力宗旨，立警为公、执法为民是公安工作的基本权力理念；公正是公安权力的职业追求，公平正义是法治的生命线，也是公安工作的生命线；廉洁是任何权力机关、权力人员的职业操守。公安领导决策一定要坚持以党和国家工作大局为重，以最广大人民利益为念，高举旗帜、牢记使命、勇于担当、忠诚履职，全力做好维护国家安全和社会稳定各项工作，确保人民安居乐业、社会安定有序、国家长治久安。

在决策目标确立时，需要注意：(1) 具体明确，是为解决特定问题而设定的，须有针对性；(2) 层次清晰，由于问题的复杂性，目标可以是多层次的，但目标的序列性、层次性是循序渐进、环环紧扣、步步为营的，各个目标的连环相扣利于节约资源、行动便利、调动组织成员的工作积极性；(3) 切实可行，目标须量化，落实到各个单位与个人，便于操作，与现实条件具有对应性；(4) 合理规范，是在国家法律、部门规章制度和人情世故认可的范围内进行。

3. 决策信息

决策信息是在公安领导决策时所拥有的有用情报，包括信号、消息、图像、数据、指令甚至语言文字等资信、符号。信息是人类活动的决定性条件，也是建立人际关系的联络密码与神经，是决策活动的桥梁与纽带。

公安领导决策中的决策信息是有用的情报信息，是动态的能动过程，有较为清晰的接收、分析、判断、处理等环节的分工，这种分工可以是部门间成员的工作，也可以是领导者个体的大脑活动；信息对决策活动具有指引作用，信息数量与质量决定决策活动的成效，并导引决策的走向。

4. 决策方案

决策方案是指公安领导面对决策问题提出的解决计划，是达成目标的选择或手段。

公安领导决策中的决策方案，与一般领导决策的方案规划并无大的差异。一是决策方案是决策问题界定的结果，需要特别关照目标群体的利益；二是方案是多个选项，至少是两个以上备选方案，注意防止“霍布森选择”；三是方案择决时需遵循民主化的集体决策；四是决策方案执行后须有后续的监督与反馈，决策是一个动态的不断修正调整的学习过程。

5. 决策情势

决策情势即决策环境，是指决策时面临的时空环境。决策情势是公安领导决策的保障条件与限制条件，包括经济、政治、社会文化及国际环境等多个方面。一方面，决策情势是公安领导决策的因变量，决策环境对公安领导决策的制定、执行、监控等过程具有影响力；另一方面，公安领导决策是自变量，通过公安领导决策会对环境产生一定的影响。

6. 决策方法

决策方法是指公安领导决策时采取的理论、方法、手段与技术等。决策方法是决策活动科学性的重要体现，加强决策的理论指导、方法运用和技术更新是公安改革的重要方向。

7. 决策结果

决策结果是指公安领导决策的最终成果，这既包括前述各要素综合运用的最终选择的决策方案，又包括这一方案执行后产生的实践效果。决策结果与决策目标应有一致性，但二者不是绝对重合的，在实践过程中及时、理性的调整是科学决策的要求和体现。

第二节　公安领导决策的类型与原则

一、公安领导决策的类型

任何类型的划分均源于标准的差异。公安领导决策的类型，是指面对繁复的决策问题时，因使用方法、步骤、程序和结果的不同而形成的不同类型。

（一）程序性决策与非程序性决策

这是依据决策时问题出现的概率条件进行的划分。作为法治建设的重要组成部分，公安领导决策必须遵守既定的程序，但在危机突然来临、出现从未遇到过的突发事件时，需要非程序性的决策。

程序性决策，是指依照既定程序、既定规章、惯例等进行的方案抉择。非程序性决策，是指没有先例、无章可循、无规可循的方案抉择，这多处于危机决策中，特别需要领导者当机立断、过人智慧与沉着冷静的素质与性格。

（二）宏观决策、中观决策与微观决策

这是依据决策层次的不同进行的决策分类。宏观决策是事关全局的战略性决策，多为权力高层进行，具有全局性、战略性、整体性、顶层性。中观决策是指地区性、部门性、局部性的决策，既是保障宏观战略决策的顺利实施，又是指导下层具体战略落实、战术实践，因此具有宏观战略与微观战术的共同特点，起着承上启下、上传下达的战略纽带、桥梁的作用。微观决策是指为落实宏观决策而进行的比较具体、基础性的决策，决策范围较小，决策目标相对细化、具体、明确，决策方案可操作性强、灵活机动，有鲜明的单位色彩和领导者个人的个性特征。

一般而言，宏观决策是高层决策，中观决策是中层决策，微观决策是基层决策。

（三）确定型决策、非确定型决策和风险型决策

这是按照决策依据的条件进行的分类。确定型决策是指对决策条件有充分的认知、决策信息完备充分、环境变化可以掌控的决策，这种决策方案的计算较为开放准确，易于择优；非确定型决策是指决策信息较少、决策者更多依据个体经验与智慧、个性进行的决策；风险型决策是指决策者对决策条件、信息与环境有一定掌握但资讯并不全面、有较大收益但又潜藏较大风险的决策。任何决策均有风险，均需要领导者的综合考量与果敢，但决策涉及各方面的利益，冷静、理性、科学是决策者必须具备的素质，需防止太过冒险、专断性决策。

（四）经验决策和科学决策

这是依据决策者的决策方式进行的分类。经验决策是决策者依据过往的经验进行的决策，多为个体决策，这些经验可以是个体经历，也可以是他人经验，经验决策是常见的决策。科学决策是指通过科学的决策体制、决策程序，运用科学的理论方法、研究模型进行的决策。科学决策是现代社会推崇的决策，是集体性进行的、有较高知识含量的决策，需

要多部门合作、多学科知识支撑、多重程序完成的决策。

（五）单目标决策和综合决策

这是依照目标数量进行的划分。单目标决策是指一个目标或多个小目标合成一个大目标的相对简单的决策；综合决策是指相对独立、彼此并存的多个目标的决策，又称多目标决策。

（六）单项决策和序贯决策

这是依据决策过程的关联程度进行的划分。单项决策是指决策问题处于时点状态、决策方案较为单一固定的决策，又称静态决策；序贯决策是指决策问题具有多重性、动态化，决策方案须连续性展开、各个方案联系密切的决策，又称动态决策。

二、公安领导决策的基本原则

公安领导决策的基本原则，是指公安领导决策过程中必须遵从的根本性、决定性的依据与准则。主要包括：

（一）政治性原则

政治性原则，是指公安领导决策体现的党性与人民性。首先是党性原则，是指公安领导决策工作应坚持中国共产党的绝对领导。公安机关是中国共产党领导下的国家武装力量，是人民民主专政的重要工具，公安领导决策在关系中国共产党领导、我国社会主义制度、国家发展道路、政治体制模式等重大原则问题上，绝不能头脑不清醒，绝不能东摇西摆、含含糊糊。政治安全、政权安全，事关党的执政地位，事关国家核心利益。公安领导决策时要切实增强政权意识，始终把维护国家政治安全、政权安全置于首要位置，矢志不渝地做国家政权的捍卫者。

其次是人民性原则。人民性原则体现在公安权力的为民宗旨，矢志不渝地做平安中国的建设者。平安是人民幸福安康的基本要求，是改革发展的前提，要把人民群众对平安中国建设的要求作为努力方向，始终坚持把人民群众安全感和满意度作为衡量和检验公安工作的根本标准，主动顺应人民群众对社会平安稳定的新期待，确保社会大局持续稳定，确保人民群众安全感稳步提升，及时整治人民群众反映强烈的突出治安问题，矢志不渝地做群众权益的保障者。

（二）依法原则

依法原则，是指公安领导决策时严格遵从法律规定，本着良法行政、权力法定、法律至上等子原则，依法处理问题、做出决断、执行方案。首先，要做到良法行政。法律的本质是为民，体现人民意志。法律必须以体现民意、保障民权与民生为出发点、落脚点，是体现人民利益、反映人民愿望、维护人民权益、增进人民福祉，法治是为了人民、依靠人民、造福人民、保护人民，公安机关具有行政执法和刑事司法职能，是国家重要的执法机关，是建设法治中国的重要力量。各级公安机关要牢牢把握推进法治中国建设对公安执法工作提出的新要求，积极适应人民群众对社会公平正义的新期待，切实保障公民享有权利和履行义务，依法公正对待人民群众的诉求，努力让人民群众在每一个司法案件中都感受到公平正义，矢志不渝地做公平正义的维护者。其次，坚持法律至上，是指公安权力规章、运行规则与法律相抵触或法律出现空白、公安权力选择时必须首先遵从法律、必须得到明确的法律授权，通常表达为“法律优位”、“法律保留”的子原则。所谓“法律优位”是指法律与部门规章制度不一致时，法律处于绝对的决定地位，部门规则应主动地修改或废止；“法律保留”是指法律未明确规定，权力部门不得任意裁量，须有明确的法律授权。这是对权力法定原则的强化与深化。

要实现公安领导决策的法治化，依照十八届四中全会《关于全面推进依法治国若干重大问题的决定》的规定，公众参与、专家论证、风险评估、合法性审查、集体讨论决定以及决策公开、建立重大决策终身责任追究制度及责任倒查机制是实现法治化决策的重要保证。

（三）民主性原则

民主性原则，是指公安领导决策时民主协商、多数决定。民主原则是现代社会的重要政治原则、社会原则，也是行政决策的基本原则。

民主性原则，包括下述子原则：首先，众人平等原则，即参与决策、有决策权的领导成员一律平等，一人一票，最后以票数多少决定决策结果；其次，民主协商原则，与会者畅所欲言，充分表达，会议气氛宽松、宽厚、宽和，最大限度地发挥集体智慧；第三，尊重少数原则，会议结果是多数意见，但少数意见亦须尊重，不攻击打击，不故意歪曲扭曲，保障少数人参与、表达的权利是民主原则的重要内容；第四，既定程序原则，程序预先设定，规制提前安排，以严密公正的决策制度、决策规则、决策程序和决策机构形成民主体制保障。

需要强调的是，民主决策时的多数原则，是常态决策，但因为行政首长负责制度的存在，面对突发事件、特别难于判断的疑难问题时，领导独排众议、主动揽责，要求采纳其个体意见，也是允许的，但这属于非常态决策。

（四）客观性原则

客观性原则，是指公安领导决策时对尊重客观事实、依据客观规律、反映客观意志的行为准则。

客观性原则是现实原则，即对决策时问题的界定是客观的，现实世界的复杂性使问题、利益和诉求呈现繁复性、偏向性，大众权利与利益诉求的多样性，决策时需要充分考量现实世界的各方利益，不可罔顾事实、主观臆断；在决策方案论证与择决时，不以个人偏好、个人利益为出发点，而以事实为出发点，以大多数人的意见为重要参考，杜绝主观主义、经验主义；当决策意见难于定夺、各方利益诉求博弈处于均势时，宁愿采取折中协调的办法，不固执己见、强词夺理、蛮横专横，激化矛盾，加剧利益分配、资源配置的不公。

（五）可行性原则

可行性原则，是指公安领导决策时充分考虑现实条件、执行风险和客观条件的决策准则。

可行性原则，实即条件、风险与收益间的比较与计算，是决策理性的体现。主要考量三个变量：条件性，即单位供给决策实行、实现的组织资源总量；风险性，即实现决策所必需的代价，包括政治、经济、社会与行政的风险，后者是指单位成员个人能力的大小；

环境条件，是指实现决策的社会性支持与障碍，属于外部可行性。

（六）选择性原则

选择性原则，是指公安领导决策方案择决时的比较性原则，即选优原则。

方案择决，实即优选方案，如何保证优选，第一，须有多个备选方案，不可唯一方案提供抉择；第二，各个方案须有差异性，并注明优缺点和产生的原因；第三，需进行择决，即选择优先，择定在后，科学的评估论证是必要步骤；第四，充分估量决策的可行性、风险性与外部环境条件，尤其是决策所能遭遇的困难，使决策执行时早作预备，不致决策执行的走样与过多修正。

（七）满意性原则

满意性原则，是指公安领导决策时的理智原则，即决策不求最优效果，而是在现有条件下得到满意即可。

最优效果即常说的绝对理性原则，只是纸面的逻辑论证，须在个体有最高智慧、能充分考量预期收益、预期代价情况下，最大程度发挥个体潜能。这种绝对理性的决策预断显然与现实个体素质与能力不一致。现实中的个体均存在理性不足的盲点与盲区，对于风险、代价、收益均有认识不足、认识不到与认识不全的问题，因此“有限理性”是决策常有的人性预判，依此，公安领导决策时取“满意性原则”替代“绝对理性原则”、最优原则，是一种理性的表现。

（八）系统性原则

系统性原则，是指公安领导决策时对问题、环境、内部资源进行综合性、系统性分析研究，提升决策质量的准则。

系统性原则，是全局性、完整性决策的表现，要求决策方案预定时，全面了解环境条件，集中资源提出必须满足的一组目标和标准，提出目标群体与绝对目标；总体化、综合性考虑一切条件；反对本位主义、分散主义，顾全大局。

第三节　公安领导决策的体制、程序与方法

公安领导决策，是指公安领导成员与组织对特定问题做出的方案抉择过程。公安领导决策既遵循一般行政领导决策的普遍规律，又有公安工作的职业特色。公安领导决策是公安领导的主要职责之一，与其权责大小、素质能力息息相关。公安领导决策的程序与方法是公安领导决策过程中的一些制度性、技术性规定，旨在保障公安领导决策的科学化、民主化与理性化。公安领导决策程序是运行法则设定，方法则是运行过程中的行为技术。

一、公安领导决策体制

公安领导决策体制是指公安领导决策的权力结构形式与权力运行规则，二者构成一个权力系统。其中前者是权力的存在方式，后者是权力的运行方式。公安领导决策体制是一个权力系统，体现着集体领导、个人负责与民主化、科学化的决策要求。

（一）公安领导决策体制的定义

公安领导决策体制，是指在公安领导决策过程中，具有决策权力的机构与成员构成的权力体系及其运行规则的集合，主要由组织机构、运行制度组成。

在这个概念界定中，有以下几点值得注意。

第一，公安领导决策体制是一个组织体系。公安领导决策体制是由主要领导者为主干、骨干组成的决策主体，但其构成不只是单个或几个的领导者，而是一个包含决策中枢系统、咨询系统、信息系统、执行系统与监督反馈系统构成的多个权力机构。

第二，公安领导决策体制是一个制度体系。任何制度、体制，均是权力结构与权力运行规则的集合，既有实在的权力体系的存在，亦有权力运行制度规章的存在，前者是权力存在结构、后者是权力运行规则。制度性的权力运行规则，包括体制内的运行规则，多为工作制度；亦包含体制外的关系规则，规定各个权力体系间的权力分割、协调和相互关系。

第三，公安领导决策体制是集体领导、个人负责相结合。我国公安领导体制是党委领导下的行政首长负责制度。党委领导是集体领导，实行党委成员集体讨论、集体表决、集体负责的委员会制度；但行政首长负责制度是个人负责制度，要求方案择决时个人决断。这二者的结合是：重大问题党委集体民主决策，行政首长根据党委会议决定，负责决策方案的具体执行；在法定权限内对具体业务、具体问题实施个人抉择，并承担决策责任。

第四，公安领导决策体制处于改革变化状态中。[①] 公安领导决策体制改革是近年公安体制改革的重要内容，主要体现在以下几点：（1）决策制订机构与决策执行机构的相对分工日趋明显。尤其是高层战略性的决策逐渐摆脱事务性工作，开始成立协助决策系统开展工作的常设专门机构，承担专职的咨询与信息搜集分析等制订性工作，如政策研究部门、调研部门、指挥中心等。（2）决策研究机构与决策中枢系统的相对分工日益明显。决策研究机构主要指专家学者和业务部门组成的决策咨询系统，承担“谋”的工作，提供决策建议，供中枢系统进行择决、决断。（3）决策系统与信息系统的结合日益明显。信息技术的发展是公安技术发展的重要特征，决策技术、方法与资信的信息支持与依赖也日趋明显，二者技术性结合导致制度性结合成为新技术发展的重要表现。（4）决策工作分工细化与组织结构扁平化趋势突出。前者是指决策过程各个系统的分工更为明确，分工负责互相配合；后者是指技术发展、资信集中导致多层次决策扁平化，高度综合的特征更趋显著。

（二）公安领导决策体制的构成

公安领导决策体制的构成主要是指公安领导决策系统的权力组合，一般分为决策中枢系统、决策咨询系统、决策信息系统、决策执行系统与监督系统五个部分。

1. 决策中枢系统

公安领导决策中枢系统，是指拥有决策权的领导者、领导机构组成的权力系统，领导整个公安决策活动的全程，最终抉择决策方案、发布命令、统帅全局，是现代公安决策体制的核心与首脑机构，在公安决策活动中居于中枢和支配的地位。

在我国现行体制与公安管理制度下，构成公安领导决策中枢系统的主体是执政党、人

---

① 参见王光主编：《公安决策学》，79～80页，北京，中国人民公安大学出版社，2013。

大、政府等权力系统，和公安部及各级公安机关的领导班子。因决策层次的不同，中枢权力的构成也形成不同层级。如高层决策，由中共中央、全国人大及其常委会、国务院等中央层级的权力部门与公安部共同决策；基层决策，则是地方党委及其专门委员会（政法委）、人大、政府会同公安局领导成员共同决策。

公安领导决策中枢系统的主要职责与前述决策流程具有一致性，主要是发现问题、确立决策目标；组织设计公安决策方案；择决备选方案；指导决策方案的执行。

公安领导决策中枢系统的构成原则是：（1）梯形的年龄结构，老中青结合，形成知识、经验、精力与更替的合理化与互补性；（2）合理的专业知识结构，应是专业知识、业务知识、学历层次的互补性，防止同质化；（3）较好的智能结构，领导成员在能力结构方面，如组织能力、综合能力、想象能力与判断能力方面形成互补性；（4）协调的气质结构，领导成员在个性特征层面形成互补性，如胆汁质、多血质、黏液质、抑郁质等各种气质人才协调合作；（5）精干配套的工作架构，即人员精干，工作配套，合理分工，相互协调。①

2. 决策咨询系统

公安领导决策咨询系统，是指以各类专职或兼职的决策筹划人员为细胞、专门知识性技术性机构为基本构成单位的智囊团队，又称智囊系统、思想库，主要承担领导者的“谋”（外脑）的功能。

在我国公安机关内部的决策咨询系统的实体构成存有差异，与当地公安机关的总体人员构成、发展环境和领导者个体偏好与素质有关，一般主要有法律政策研究部门、公安院校学者、调研部门、指挥中心等。

公安领导决策咨询系统的主要职责是为决策中枢系统提供决策依据、备选方案和政策理论支持。具体来说，主要包括：为公安决策中枢系统提供预测研究，设计决策方案，帮助纠正政策行为的偏差及提供决策咨询服务，具有咨询性、研究性、综合性与相对独立性的工作特点。

公安领导决策咨询系统的主要工作原则，主要包括：（1）正确选题原则，即精确发现界定问题，按现行支持条件和风险合理明确确定咨询课题；（2）信息积累原则，即注重日常信息的存储、积累，形成信息库，增加判断问题、提出解决方案的宽度、深度；（3）科学研究原则，即对发现问题遵循客观、科学的实在态度，不隐瞒，不迎合，防止主观主义、经验主义，注重逆向思维、反向研究，促进问题分析的全面性与深刻性；（4）全面提供原则，即对决策方案的提供应贯穿问题解决的全过程，完整、准确地反映问题产生的原因、解决需要的各种客观与主观支持条件；（5）能动研究原则，即主动性提供超前研究、及时转化课题的能动性研究；（6）合法性原则，即严格遵守国家法律规章制度，严格遵从党规党纪及各地的风土人情，合法合理合情提出方案、解决问题。

在公安领导决策中枢系统对待咨询系统的意见、方案时，应遵从：（1）相异原则，即在高度一致的情况下需要寻找不同的差异，形成决策的重点与容易忽视的问题；（2）求同原则，即不同意见的存在是客观现实，善于从不同方案中寻找到共同点，形成带有普遍性意义的解决方案；（3）偏向原则，即在不同意见分歧较大、难以抉择时，领导者要敢于决

① 参见王光主编：《公安决策学》，88～90页，北京，中国人民公安大学出版社，2013。

断、力排众议、独执意见，不必遵从少数服从多数的陈规；（4）取零原则，即对咨询系统的意见完全拒绝，但仍是在对咨询系统意见全面考量、充分鼓励表达的前提下做出，绝不是拒绝一切咨询的个人专断。[①]

3. 决策信息系统

公安领导决策信息系统，是指专门搜集、分析、传递、储存信息资料的机构与部门。信息是决策的基础，是联系决策各部门、各环节的神经，或言之，整个公安决策过程即是一个信息输入、转换、输出与反馈的过程。

在我国目前的公安机关体制内，指挥中心、通信中心、办公室、秘书科、统计部门、档案部门及其他业务职能部门，均不同程度承担着信息系统的职能。

公安领导决策信息系统的信息网络结构，主要包括现实与历史两种信息网络。现实信息网络主要由纵向、横向、延伸与扩散四种网络构成。纵向网络是指公安系统内部不同层次的公安部、厅、市、县四级信息渠道，这是各级网络的枢纽，是公安信息系统的中枢，由各专门机构与人员负责；横向网络是指由指挥中心或办公室、各业务部门等掌握的信息，由专门人员负责处理；延伸网络是指由各级公安机关的综合信息网、业务部门建立的本单位信息网，向社会信息延伸的信息支网；扩散网络是指与检察、法院、司法部门及安全部门的信息联系与交换形成的信息支网，及由信访部门组成的信息支持网络。历史信息网络主要是历史遗留的档案资料、工作资料等信息。

4. 决策执行系统与监督系统

公安领导决策执行系统，是指按照决策中枢系统的行政指令、负责指挥实施决策方案的职能机构，这是决策职能的重要体现；监督系统则负责处理决策方案执行后的效果进行评估、反馈的职能部门，是协助中枢系统决策控制的重要环节。这两个部门的权力结构与权力行为在本书的公安领导指挥章节中有较详细的论述，这里不再赘述。

二、公安领导决策的基本程序与方法

公安领导决策程序，即公安领导决策过程，包括先后步骤、每个步骤中采取的方法与手段。

公安领导决策程序与前述一般决策程序并无大的不同，仍须遵从一般领导决策程序的基本步骤、方法与手段，如问题界定、议程设置、方案规划等。遵从程序原则，是现代行政领导的基本要求与素质，因为按既定程序决策与行政，可以防止领导者个人意志的恣意妄为，保障决策理性；可以防止决策者公权私用，保证权力公正；可以最大限度地利用集体智慧，防止决策偏差，并激发参与者的执行力、凝聚力。

决策程序如细化分析，包括问题发现、目标确定，方案拟订、分析评估，选优抉择、试验证实、普遍执行等过程。本书仍按照前述一般决策程序的基本框架，将公安领导决策程序分为问题界定、方案择优等流程，加以技术性方法的分析。

（一）问题界定阶段

问题界定，是公安领导决策的起点，即认识到当前工作的重点、难点，确立决策目

---

① 参见王光主编：《公安决策学》，96～97页，北京，中国人民公安大学出版社，2013。

标，发现紧迫问题，随后将之纳入议事日程，正式开始方案抉择的决策。

问题界定环节的主要工作要求：一是看到差距，认知到问题的存在，问题就是理想与实现的距离；二是描述问题，即这个问题发生地点、时间和程度；三是寻找原因；四是界定问题，即找出这个问题属于何种性质、归属哪个部门、重点原因何在。

在问题界定阶段，主要的技术性方法有：边界分析法、类别分析法、层次分析法、综摄法、头脑风暴法、多视角分析法、假设分析法等。

1. 边界分析法

边界分析法是指在问题界定时最大可能地寻找到各方利益的综合点与分歧点，寻找问题的最大差异与最大共识。

在问题分析、问题构造（界定）的过程中，一般包括问题探索、问题定义、问题具体化和问题感知四个相互联系、相互依赖的环节，由于各方利益的不同，对于问题的大小、存在原因看法殊异是正常现象。决策者需要寻找到核心问题（元问题），尽可能包含各方利益、诉求。

边界分析法的工作步骤是：（1）饱和抽样，尽可能寻找问题利益各方的意见；（2）问题陈述，用访谈（面谈、电话访谈）等方式要求各方描述问题，或从抽样中获得文字文本，获得问题信息；（3）边界估计，即估计元问题的边界。

帕顿（C. V. Patton）和沙维奇（D. S. Sawicki）在《公共政策分析和规划的初步方法》中提出了“便捷计算方法”，其基本步骤是：（1）使用参考来源，主要是使用提供了操作定义、确定的信息，如访谈、抽样等标明出处的；（2）运用相关调查数据，主要指既有的一些全国性或地方性的调查材料，如年鉴、地方志等；（3）猜测，可以运用各种猜测、预测性方法；（4）使用专家，必须是专业基础知识扎实、无学科偏见、有较好学术声誉的专家。①

2. 类别分析法

类别分析法，是指对问题进行分门别类、固定属性、澄清差异的方法。一般主要采取逻辑划分与逻辑归类两张方法进行。逻辑划分是分类，先选择一个类，然后把它分解成其构成因素；逻辑归类是归类，与逻辑划分相反，即把许多情况、事物和人组成一个更大的团体或类别。

类别分析法的基本规则是：（1）实质相关性，即问题各方关于问题属性具有相关性；（2）穷尽性，即尽可能包含相关主题和情境；（3）排他性，即子项必须相互排斥；（4）一致性，即每个子项分类原则相同，不得相互混淆、交叉；（5）层次区别性，即分类系统（子项、次子项等）中的层次差异显著。

3. 层次分析法

层次分析法，是将问题产生的原因进行类别区分，寻找原因的主次尤其是核心因素的过程。

层次分析法实质就是类别分析法的过程细化，方法原则具有一致性。其需要确定的原因常分为可能的原因、似真的原因和行动的原因。可能的原因是指与问题或多或少均有关

① 参见陈振明编著：《公共政策学——政策分析的理论、方法和技术》，96～97页，北京，中国人民大学出版社，2004。

系的因素，如社区治安状况不好，原因是多方面的，如外来人口增多、失业者多、社区管理不善、帮派分子存在甚至某个季节来临都与此有关；似真的原因，是指经研究分析对问题产生有确定影响的原因，如社区管理不善、设施不足即为社区治安状况不好的似真原因；行动原因是指与政策主体有直接联系的原因，社区管理的问题即是政策制定者必须高度关注的原因，因为它是直接受到政策制定者决定与影响的结果。需要说明的是，似真原因和行动原因具有交叉性是正常现象。

4. 综摄法

综摄法，是指问题界定时利用已知研究与成果，与现有问题进行相似性类比，寻找解决问题的方法。综摄法的核心技术在相似性类比，主要原则在异质同化，即将看不习惯的事物当成早已习惯的熟悉事物；同质异化，把对某些早已熟悉的事物，从新的角度或运用新知识进行观察和研究，以摆脱固化思维，产生新的创造构想。

综摄法的类比方式，包括个人类比，即分析者将自我想象为政策利益相关者（博弈者）的问题情境；直接类比，即问题各方中情景类似者进行比对；符号类比，即将问题各方与特定符号进行分析，如社区治安问题与社区管理设施不善，尤其是摄像头不足导致监控失灵问题关系密切；幻想类比，即分析者个人自由想象问题情境、问题原因。

综摄法是问题概念化的技术，一般为智囊人员、研究人员参与，其具体操作步骤可以规划为：(1) 准备阶段：确定会议室和会议时间；确定参加人员约 10 名，参加者可以为不同专业的研究人员，但须是内行；指导员应具备使用本方法的一切常识及细节问题，如两大思考原则、四种模拟技巧、实施要点等。(2) 实施阶段：主持人向与会者介绍本方法的大意及实施概要以及四种模拟技巧、两大思考方式等；主持人先不公开议题，而介绍与研究课题有关的更广泛的资料，引导与会者进行讨论，启发他们的灵感；当讨论涉及解决问题时，主持人再明确提出来，并要求参加者按既定原则和模拟法积极构思解决问题的方案；整理综合各种方案，寻找出最佳方案。

5. 头脑风暴法

头脑风暴法又称智力激励法、自由思考法，是精神病理学方法的一个应用，主要是改善群体决策交叉感染、搭便车等“群体不良”问题，是用参与者无限制的自由联想和讨论，产生新观念或激发创新设想，形成大量的有关问题的潜在解决办法的建议。

头脑风暴法的形成机理是：(1) 联想反应：在集体讨论问题过程中，每提出一个新的观念，都能引发他人的联想；(2) 热情感染：在不受任何限制的情况下，集体讨论问题能激发人的热情；(3) 竞争意识：在有竞争意识情况下，人人争先恐后，不断地开动思维机器；(4) 个人自由：在集体讨论解决问题过程中，个人的思想自由，不受任何干扰和控制。这实即构成头脑风暴法的基本操作原则，限人限时；自由畅谈，人人平等，畅所欲言；禁止批评，求异创新，思想共振；目标集中，追求数量，取长补短，以量求质；庭外判决，不做结论，延迟评判。

头脑风暴法的具体操作方法是：参加人数不必太多，5～10 人即可；参加者专业、岗位须有差异，领导人员不参加；时间在一个小时左右；设主持人一名，但只主持会议，对设想不做评论；设记录员，须认真将与会者每一设想不论好坏都完整地记录下来。

头脑风暴法在公安领导决策、问题界定时，是经常使用的方法，尤其是专家与系统内部的参谋智囊结合，形成专家库、智库的自由讨论；在使用该方法时，特别注意脚本的编写，即提前设置相关问题，提出各种假设，引导会议的开放性与创造性。

6. 多视角分析法

多视角分析法，是指问题界定时将问题情境复杂性、风险性大的问题加以个人化、组织化与技术化分析的方法。该方法有两个特点，一是结构不良的问题，二是风险性决策。

多视角分析法中的多视角，包括（1）技术视角，即现在社会的新技术应用带来的方法、观念革新，如因果论、客观分析、预测、最优化和有限的不确定性。① 如对社会治安状态不佳开展严打行动，需要考虑社会治安严重态势、中央的统一部署、犯罪分子的结构化特征、合法律性与否、警力配置与部署（含警务装备等）、老百姓的接受程度等因素。在当前情势下，如有中央与部党委、地方政府的统一部署、社会的客观需求，严打斗争在现有警力配置下完全可以进行，严打斗争就是一个必要的选择。（2）组织视角，是指与现有制度、组织章程是否一致，法律规则制度安排与技术视角可能存在差异，技术成熟不一定代表合乎法律规定、组织章程。（3）个人视角，是指领导者的个性与能力，往往与领导者的偏好、性情、素质、能力和魅力相关。

在使用多视角分析法时，需注意：（1）需要组成不同专业、业务领域的专家团队；（2）不同视角得出的不同观点间达成平衡；（3）组织与个人视角得出的结论不得重复；（4）交流手段差异性使用，如口头情况介绍、情况说明、模型化分析适用不同参与者；（5）综合性提交决策者的各种观点，注明各种观点的来源和支持条件。

7. 假设分析法

假设分析法，是指问题界定时概括问题的实质，将问题原因假定为某个特定选项，将各方博弈者利益与诉求合并、归总并达成一致性加以解决的方法。

假设分析法是综合性方法，一是将问题假定为结构不良的问题，现有支持条件、风险均有存在；二是问题各方如利益相关者、政策分析者、政策制定者和其他人均包含在假设范围内；三是建构元问题。

假设分析法的主要使用步骤是：认定利益相关者；提出假设，以关键数据与信息建构问题；挑战假设，比较与评估假设；汇集假设，优化各种不确定的假设；综合假设，将各种代表性假设综合，创造新的建议。

（二）方案择优阶段

方案择优，即在备选方案中抉择最优方案的过程。这是一个方案比较的过程，比较的主要内容有技术可行性、财政可行性、政治可行性与行政可行性。技术可行性是指方案在多大程度上达成目标，是否能得到现有技术的支持，如110建设是否达到市民改善基础性服务的要求，增加了市民对公共服务的满意度；财政可行性是指政策成本与收益的比较；政治可行性是指政策的正当性、合法律性与环境支持度，一般认为主要指标是可接受性、适当性、回应性、合法律性、公正性②；行政可行性是指执行者的素质与能力是否达标，往往与领导者的管理、指挥能力相关。简言之，优质方案就是最大限度地实现政策目标、最少消耗各种资源、最大程度适应各种风险、最低程度产生负面效应的方案。

---

① 参见陈振明编著：《公共政策学——政策分析的理论、方法和技术》，101页，北京，中国人民大学出版社，2004。

② 同上书，210页。

在方案择优时，还需要注意：（1）无完美无缺的备选方案，方案瑕疵是可以允许的，只要是最能解决关键问题的方案即可；（2）不要过于放大个人偏好，制造特殊方案并与不喜欢的方案对比，强化个人偏见的正当性；（3）不要预设立场，提前选择一个最佳方案；（4）备选方案差异性存在，相互排斥；（5）备选方案不能过多，否则是浪费，但一定是真实需要的选择；（6）无包罗万象的方案；（7）合法律性是前在预设；（8）备选方案一定是可操作性的，不能过于抽象、笼统。①

方案择优的主要方法有：成本—效益分析法，成本—效能分析法，风险—效益分析法。

1. 成本—效益分析法

成本—效益分析法，即以财政方法判断、评估、测量决策的结果是否合算。这是以金钱货币量化为标准的判断方法。成本与效益是多元的，包括直接、间接成本与收益，内部、外部成本与收益，有形、无形的成本与收益。

成本—效益分析法的使用步骤：（1）确立政策投资方、受益方；（2）以货币量化输入输出价值；（3）计算折扣率；（4）计算成本—收益率。

2. 成本—效能分析法

成本—效能分析法，是指当政策无法计算直接效益但又必须建设时，以其效果进行计算的一种方法，往往与大型公共工程有关。这种分析方法不以追求直接经济效益为目的，更多考虑的是社会总体福利、国家安全和公民幸福，不以市场价值为衡量指标，偏向国家建设，限制私人投资。

成本—效能分析法的使用步骤：（1）确定决策目标；（2）概算、加总有形费用；（3）费用排序。在使用这种方法时，需注意：（1）要计算完全有效性的成本；（2）要计算每一个阶段、一定程度的成本；（3）要说明不同程度的成本差异。

3. 风险—效益分析法

风险—效益分析法，是指决策时得到的最大社会收益与付出的各种代价间的比较。风险—效益比较不是以货币单位衡量，而是以政策社会效果、当事人或相关人的感受为重要判断标准。

风险—效益分析法的使用步骤：（1）辨认危害；（2）评估危害；（3）设计解决危害的模型；（4）概括风险特征；（5）成本—效益分析。

4. 票决方法

票决方法，是指决策抉择时的投票方法，主要有全体一致法、过半数法等。

（1）全体一致法，是指方案投票时全体赞成、一致同意、一致通过的方法，通常主要体现为一票否决。全体一致法，是多数票决的一种体现，但不是常态决策办法，存在成本过高、效率不高的弊端。

（2）过半数法，即方案抉择投票时，须有二分之一者赞同方能选择的方法，属于绝对多数的一种投票方法。比之全体一致法，其优点是成本降低，无须反复投票、重复投票，加快了决策效率；减弱了少数绑架多数的可能性，符合民主精神。但也存在多数剥削少

---

① 参见陈振明编著：《公共政策学——政策分析的理论、方法和技术》，213～214页，北京，中国人民大学出版社，2004。

数、决策效果非理性的缺陷。

过半数法在使用时，常见的有：直接投票，赞成点数通过；逆淘汰法，即重复性的对方案多轮投票，每次最少票数者淘汰。

公安领导决策能力由多种因素构成，是领导者代表组织动员、整合、配置包含政治资源、经济资源、技术资源、智力资源、信息资源和财力资源在内的各种决策资源的过程，对组织存续、发展和领导者个人均有重要的影响，需要各级公安领导者恰当掌握决策价值导向能力、决策目标获取与锁定能力、决策资源动员整合能力、决策制度完善与运行能力、决策环境协调能力、决策学习与适应能力、政策供给能力以及决策技术应用与创新能力等，成为公安事业的骨干力量和中坚力量。

【本章小结】

公安领导决策是指公安领导依据法定职权、解决公安领导过程中出现的问题而进行的解决方案抉择活动。公安领导决策既遵循一般行政领导决策的普遍规律，又有公安工作的职业特色。公安领导决策是公安领导的主要职责之一，与其权责大小、素质能力息息相关。在面对繁复的决策问题时，因使用方法、步骤、程序和结果的不同而形成公安领导决策的不同类型，但其均需遵循共同的原则。公安领导决策的权力结构形式与权力运行规则构成公安领导决策体制，体现着集体领导、个人负责与民主化、科学化的决策要求。公安领导决策程序可分为问题界定、议程设置、方案规划等流程，每一阶段都具有其特定的技术性方法。

【推荐阅读】

1. 陈振明编著．公共政策学——政策分析的理论、方法和技术．北京：中国人民大学出版社，2004.

2. 王光主编．公安决策学．北京：中国人民公安大学出版社，2013.

3. 陈庆云主编．公共政策分析．北京：北京大学出版社，2011.

4. ［美］威廉·N·邓恩．公共政策分析导论．北京：中国人民大学出版社，2011.

5. 杨成虎．政策过程研究．北京：知识产权出版社，2012.

6. 杨正联．现代公共行政的制度逻辑．北京：光明日报出版社，2013.

7. 张国庆主编．公共政策分析．上海：复旦大学出版社，2010.

【思考题】

1. 如何理解公安领导决策的要素？
2. 公安领导决策应遵循哪些原则？
3. 简述公安领导决策体制的构成。
4. 请简要分析公安领导决策的程序与方法。

第四章　公安领导指挥

【学习目标】

通过本章的学习，了解公安领导指挥问题的重要性，掌握公安领导指挥的含义、特点、规律、原则及指挥方式。

第一节　公安领导指挥的含义

对公安机关的重大警务处置行动实施正确的指挥，是各级公安领导者的一项重要职能。公安领导指挥活动的成败得失直接关系到公安机关整体战斗力的发挥，影响到公安工作的实际效能。因此，掌握公安领导指挥的相关理论与实践应用知识，是各级公安领导者从根本上提升实战指挥能力的重要途径。

一、公安领导指挥的定义

“指挥”一词亦称“指麾”，原本指手的动作，后来引申为发令调遣。有关指挥理论的研究最早主要是在军事领域。但是，从一般意义来说，只要是有群体参与的有组织活动，都需要指挥。从现代意义上看，指挥一般是指社会组织和有组织的群体为了协调一致地达到某个目标，由指挥者所实施的一种发令调度的活动。因此，指挥属于一种特殊的领导管理活动。

公安领导指挥的实质是公安机关的各级领导对重大警务处置行动实施的指挥。因此，所谓公安领导指挥，指的是各级公安机关的指挥员及其指挥机构为达到一定处置行动的目的，对所属公安民警和相关人员的重大警务处置行动进行运筹谋划和发令调度的活动。公安领导指挥既有一般指挥活动的基本属性，也有其特殊性。对此，我们需要把握以下几点认识。

（一）公安领导指挥活动指向的特定性

公安领导指挥活动的指向是公安机关的各类重大警务处置行动，主要是针对各类群体性治安事件和严重刑事犯罪案件的处置行动、社会大型活动的安全保卫工作、抢险救灾、重要警卫活动、反恐怖袭击等实施正确有效的指挥。因此，只有当出现紧急的情况，需要实施重大警务处置行动时，公安领导指挥系统才会在有关的各级公安机关、各警种和现场各处置力量之间建立起具体统一的指挥关系。

随着公安指挥系统长期的开发建设与网络体系的构建与发展，公安机关已经由传统的“树状条型式指挥系统”演变成为“网状扁平式指挥系统”，突破了由于系统开发层级不同、地域差异、技术平台不同所导致的信息壁垒及信息孤岛现象，基本上形成了共享的网络信息指挥开发式平台，极大地提升了公安领导各类指挥工作的效益。

（二）公安领导指挥主体与指挥对象的特殊性

根据我国公安管理的组织领导体制，公安领导指挥的主体既包括公安机关的行政领导和经其授权的指挥机关，如公安指挥中心等，还应包括各级党委、政府和人大的主要领导等，在重大警务处置行动中，公安指挥的最高首长一般都由这些领导担任，掌握重大问题的指挥决策权。公安机关的行政领导则主要负责具体处置行动的领导指挥。公安领导指挥活动的对象既包括公安机关行政隶属的各警种、各部门人员，还包括处置现场所有参加行动的社会力量，如见义勇为的群众等，因此，公安领导指挥的对象是多元化的，指挥支配效力是不同的，公安指挥方式也是多样化的，具有复杂性。

（三）公安领导指挥活动的本质属性

公安领导实施公安指挥的本质属性是对重大警务处置行动的“运筹谋划和发令调度”。首先，公安领导指挥活动是一种主观指导活动，其主观指导能力的重要标志就在于公安领导指挥者的施计用谋上。计谋高深是取得重大警务处置行动最佳效益的关键。其次，公安领导指挥活动又是一种有目的的主动统御行为，是指挥者思维与被指挥者行为相统一的活动，是通过指令的强制支配性来实现各类处置行动的指挥决心，使处警人员按照公安领导指挥者的意志，统一思想和行动，最大限度发挥整体战斗力，最终实现重大警务处置行动的最佳效益。在公安领导指挥过程中，对重大处置行动定下处置行动决心与组织实现决心是其本质属性的具体体现。

二、公安领导指挥的特点

公安领导指挥的特点，是公安领导指挥本质的、有别于其他活动的内容。正确认识公安领导指挥的特点，有助于我们更深刻地把握公安领导指挥的本质。公安领导指挥的特点主要表现为以下几点。

（一）公安领导指挥的对抗性

对抗性贯穿于公安领导指挥活动的整个过程中，主要表现为与犯罪分子智力与信息的对抗。公安领导者的指挥活动是一种与对手间的“博弈”过程，是在掌握对手阴谋与企图的基础上，通过施计用谋，寻找其弱点和要害，误导其判断和行动，来达到处置行动目的，因此公安指挥活动具有鲜明的对抗性。这就要求公安领导指挥者必须树立强烈的对抗意识，掌握先进的对抗方法，以争取主动，保证指挥活动目的的顺利实现。即使是在进行维护大型活动的安全保卫秩序工作时，例如，奥运安保工作、世博会安保工作、APEC会议安保工作，公安指挥活动同潜在的各种非安全因素之间也存在一定的对抗性。公安领导指挥者既要前瞻性地制定防范性预案，又需注意在处置行动中妥善行事，掌握处置行动主动权，控制处置现场态势，因势利导化险为夷。

（二）公安领导指挥的强制性

公安领导指挥的强制性主要表现为指挥指令执行的不可违抗性，这是由公安机关重大警务处置行动的性质所决定的。无论是公安机关打击各类犯罪行动还是维护社会治安秩序，任何失误都可能付出鲜血和生命的代价。在现代犯罪活动日益高科技化的情况下，面对各种错综复杂的现场情况和瞬息万变的警情，在协同作战中必须保证处置行动的整体优势才能克敌制胜，这就要求被指挥者不折不扣地执行指挥者的号令，做到令行禁止。公安指挥的这种强制性特点，一方面需要指挥对象具备令行禁止的自觉纪律意识；另一方面，更要确保公安领导指挥者对警务处置行动指挥的正确性。

（三）公安领导指挥的风险性

公安领导指挥的风险性，是由重大处置行动现场信息的不确定性和犯罪分子的诡诈性决定的。公安领导指挥者通常是在突发紧急情况下实施指挥行为的，这势必使指挥活动蕴藏着诸多的风险性。第一，公安指挥者有时只能依据片断的信息、相互矛盾的信息，甚至非真实的信息进行决策。第二，在高科技环境与条件下，犯罪分子经常采取多种伪装手段掩盖其真实的犯罪企图以达到其罪恶的目的，并逃避打击与抓捕，这就难免导致公安机关采取的对策出现某些误差。第三，由于处置行动时间的限制，难以做到事先对行动方案反复论证与实验。第四，新型突发事件的频发、盲然应对的先验性尝试性处置，也导致了公安领导指挥面临着风险性。公安领导指挥的风险性特征要求公安指挥者一方面要有风险意识和勇于负责的精神，对指挥中事关全局、需立即决断的重大问题，要敢于定夺；另一方面，要时刻对指挥中存在的风险保持高度戒备与警惕，依据科学的指挥规律与原则实施指挥活动，尽量减少指挥中的盲目性与随意性，避免损失与代价。

（四）公安领导指挥的可靠性

公安领导指挥的可靠性是公安领导指挥同军队领导指挥明显不同的地方。在战争中，为谋划战争全局的胜利，双方参战者在决定战争全局胜负的战役中，可以损兵折将，破釜沉舟，不惜一切代价。公安机关重大警务处置行动的处置策略则不然，虽然在处置行动中也可能出现我方处于不利情况下以退为进的情况，或者出现紧急情况下的冒险处置行为，但是这种冒险的程度是有限度的，必须以可靠性为前提。因为在重大警务处置行动指挥中，保护国家财产和人民群众生命财产安全是公安机关要实现的第一目标。况且作为拥有政权的一方，警察在与犯罪分子进行较量时，从实力对比上占有绝对优势，没有必要冒过大的风险，应稳扎稳打以智谋取胜，尽可能做到万无一失，最大限度地减少己方的伤亡。

（五）公安领导指挥的时效性

警力快速反应、及时处置是公安领导指挥者对指挥对象发出的第一命令与要求，其对及时发现并制止犯罪、控制治安事件的发展事态、维护社会稳定有着不可估量的重要作用。随着新的历史条件下刑事犯罪活动的组织化、智能化和国际化现象与特征日趋明显，民族分裂势力导致的恐怖袭击案件日益增多，公安机关打击犯罪、维护社会稳定的任务日渐繁重，因此时刻警醒发现犯罪的苗头、将犯罪遏制在萌芽状态、做好犯罪预防工作是公安机关的重要举措，同时快速接处警情、有效打击犯罪活动也是公安机关的重要方略。这就要求公安领导指挥者必须要有高度的时效观，科学把握时空规律和运用谋略，同时，公安指挥者要学会运用快速敏感的信息反应网络，善于发挥现代信息化指挥手段的巨大作用，不断提高公安指挥的快速反应能力，以避免贻误战机。

（六）公安领导指挥的谋略性

“兵以诈立”，古今如此。以计制敌、以谋取胜是公安领导指挥的明显特征。没有谋略、没有诡诈就没有公安领导指挥者的有效与成功指挥。特别是在现代高科技发展导致的敌我双方智力对抗日益激烈的情况下，把握先机、技高一筹尤其重要。因此，公安领导者必须善于学习《孙子兵法》等军事学、谋略学方面的知识，把握公安指挥艺术。公安指挥的谋略性主要表现为运用谋略达到处置行动取胜的目的。

首先，公安领导指挥的谋略性表现为对有限公安指挥资源的优化组合和运筹调配，包括根据各类重大警务处置行动的需要科学安排公安指挥部的人员组成结构、各种处置行动小组的人员分组及任务安排、各种警用装备的合理配置等。其次，公安领导指挥的谋略性表现为根据不同处置行动的需要，例如，重大活动中对重要人物实施的安全保卫工作，根据被指挥对象担负的不同工作任务需要，在一定时间、一定范围内也需采取必要的保密措施。再次，公安领导指挥的谋略性表现为在处置行动中，对被处置对象隐瞒真实意图，即“欺敌用诈”，隐真示假，以达到出其不意、攻其不备的成功处置目的。

（七）公安领导指挥的法制性

公安指挥的法制性是由公安机关的性质所决定的。公安机关是国家的执法机关，重大警务处置行动的实质是执法活动，因此公安领导者指挥重大警务处置行动必须符合法律规范。首先，公安指挥的法制性表现在各级公安领导者指挥行为要符合法律法规的规定，比如，公安指挥关系的确立、公安指挥体系的建立和运行、各种指挥战术的运用等都必须符合法律的要求。其次，各级公安机关领导者的公安指挥指向也必须是在法律所赋予的权限之内，即不得违反法律支配非警务活动。最后，公安领导指挥者还应该对指挥结果担负领导指挥责任，对于实施正确领导指挥、圆满完成任务的公安领导指挥人员要给予奖励；对于失职而造成重大指挥失误和严重损失的公安领导指挥者给予行政处分，直至以渎职罪追究其法律责任。

第二节　公安领导指挥的规律与原则

一、公安指挥规律的内涵

任何社会活动都有其固有的规律性。公安指挥规律是在公安指挥活动中经常和反复表现出来的诸要素之间的内在的、本质的、必然的联系。它作用于公安指挥活动的始终，规定着公安指挥活动的根本性质和发展方向。公安指挥规律是公安指挥理论体系的重要组成部分，是建构公安指挥学的核心和基础。研究公安指挥规律是提高公安指挥活动科学性的基本前提条件。

公安领导指挥规律，是指公安领导者在实施重大警务处置行动指挥行动中自始至终必须遵循的基本规律。它是公安领导指挥者实施成功指挥的必要条件。借鉴军队作战指挥规律的研究成果，结合公安工作的实际和重大警务处置行动的特点，公安领导指挥规律有如下几个方面的内容。

（一）公安领导指挥的主观指导

公安领导指挥的主观指导必须符合客观实际。公安领导指挥的核心是下定决心和实现决心。这种下定决心及实现决心的思维过程，都必须建立在充分“知彼”与“知己”客观情况的基础上，也就是说，公安领导指挥活动作为一种主观指导活动必须符合客观实际情况。理解和认识这一规律应着重从以下三个方面来把握。

1. 正确指挥的基础和前提

把握处置现场客观实际是公安领导指挥者实施正确指挥的基础和前提。掌握处置现场客观情况是公安领导者实施正确公安指挥活动的起点，并贯穿在公安指挥活动的全过程。客观实际情况对公安领导者实施正确指挥的主观指导活动具有制约作用。公安领导指挥者必须以客观实际情况为基础，依据现实情况制定出具体的指挥方案，以正确指导重大警务处置行动的实施。从公安指挥的实践看，要认识和掌握客观情况首先必须全面准确地获取情报资料。因此，只有在整个指挥过程中充分发挥各种侦察情报手段和技术的作用，准确周密地组织侦察情报工作，并做出研判，才能使公安指挥建立在可靠的基础上。因此，正确认识和掌握处警现场客观情况是公安领导指挥者的第一要务。

2. 有效指挥的必要条件

对处置现场客观实际情况进行正确的认识与把握是公安领导指挥者实施有效指挥的必要条件。公安领导指挥者掌握处置现场的客观实际情况的目的是有的放矢，从客观实际情况出发，实施正确的决策与指挥。也就是说，公安领导指挥者能否迅速定下处置行动决心与顺利实现决心，达到处置行动的目的，有赖于公安领导指挥者对处置现场客观实际情况的科学认识和把握程度，公安领导者的主观指导与客观实际“契合”的程度决定着公安机关处置行动胜算的可能性大小。实现公安指挥的主观指导与客观实际相符合，必须坚持辩证唯物主义的从感性认识到理性认识的发展过程的认识理论、程序和方法，用联系、全面及发展的观点对客观实际情况进行正确认识，用规律性的认识去指导公安指挥活动的全过程。

在公安指挥活动中，正确认识和把握客观实际情况、真正实现有效及有力的指挥，有两点“可靠”需要公安机关做到：一是必须首先选拔德才兼备的“可靠”公安领导者担当公安指挥员，这是实现公安领导指挥的主观指导与客观实际相符的物质基础。“可靠”是指公安领导者具有卓越的指挥才能及指挥素质，公安领导者指挥能力强，各种技术手段的作用才能发挥得好，指挥工作的开展才能顺利，对客观情况的把握与判断也才会全面、及时和准确。二是必须保证公安指挥系统的“可靠”。公安领导指挥能力的强弱主要取决于公安指挥系统是否稳定与可靠。公安指挥系统的稳定与可靠性是指在公安指挥过程中，在任何条件下，公安指挥员和指挥机构都能正常履行指挥职能，指挥信息也能够及时传递与送达，各项指挥工作都能够有序、高效运转的特征。

3. 主观指导的能动作用

公安领导指挥者的主观指导具有积极的能动作用。公安领导指挥者的主观能动作用是公安指挥活动不可或缺的内动力。在重大警务处置行动过程中，当客观条件已经具备了某种可能性时，要把这种可能性变为现实，公安领导指挥者的主观能力起着决定性的作用。在客观条件相同的条件下，不同公安领导指挥者的主观能动性方面的差异往往会引发出不同的处置行动结果。实践证明，在公安指挥活动中，有的公安领导指挥者的主观指导可以化险为夷、出奇制胜，有的公安领导指挥者则由于主观指导不利，变优势为劣势，使处置行动陷于被动不利局面。因此，公安领导指挥的主观指导必须符合客观实际的规律，即要求公安指挥者在一定客观现实条件的基础上，充分发挥自己的聪明才智和主观能动性，积极创造和扩大客观现实中的有利因素，减少及消除不利因素，掌握优势和主动权。公安指挥主观指导的能动作用突出表现在以下几方面。

（1）正确认识和驾驭重大警务处置行动的客观规律。客观规律具有不以人们的主观意志为转移的隐蔽性，公安指挥者可以充分发挥主观能动作用，通过对重大警务处置行动过程中各种客观现象与本质的分析去认识和把握客观规律，同时，还可以通过改变和创造相关条件驾驭客观规律，使客观规律发生作用的结果朝着有利于警方的方向发展。

（2）通过预测科学预见指挥现场未来态势的变化。在公安指挥活动中，由于各种因素的限制与制约，所获取的情报资料比例是有限的，这就决定了公安指挥活动具有较大的潜在不确定性和风险性。另外，公安指挥活动是一个不断发展的动态过程，为提高"胜算"的可能性，必须预先进行处置行动预案的设计与构想，可以说，预测是公安领导指挥者主观指导符合客观实际的重要保证，没有科学的预测，就不会有预先趋利避害的决心和处置，自然也就不可能产生自觉的、成功的处置行动。而科学预测必须要依靠公安领导指挥者发挥主观能动性才能实现。从公安领导指挥活动的实践看，公安领导指挥者具有的勇于探索的精神与善于预见的意识、创造性思维与辩证思维能力、丰富的知识与积累的指挥经验、科学预测的方法和手段等，都是科学预见指挥态势发展变化不可或缺的主观条件。

（3）公安领导指挥艺术和谋略的运用。公安领导指挥艺术和谋略是公安领导指挥者充分发挥主观能动性，灵活地运用公安指挥原理、原则、方法和手段，创造性地解决具体指挥问题的才能和方法。在公安指挥活动中，公安领导指挥者的主观能动性决定着指挥艺术和谋略的运用。公安领导指挥艺术和谋略的运用要求公安领导指挥者具有渊博的理论知识、丰富的实践经验、创造性的思维能力和优秀的思想品质。

（二）公安指挥系统的性能

公安指挥系统的性能影响着公安领导指挥活动的效能。公安指挥系统是公安指挥主体的组织形式，其是由公安领导指挥者及其指挥机构和指挥器材按照一定的规则结合而成的系统整体。其根本职能就是通过发挥指挥系统的功能作用，使指挥对象的战斗力最大化，从而以最小的代价换取最大的效益。因此，公安指挥系统性能的优劣直接影响公安指挥活动的效能的大小。认识和理解这一规律，我们应着重把握以下四个方面。

1. 公安领导指挥者的主导因素

公安领导指挥者是发挥公安指挥效能的主导因素。公安领导指挥者在公安指挥系统中居于统帅全部指挥资源的主导地位，其基本任务是运筹谋划处置全局事宜，基本职能是定下处置行动决心并组织指挥对象开展处置行动，最终实现预先设定的处置行动目标。这种职责决定了公安领导指挥者负有统一意志、统一行动的权力和责任。在公安指挥活动中，被指挥者、物质资源、信息情报、时空因素等要素都有赖于公安领导指挥者的正确运筹和组织调度。公安领导指挥者是将公安指挥系统中的物质要素转化成实战能力的主导因素。所以公安领导指挥者的素质与能力决定着公安指挥的效能。

2. 公安指挥系统优化的组织结构

公安指挥系统优化的组织结构是发挥公安领导指挥效能的基础。公安指挥系统的内部结构直接关系到公安领导指挥的效率和效益。优化的公安指挥系统组织结构表现：一是指挥机构“精致”，即按照重大警务处置行动指挥任务的需要，具有科学的公安指挥跨度和指挥层次的“网状”结构关系，在确保履行任务职能的前提下，减少职能部门的数量；二是职能部门权责“明晰”，即对各职能部门进行合理的排序和赋予相应的责任、权利和义务，以形成职能互补与合力。

3. 公安指挥系统良好的内部运行机制

公安指挥系统良好的内部运行机制是发挥公安领导指挥效能的关键。公安指挥系统在重大警务处置行动中始终都处于不断运动之中，要实现指挥目标和达到最大的指挥效能，不仅需要合理的组织结构，还需要一定的内部活动规范，即公安指挥系统必须建立起一种良好的指挥机构内部运行机制。分工、分权、分责是保证公安指挥系统良性运行最基本的前提。因此，公安指挥系统必须确定两个关系，一是各层公安指挥机构之间的关系，二是公安指挥机构内部各部门之间的关系。

4. 公安指挥系统中人员素质的互补

公安指挥系统中人员素质互补是生成和发挥公安领导指挥效能的重要条件。从现代的公安指挥来看，高效能的公安指挥系统通常是由具备各种特长的不同类型人才组合而成的。也就是说，具有高瞻远瞩战略眼光的人可以“断”；善于进行缜密系统分析的人可以“谋”；具备冲锋陷阵特长的实干家可以“行”。所以，科学的公安指挥系统的人员结构应该是各系统部门形成涵盖公安领导指挥人才、智囊参谋人才、专业技能人才、勤务保障人才等的“智能型人才”系统配置。

（三）公安领导指挥中决策的质量

公安领导指挥中决策的质量决定着公安领导指挥活动的成败。《孙子兵法》云“运筹帷幄之中，决胜千里之外”，形象地说明了公安决策在重大警务处置行动中的重要作用。公安领导指挥中的决策活动主要是对处置行动进行判断、下定处置行动决心和为实现处置行动目标进行部署的过程。进行正确决策是公安领导指挥的核心内容，也是公安领导者正确实施公安指挥的前提条件和基础。这一规律揭示了公安指挥中决策质量与公安指挥成败之间的本质联系，反映了公安指挥活动的有效性首先必须优化公安指挥决策的程序、方法和手段等的客观要求。理解和认识这一规律，我们必须把握以下几点。

1. 以最小的代价换取最大的效益

以最小的代价换取最大的效益是公安领导指挥决策的根本出发点。科学决策的核心是制定和选择最佳行动方案。所谓最佳方案，就是在风险适度可控的情况下，以最小的代价创造最大的效益，这也是现代决策理论的基本原则。公安指挥中的决策工作也毫不例外地必须遵循这一原则。衡量和评估公安指挥工作的成败得失和效益大小，首先应该以达成处置行动的目的为标准。其次，还必须坚持损失消耗最小标准，尽可能地避免伤亡，减少各种资源的消耗。对于公安领导指挥来说，这两个标准都是客观的，相互依存和同等重要的。

2. 科学决策

科学决策是提高公安领导指挥工作质量的重要保证。现代重大警务处置行动中新型公安指挥表现出的一系列特点，使科学决策成为提高公安领导指挥工作质量的重要因素。科学决策与经验决策的区别主要表现在三个方面：一是科学决策要求按照科学程序进行决策；二是科学决策要求借助科学的技术方法和手段进行决策；三是科学决策要求发挥智囊参谋机构的作用，建立谋断分工合作的工作机制。但是，在公安指挥活动中，公安指挥员必须认识到，科学决策仅仅是保证决策正确性的必要条件，任何指挥决策方案都不会是完美无缺的，都会蕴涵着一定的风险性，因此公安领导指挥者在决策时都必须要有所取舍，决策工作既要慎重，又要当机立断。

3. 制定科学的处警指挥预案

制定科学的处警指挥预案是提高公安领导指挥决策质量的有效途径。处警指挥预案是指为了有效指导处警力量开展处置行动所进行的一系列预先设计和安排，它规定了重大警务处置行动的目标要求、警力配置、任务区分和行动战术策略，以及各种突发的可能情况的处置方法等，为公安指挥者的组织指挥工作提供行动依据，是公安指挥中决策活动的具体表现。但是，由于每一个具体的重大警务处置行动千差万别，有些又经常具有突发性的特点，而处警指挥预案则主要是根据事物的一般规律和可预见的多种情况而设计的，这就要求公安指挥员在重大警务处置行动中，既要遵从和依靠处警指挥预案，发挥其辅助和提示作用，又应结合现场实际和个人的指挥实践经验，发布指挥命令。但是，在实践中，任何个人经验的积累也是有限的，因此，在公安指挥活动中，处警指挥预案涵盖的内容越多，指挥预案辅助功能发挥得越充分，公安指挥员实施科学的指挥的系数就越大。从这个意义上讲，处警指挥预案对于提高公安指挥决策的质量起着关键性的作用。

（四）公安领导指挥活动的有序性

公安领导指挥活动的有序性有赖于不间断地协调控制。在公安指挥活动整个过程中，由公安指挥处置预案转化为实际处置行动，最终实现处置目的，存在着诸多不确定及偶发性因素，难免会使处置行动出现紊乱和偏离目标的现象，这就需要公安指挥者采取协调控制的手段，使处置行动始终围绕处置目标，最终达成制胜的目的。这一规律揭示了协调控制与公安领导指挥活动有序性之间的本质联系，提出了公安领导指挥者必须对指挥对象实施有效协调控制的基本要求。理解和认识这一规律应从以下几个方面来把握。

1. 协调控制

协调控制是实现公安领导指挥决心、达成处警目的的客观需要。在现代公安指挥活动中，信息流动快及指挥环境瞬息万变等影响公安领导指挥的复杂因素增多，因此，在处置行动中进行科学有效地协调控制，以使处警力量发挥最大的整体战斗力，已成为公安领导指挥员及其指挥机构进行科学、高效指挥的重要任务，也是指挥资源优化利用的重要依据。

公安领导指挥者的协调控制活动主要包括心理和行动两个方面的内容。通过心理上的协调控制，可以统一指挥对象的观念与认识，为统一行动奠定心理基础；通过行动上的协调控制，可以统一各处警力量的行动方向和整合着力点，为发挥整体战斗力、实现处警目的创造条件。

2. 信息反馈

信息反馈是公安领导指挥者实施有效协调控制的基础。信息反馈是负责具体处置行动的公安领导指挥者将各阶段处置行动预案的指令执行情况及时报告给上级公安领导指挥者，并对上级公安领导指挥者的新指令再输出并产生影响的过程。对公安领导指挥者而言，信息反馈是一个重新认识情况的过程，是对原处置行动预案重新检查、分析与调整的过程。从这个意义上来理解，信息反馈是实现有效协调控制的基础和保证。由于诸多重大警务处置行动中的现场信息具有隐蔽性、虚假性、变化性的特点，依据不完整情报所做出的公安指挥预案往往也包含有不确实的成分。为了使公安指挥方案和计划适应不断变化的现场情况，公安指挥者必须通过不断自下而上的信息反馈，检查偏离处置预案目标的程度，分析出现偏差的原因，制定纠正偏差的计划，纠正指挥对象不符合处置行动方案要求的行动，以达到处置行动目标的最终目的。可见，信息反馈使公安指挥具有调整和补偿的功能，增加了排除干扰的能力，从而保证了公安指挥的稳定性。

3. 协调控制的时效性和精确性

公安领导指挥者要注意提高协调控制的时效性和精确性。

（1）提高协调控制的时效性。协调控制手段先进化程度是实时协调控制的重要物质基础。科学技术的进步推动协调控制手段由低级向高级不断发展。解决好公安指挥活动协调控制的时效性问题可以从以下四个方面着手：一是提高现场处置部队的侦察能力、通信能力、机动应变能力，以提高协调控制的速度。二是使用现代高速度、大容量的计算机等高新技术的协调控制工具，缩短信息处理的时间。三是设立专门负责协调任务的现场指挥机构，专门负责协调工作。四是拓展协调控制的时间和空间范围，在时间上做到“全天候、全时辰”协调控制；在空间上做到从平面到立体，进行全方位协调控制。

（2）提高协调控制的精确性。协调控制的精确性在于公安领导指挥者正确地进行协调控制判断和对协调控制重点进行精确把握。协调控制判断是公安指挥者对是否需要协调控制和协调控制的广度和力度的判断。协调控制只是在重大警务处置行动的态势发生一定失控的情况下进行的。作为公安领导指挥者，只有有了正确的协调控制判断，才谈得上正确实施协调控制。同时，公安指挥者的协调控制必须善于抓主要矛盾，即公安领导指挥都需把握好协调控制的精确性，针对重大警务处置行动的重心点、失衡点和转折点等实施协调控制。

（五）公安领导指挥活动的时间和空间

公安领导指挥活动必须与相应的时间和空间条件协调一致。公安指挥活动是在一定的时空约束条件下进行的。处置行动时间具有转瞬即逝不可逆的一维性特征，把握最佳处置时机是公安领导指挥者在每一次处置行动中都必须注意的关键问题。在公安领导指挥活动中，争取了时间就增加了胜算的概率，失去了时间则易陷入被动不利的局面。处置行动空间则具有长度、宽度和高（深）度的三维性特征。在公安机关处置行动中，空间因素具体表现为处警现场的位置情况，如处置行动的范围、地形、交通、人口、气候等。空间因素是动态的及发展变化的，其对公安指挥的影响具有二重性，是利与弊的矛盾统一体，对空间条件利用得好，可以扩大其中的有利因素；反之，则可能失去处置行动的主动权，甚至导致更加被动不利的严重后果。因此，在重大警务处置行动指挥活动中，公安领导指挥者必须充分认识到对抗双方所占有的时空环境与条件，以及可能的发展变化对处置行动的诸多影响，做出应对预案以排除一切干扰达到处置行动的最佳目的。这一规律揭示了公安领导指挥活动与时空环境之间的本质联系，反映了正确的公安领导指挥依赖于对时空条件的正确认识和有效把握的客观要求。理解这一规律应着重把握好三个方面。

1. “所有时间”与“所需时间”的关系

正确处理“所有时间”与“所需时间”的关系，把握处置行动关键“战机”。在公安指挥活动中，由于重大刑事案件和治安事件的突发性、紧急性等特点，公安机关在处置行动的初期，可利用的时间是非常有限的，在时间上常常处于被动地位。因此，充分利用时间，变被动为主动，是公安指挥面临的一个十分重要的问题。公安领导指挥者在组织此两类重大警务处置行动时，必须充分考虑到公安机关可能占有的“所有时间”与必要的“所需时间”，并处理好它们之间的关系。所有时间，是对抗方给我们“提供”的，例如，刑事犯罪案件中犯罪分子作案和逃逸所必需的时间，或者是上级根据对敌情的分析以指令期限的形式规定的时间。所需时间是公安领导指挥员完成必要指挥工作所需要的时间。为了先机制敌，使我方处于有利的主动地位，客观要求处置行动所需时间必须小于或等于所有时间。

当前，社会治安形势出现了新的变化，犯罪活动的频率增高了，高智能犯罪现象增多了，较强的反侦查能力使对抗性强度加大了，公安领导指挥者的工作量及难度越来越大，表现为公安指挥的所有时间越来越短，公安指挥的所有时间与所需时间的矛盾越来越突出。解决这一问题的主要途径，一是提高指挥速率，主要是强化高科技手段的运用，增强处警部队的快速反应能力，掌握行动的主动权。二是善于把握有利战机。战机表现为时间流动过程中有利于我方成功处置的某一时间节点，具有稍纵即逝的时效性特征。三是缩短指挥距离。公安指挥员要力求做到近点指挥，根据处置现场的情况变化，及时决断，缩短行动反应时间，提高指挥工作效率。

2. 有力把握空间因素

有力把握空间因素谋势造势，搭建取胜的“擂台”。正确认识和利用空间因素是创造重大警务处置行动有利态势的前提条件。“谋势造势”，是公安领导指挥者在既定的客观物质条件的基础上，通过主观努力，创造出有利于己而不利于敌的处置行动态势。谋势造势离不开空间因素，空间是对抗双方博弈的“擂台”，公安指挥活动的整个过程及细微的环节都受到它的制约和限制。比如，处警现场楼群较多或村落密集，房屋结构又复杂，便会导致犯罪嫌疑人藏匿，同时，又容易遮断警方视线，不利于抓捕或击毙；再如，处警现场地形复杂，人口稠密，也会增大公安指挥者协调、控制处警部队的难度。由此可见，空间因素对指挥活动影响较大，善于利用空间因素，就可以化不利为有利；不善于利用空间因素，则有可能丧失有利战机。

3. 掌握现场时空互换的特点

掌握现场时空互换的特点，把握最佳战术“先机”。公安指挥的时间和空间是一个有机联系的整体，具有可互换性的特点。处置行动的成败均是对于时空因素利用的结果。尽管在不同的警务处置行动中，时空作用有大有小，但是二者始终是并存的，不可或缺的。在公安指挥活动中，时间与空间的联系是具体的，如果敌情、警情紧急，需要快速反应，就可以最快的行动速度，争取有利的态势，抢占先机；反之，则可进行较为充分的处置行动准备工作，例如，奥运安保工作。因此，可以说时间和空间的联系性和整体性，既是时空变换的基础，也是决定重大警务处置行动成败的关键所在。

在公安指挥活动中，时间和空间互换性更多地表现为以时间换空间。主动地以时间换取空间关键在于“快”，被动地以时间换取空间关键则在于“磨”。一般情况下，“快”是强势方的行动策略，“磨”则是弱势方的行动策略。从宏观上看，公安指挥始终处于绝对优势地位，掌握行动主动权，所以公安机关往往采取以时间换取空间的方式，即通过快速反应加大打击力度，来控制行动空间；而犯罪分子的行动始终处于劣势，所以其往往寄希望于打持久战，用时间换取活动空间，以达其不可告人的目的。所以，公安指挥者必须掌握对抗双方的时空互换特点，在行动战术上把握主动权，以夺取重大警务处置行动的胜利。

（六）公安领导指挥的主动灵活性

公安领导指挥的主动灵活性建立在信息优势基础上。公安领导指挥的主动灵活性是指在公安指挥活动中，公安领导指挥者根据客观实际情况随机应变地运用各种战略战术实施处置行动指挥。主动灵活是掌握公安指挥主动权的先决条件。影响公安指挥主动灵活性的因素很多，随着现代信息技术的发展，指挥信息的地位和作用越来越凸显出来：一是以电子计算机为核心的大量辅助决策系统应用于公安指挥决策；二是信息网络搭建的“信息高速公路”可以将现场各种处警力量高度聚合；三是高度灵敏的指挥系统使处置行动的时效性、实时性与可控性空前增强。这一规律反映了信息在公安指挥中的重要性，提出了公安指挥活动必须取得信息优势的客观要求。认识和理解这一规律，应着重把握四个方面。

1. 公安领导指挥决心的确定

公安领导指挥决心的确定依赖于情报信息的支持。公安领导指挥者正确的指挥决心取决于处置现场情报信息准确、及时与可靠的程度。有价值的情报信息可以消除公安领导指挥者认识上的不确定性，为其正确下定指挥决心提供依据。情报信息对公安指挥活动具有制约性，它是公安指挥的基础，同时也是实施公安领导者指挥协调与控制的根据。因此，情报信息的质量决定着公安指挥活动的成败。

2. 公安领导指挥谋略的运用

公安领导指挥谋略的运用有赖于发挥信息优势。公安领导指挥者要掌握处置行动的主动权，这在很大程度上要靠公安指挥谋略的运用。公安指挥活动是一个施计用谋的智力对抗活动，这种对抗活动的基本点实质上就是对情报信息利用的对抗。施计用谋包含着两个方面的内容：一是欺敌用诈；二是识破敌谋。从情报信息的角度来认识，欺敌用诈就是“隐真示假”，诱敌上当。识破敌谋就是“破假探真”，探明企图。特别是在大数据时代，占有信息优势对公安指挥谋略的运用具有至关重要的作用。它可以使公安领导指挥者优化方案灵活应对各种复杂的情况，还可以巧夺与创造战机赢取驭敌之术，达到预先设计的处置行动目的。

3. 公安领导指挥制信息权的夺取

公安领导指挥制信息权的夺取在于最大限度地发挥信息功能。随着现代信息技术的迅速发展，特别是大数据时代高新技术在各个领域广泛地应用，信息功能的巨大作用凸显出来。在重大警务处置行动中，发挥信息优势也是高新技术条件下公安领导指挥者夺取公安指挥制信息权的先决条件，是公安领导指挥者提高指挥效能的重要保证。现代公安指挥系统已逐步发展成为与卫星通信相联系，以具有一定程度人工智能的计算机为核心的信息化和自动化系统，重大警务处置行动中的情报信息搜集、处置预案制定、指挥协调控制等，都与信息功能的充分发挥紧密相连。值得注意的是，信息功能的发挥程度还需要人具备较高的科技素质，依赖于人对信息技术的不断开发与熟练运用。也就是说，人是发挥信息功能的主体。因此，现代公安指挥的实践要求公安领导指挥者及指挥机构人员要注重相关知识的积累，注重挖掘信息价值并具有充分运用有效信息情报的意识，从而为取得公安指挥的信息优势奠定基础。

4. 公安领导指挥信息优势的发挥

公安领导指挥信息优势发挥要注重信息积累并防止信息泛滥。重大警务处置行动的相关信息积累要注意做好以下两个方面的工作：一是注意平时的信息积累与搜集工作。平时就应注重在公安管理工作中搜集潜在对手的各种相关信息，并建立专门的相关分类信息搜集数据库，战时再根据现场各类情况加以必要的补充与调整，为充分发挥信息优势及主动灵活地进行公安指挥奠定基础条件。二是注意避免高新技术条件下信息膨胀及繁杂等问题。信息量庞杂是高新技术时代信息所具有的较明显的特征。公安机关在搜集信息过程中也面临着信息泛滥等问题。信息泛滥使信息的搜集、整理及传递等环节更加费时费力，很多有价值的信息会因为信息的堆砌淹没在文电海洋之中，结果势必导致公安指挥决策难度加大的后果。因为在公安指挥活动中，公安领导指挥者所追求的并不是包罗万象的信息，而是在最短时间内保障定下处置决心、做出有效处置预案的最佳情报信息。

二、公安领导指挥的原则

公安领导指挥原则是公安领导指挥者从事公安指挥活动的基本行为准则，是为保障公安领导指挥活动的正确性和有效性而对公安领导指挥者提出的要求。公安领导指挥原则是在长期的公安领导指挥实践中提炼和概括出来的，是对公安领导指挥经验的科学总结。公安领导指挥者只有掌握和运用好这些原则，才能提高公安领导指挥的成效。随着转型期中国社会各类突发事件的不断增多，在重大警务处置行动中，我国公安机关根据公安工作的特点，在探索公安指挥规律的基础上逐步形成了公安机关领导指挥原则。这些原则是公安领导指挥理论的核心，对于公安领导指挥者在重大警务处置指挥活动过程中统一认识、规范行动具有重要作用。公安领导指挥的主要原则有以下几点。

（一）信息为本原则

保持信息渠道畅通是公安指挥的第一要则。在大数据时代，公安机关无论是维护稳定工作还是各类重大警务处置行动，都要求公安领导指挥者具有强烈的情报意识和信息观念，具体举措如下：一是平时就要重视对社会动态的时时监测，做好对公安机关职责范围内的各种信息及情报的采集、整理与研判工作，并根据处置行动积累的经验与得到的教训，做好各类处置行动应对预案。二是战时要充分利用一切信息获取手段，广泛搜集各方面的情况信息，并进行综合分析推理与判断，启动应急处置预案或做出新的处置预案。值得注意的是，在犯罪智能化现象较突出的现代社会，对真实信息情报的获取难度较大，因此，搜集敌情和相关信息要力求全面，突出重点，以有效实施公安领导指挥需要为准。总之，在公安指挥活动中，掌握信息权、取得信息优势、把握公安指挥主动权是公安领导者在指挥重大警务处置行动中克敌制胜的重要因素。

（二）集中统一原则

集中统一指挥的关键点是命令源的高度集中与统一。集中统一指挥的基础是处警指导思想、目标和计划的统一。随着诸多重大警务处置行动情况日趋复杂，涉及面广，需要跨地区、多警种联合行动的情况日渐增多，参与处置行动的各个警种的指挥关系也由以往的简单关系变成了复杂关系，既有主要处置警种的上下级隶属关系，跨地区同一类警种的协同作战关系，又有非隶属警种的支援关系，各警种在同一处置行动中既相互联系，又相互制约。因此，在重大警务处置行动中，首先必须明确各处警部队的指挥权限和指挥关系，所有参战警种都必须服从集中统一的命令与调动，各司其职，各负其责，密切配合，整体作战。下级必须坚决贯彻执行上级的指令，按上级的统一要求行动，令行禁止。目前，为避免在“平战”转换实践中，由于日常公安管理工作中条块分割、警种分割所导致的指挥混乱、贻误战机的现象，已逐步建立起以各级公安指挥中心为基础的新的指挥网络体系，提高了公安领导统一指挥的效力。

（三）快速灵活原则

现代社会治安事件和严重暴力犯罪案件突发性强、不可控制的因素多、危害较大，公安机关快速反应、及时出警与处警对制止与打击犯罪、避免生命伤害与财产损失起着不可估量的作用。这就要求公安领导指挥者反应灵敏，判断警情快、决策快、组织快、行动快，并能灵活运用指挥方式进行有效指挥。为贯彻这一原则，要求公安领导指挥员做到以下两点：一是要求建立良好顺畅的公安领导指挥关系和公安指挥运行机制，科学合理地安排时间，简化公安指挥程序，提高公安指挥时效。二是要求公安领导指挥者充分考虑到处置现场情况的可能变化，善于进行预测性思维，统筹兼顾，留有应变措施，运用弹性灵活的指挥决策艺术，做到计划性与灵活性的统一。

（四）遇急先断原则

由于治安事件和严重暴力犯罪案件具有突发性、灾难性及严重性的显著特征，现场处置行动的任何迟疑与犹豫都会使处置难度加大。因此，遇急先断原则包含以下两个方面的内容：一是对突发的治安事件和严重暴力犯罪案件，最先接警的任何一级公安领导指挥者都必须坚决果断处置，控制局面，不能优柔寡断，或因层层请示，贻误时机。二是在重大警务处置行动过程中，当出现事先难以预料的紧急突发情况，来不及上报或做预案补充研究时，现场公安指挥员必须随机应变，根据突发情况进行“公安决断”，实行自主灵活的指挥。公安领导指挥的这种机断性决定了公安指挥的风险性。但是零风险的重大警务处置行动指挥必将丧失公安指挥的主动权。因此，公安领导指挥者必须具备责任意识，在紧急情况下勇于决断，控制处置行动战机以达到最佳行动目的。

（五）稳妥为上原则

在和平年代，公安机关在各类处置行动中在资源利用上始终占有绝对优势，与犯罪分子的实力对抗是不对称的。部分处置行动又面对的是人民内部矛盾的化解问题，这就要求公安机关不必做出无谓的牺牲。在打击犯罪时，要注意尽量减少伤亡；在处理突发事件时，要注意防止矛盾激化，以安全稳妥为最佳选择。

首先，稳妥为上原则要求公安领导指挥活动要依法行事，符合社会伦理道德标准和规范，绝不能“为达到目的而不择手段”，这是所有处置行动都必须遵守的要则。其次，稳妥为上原则要求公安指挥活动必须合理冒险，在处置行动中各级公安领导指挥者，一方面要有敢于承担风险、不怕流血牺牲的精神，另一方面又要指挥处警部队合理地控制风险，保证处置行动积极稳妥安全可靠，尽可能地减少不必要的伤亡。最后，公安指挥的效益要综合评估与考量。平息治安事件、抓获犯罪分子、维护社会秩序与稳定是公安指挥的直接目标，但不是唯一目标，保护国家财产和人民群众生命财产安全，处警部队的人员伤亡和物资消耗，公众对处置行动的支持程度、心理承受程度、社会认同程度等都是公安指挥效益评估需要考虑的重要因素。

（六）慎始善终原则

慎始善终原则是指公安领导指挥者在指挥开展处置行动过程的同时，要特别注意控制好处置行动的开始和结束的指挥工作，既不能前松后紧，也不能虎头蛇尾。“慎始”最重要的是谋划好处置行动的开局，慎重周密地抓好处置行动前的组织指挥工作。一是要科学决策，定下正确的指挥决心。决心上失之毫厘，指挥上就会谬以千里。二是要周密计划，使各种处警力量有序而有效地行动，最大限度地发挥整体战斗力。同时，对可能遇到的各种情况留有应变措施。三是组织要严密，确保处置行动的各项准备和保障工作落到实处。“善终”就是要妥善地处理好处置行动最后阶段的指挥，因为公安领导指挥者在高度紧张地实施指挥之后，在胜利在握时极易产生疲劳松懈的麻痹轻敌心理，从而忽视一些潜在的危机。特别是在一些犯罪分子掌握高技术武器的情况下，我方稍有不慎，瞬间便可能使处置胜利成果毁于一旦。这就要求公安领导指挥者必须特别重视最后阶段的指挥，严密审慎地组织好最后阶段的处置行动，力求全胜，严密组织打扫现场，特别要注意搜集证据，并发现可能潜在的危机。

三、公安领导指挥原则的运用

制定公安指挥原则的目的是指导公安指挥实践，提高公安指挥效能。为了运用好公安指挥原则，应注意以下几点。

（一）准确把握公安指挥原则的适用范围

公安领导指挥者应准确把握公安指挥原则的适用范围。首先，公安指挥原则是一个有机整体，相互之间具有密切的联系，同时，每条原则都各自反映了公安指挥活动的某种规律性特征，各有其适用范围和作用。所以，公安指挥员不能孤立地理解与运用某一条原则，应把全部原则看成一个有机的整体，把各个原则看成是其中的一部分，从整体上加以把握。其次，公安指挥原则是分层次的。除有上述宏观上的基本原则以外，不同层次及不同形式的公安指挥还应有自己特有的具体适用原则。因此，各级公安领导指挥者应准确地把握公安指挥原则的适用范围，将具体的指挥原则运用到各类公安指挥实践中去，以赢得处置行动的最佳战果。

（二）充分发挥公安指挥原则的可操作性特征

公安领导指挥者应充分发挥公安指挥原则的可操作性特征。公安指挥原则来自公安指挥实践，最终还要指导公安指挥实践。从实践上升为原则，要进行理论概括和科学的抽象；从原则回到实践中去，需要解决可操作性问题。由于公安指挥原则反映的是公安指挥的共性，所以，它具有广泛的适应性和普遍的指导意义。但是，每次重大警务处置行动的指挥活动都具有特殊性。公安指挥员在执行指挥任务时，必须根据每次处置行动的现场特殊情况，科学地运用公安指挥原则解决具体问题。公安指挥原则作为一种指挥行为准则，主要是对公安指挥者如何实施公安指挥活动提出原则要求，并不回答具体怎样去做的问题。比如，“稳妥为上”原则，只是要求公安指挥者应该合理冒险，控制风险，但并没有告诉公安指挥者什么样的冒险是合理的，怎样去控制风险等问题。公安指挥者在指挥活动中，要善于将公安指挥原则具体化，充分发挥公安指挥原则的指导作用。

（三）要善于针对特殊情况灵活运用指挥原则

公安领导指挥者要善于针对特殊情况灵活运用指挥原则。公安指挥基本原则是对各类重大处置行动规律的科学总结，具有共性特征。因此，它不可能穷尽公安指挥活动中的各种各样的特殊情况。公安指挥者在运用公安指挥基本原则时，要使之成为行动的指南，而不应使之成为约束处置行动的教条。无数公安指挥实践证明，机械呆板地套用原则，结果会适得其反。比如，“信息为本”是重要的公安指挥基本原则。公安指挥员为了实施正确的指挥，增加处置行动成功的概率，应尽一切可能掌握敌我情况，尤其是对抗方的信息，但是，掌握这些情况需要时间，占用时间过长，又会违背快速灵活指挥的原则。所以，在处置行动中，公安领导指挥者在把握这些原则的要求及意义以后，应根据各类处置行动的具体情况紧急程度，把握搜集信息情报的“度”，在处置行动紧急情况下，掌握了必要的信息即可先行组织处置行动，以便赢取最佳行动战机，其后，再可边搜集信息边调整处置行动方案。值得注意的是，强调灵活运用，并不是把原则抛在一边，而是要善于针对处置行动现场的特殊情况，创造性地运用公安指挥原则。

第三节　公安领导指挥的方式

公安领导指挥者对指挥对象实施指挥，两者如何构成联系，指挥责任与权力如何分配使用，这就涉及公安领导指挥方式问题。公安指挥的实践证明，公安指挥方式选择和运用得正确与否，直接关系到公安指挥质量和效率的高低，影响到重大警务处置行动的成败。因此，公安领导指挥方式是公安指挥者需研究并把握的重要内容。

一、公安领导指挥方式的含义

（一）公安领导指挥方式的定义

公安领导指挥方式是指公安领导指挥者与指挥对象之间进行职权分配的方法和形式。一方面，公安领导指挥方式是公安指挥职权的分配问题，主要是对公安指挥活动中上下级公安指挥者的责任和权力的划分；另一方面，这种指挥职权的分配只能是自上而下地发生作用，是公安领导指挥者对指挥对象的职权分配。离开了指挥对象，就谈不上公安指挥方式。值得注意的是，公安领导指挥者对公安指挥方式的运用要受到指挥要素的多种制约，如公安领导指挥者与指挥对象的素质、指挥手段、指挥内容、指挥体制和处置现场的环境状况等。

（二）公安领导指挥方式的作用

1. 指挥纽带作用

公安领导指挥方式是公安指挥者与指挥对象之间进行职权分配的方法和形式，所以它是构成公安指挥者与指挥对象之间指挥关系的重要方式，是联结公安指挥者与指挥对象的重要纽带。

2. 指挥规范作用

不同层次的公安指挥者责权是有所区别的，因此，在公安指挥活动中，各级公安领导指挥者必须按照指挥规范和有关规定，科学地运用与其指挥权力与责任相适应的指挥方式，才能最大限度地发挥公安指挥职能，顺利地完成各自的指挥任务。

3. 指挥保障作用

正确地选择与运用公安指挥方式，能够保障公安指挥活动的有序性，有助于明确指挥责任，保障各级公安指挥员的指挥权力，充分调动其主动性和积极性，使处置力量的整体合力得到充分发挥，达到高效率的指挥效果。

二、公安领导指挥的基本方式

围绕公安指挥的权力和责任，公安领导指挥方式可以分为集中指挥和分散指挥、指导式指挥和协调式指挥、按级指挥和越级指挥。

（一）集中指挥与分散指挥

在公安领导指挥活动中，由于使用指挥职权的集中程度不同，形成了集中指挥和分散指挥。

1. 集中指挥

集中指挥又称统一指挥、命令式指挥或集权式指挥，是公安领导指挥者集中掌握和运用指挥权的指挥方式。其实质是公安指挥者相对于指挥对象始终保持高度集中统一的指挥权。这种指挥的表现形式是：公安领导指挥者对指挥对象不仅明确其需完成的任务，而且还规定完成任务的具体方法和步骤。在一般情况下，只有最高的公安领导指挥者才有权改变处置行动的部署和任务，下级未经批准不得擅自对处置行动预案做任何调整与变动。

集中指挥方式，通常是在存在隶属关系、公安指挥者直接掌权和控权的情况下使用。当不同隶属或平行关系的处警部队共同执行任务时，由共同的上级明确指挥关系，并指定公安指挥员实施统一指挥。在没有明确指挥关系时，应由处警现场所在地公安机关的主要领导实施集中指挥。

集中指挥是权力集中程度最高的指挥，也是常用的公安指挥方式之一。

集中指挥方式的优点主要是：(1) 便于公安领导指挥者纵览全局，把握关节，统一组织实现处置行动决心，并对处置行动进行有效的调控，防止被指挥者因局部利益出现偏离处置行动目标的行为。(2) 便于被指挥对象按照处置行动预案，各负其责并协同一致，完成处置行动任务。

集中指挥方式的弊端主要是：(1) 指挥权高度集中在上级指挥者手中，往往会限制指挥对象主动性、灵活性、创造性的发挥，甚至易导致指挥对象产生依赖心理，降低其责任感。(2) 由于上级公安指挥者对处置行动规定过细，不利于下级指挥者对意外情况的快速反应，易使处置行动陷入被动。

一般而言，集中指挥方式适应于公安领导指挥者对于全局情报信息掌握比较明确、处置行动保密性要求较高、处置行动时间较充分、指挥手段较有保障等情况条件。

2. 分散指挥

分散指挥又称分权式指挥或委托式指挥，是一种将公安指挥职权大部分下放给下级指挥者的指挥方式。这种指挥的表现形式是：指挥员只明确处置行动的目标、时限，提供完成任务所需警力和装备，不规定完成任务的具体步骤和方法，在处置行动中有重点地监督检查，实施目标控制。下级指挥者可以根据上级意图和处置现场实际情况，独立自主地指挥处警部队完成任务。当然，分权与集权并不是完全对立的。分权并不是不要集中，而是在统一处警目标的前提下实施分散指挥，而且下放的职权可以随时收回。

分散指挥是对下级指挥者赋予权力最大的指挥方式。

分散指挥的优点主要是：(1) 有利于上级公安指挥者集中精力统观全局，确保关键性处置行动的成功。(2) 可充分发挥下级指挥者的主观能动性，创造性地寻找克敌制胜的有效方法，增强其完成任务的责任感和独立指挥的能力。(3) 可使下级指挥者拥有较多的机断权，有利于其对意外情况做出快速反应，提高公安指挥的速率。(4) 可在上下级之间通信难以保障的情况下，下级指挥者也能自主进行有效的指挥。

分散指挥的弊端主要是：(1) 处置行动的全局控制难度增大，如果下级指挥者全局观念较差，则其行动易偏离处置行动总目标而与全局利益相悖，增加上级调控的困难。(2) 下级指挥者的指挥难度增大，使下级指挥者的指挥任务繁重。(3) 各处警部队统一行动的难度增大。分散指挥要求各警种之间必须主动保持密切的配合与协同，否则，易导致力量分散，削弱整体战斗力。

3. 集中指挥和分散指挥的关系

两者是对立统一的关系。所谓对立，是指集中指挥强调指挥权相对集中，而分散指挥则强调指挥权相对下放。所谓统一，就是指二者相互依赖相互作用，共同促进指挥目的的实现。二者的着眼点都是如何有利于指挥效能的发挥。一方面，两种指挥方式是互相依存的。集中指挥离不开分散指挥，下级在上级的统一意图下勇于负责，机断行事，则有利于上级总的意图和决心的实现；同时，分散指挥又离不开集中指挥，下级指挥者只有全面、正确地理解上级意图，其主观能动性才能发挥得好，创造性的指挥才有价值。另一方面，集中指挥与分散指挥历来都不是绝对的。职权上的绝对集中和绝对分散是不存在的。过分强调集中指挥，把权力都集中在上级公安指挥者手中，不利于指挥对象的主动性、积极性和创造性的充分发挥；反之，过分强调分散指挥，把指挥权全部分散给下级，实际上也就等于上级放弃了宏观指导与控制的指挥权力，也就无法使处置行动形成整体的合力。

集中指挥与分散指挥的辩证关系要求各级公安指挥者在公安指挥实践中，要把握好指挥职权集中与分散的“度”。在采用集中指挥方式时，要给予下级指挥者临危决断处置权力，防止事事包办；在采用分散指挥方式时，应规定出下级行使职权的界限，防止其失去控制。

（二）指导式指挥与协调式指挥

在公安指挥活动中，按照公安指挥者掌握指挥权限的程度不同，还可分为指导式指挥与协调式指挥。

1. 指导式指挥

这是一种介于集中指挥与分散指挥之间的指挥方式。在实施指导式指挥时，公安指挥者在命令中对处警部队完成处置任务的手段不做具体规定，但对处置行动总的目标、应把握的重要关节、关键问题要有明确的指示。下级在公安指挥活动中，可以围绕处置行动需达成的目标，灵活机动地选择完成任务的手段与方式，重大问题的处理也可以随机决断不必请示与报批。

指导式指挥的特点是，既给下级以很大的机动空间，又在关键问题上加以控制。实施指导式指挥，最大的优点是既有利于贯彻上级的处置行动意图，又有利于充分发挥下级指挥者的积极性和创造性。另外，实施指导式指挥能够使上级公安指挥者集中主要精力统筹全局。

指导式指挥要求公安指挥者具有较强的负责精神及独立指挥能力。其比较适合于多警种的协同处置行动的指挥。

2. 协调式指挥

协调式指挥是公安指挥者对数个指挥对象实施的以整体、横向协调为主要内容的指挥方式。其中，公安指挥者委托某一相关行政区内的公安机关领导或执行主要处警任务的某一警种指挥员负责协调处置现场各处警部队的行动，也属于一种协调式指挥。

在公安领导指挥活动中，有时指挥对象较多，按照公安指挥跨度原理，当指挥对象超过一定数量时，就容易发生失控现象。为了有效控制处置现场，防止失控现象发生，使各处警部队形成整体合力，公安领导者就要对各处警对象实施以整体横向协调为重点的指挥行为，重点控制处置行动起止时间、节奏与力度、活动范围，使之相互间保持协调一致。协调式指挥的特点是，指挥涉及的面比较宽，但深度比较浅。它所关注的是指挥对象对处置行动整体的影响，对于不影响其他指挥对象的行动和整体处警目标，一般不予干涉。

3. 协调式指挥与指导式指挥的不同

指导式指挥对指挥对象完成任务的方法要有概略的规定或提示，指挥对象需按相关的规定行事，而协调式指挥则完全是目标控制，协调对象通常享有充分的指挥职权，有选择完成任务方式的自由；指导式指挥对象通常只是一个，而协调式指挥一般是指几个指挥对象。

（三）按级指挥与越级指挥

在公安指挥活动中，按公安指挥者作用于指挥对象的职权层次不同，又可分为按级指挥和越级指挥方式。

1. 按级指挥

按级指挥是指公安指挥者按照确立的指挥关系逐级对指挥对象行使指挥职权的指挥方式。按级指挥的实质是逐级控制，即依照隶属关系，实施从上至下的“递阶式”指挥。

在重大警务处置行动中，参与处置行动的各级指挥机构较多，为保障各级处警部队处置行动的有序性，防止各所属处警人员产生混乱局面，必须实施各级指挥机构各负其责的按级指挥。实施按级指挥，要求公安指挥者必须正确行使自己的职权，对上不能越过直接上级而请求更高一级指挥者的指挥，对下也要防止越过直接下级进行指挥，以免破坏正常的指挥层次。按级指挥是公安指挥方式的基本类型之一，也是重大警务处置行动指挥的主要方法。

（1）按级指挥的优越性：按级指挥方式是按照正常的编制序列，依据处置行动和公安指挥的需要而确立的，各级公安指挥者对本级、上下级、左右邻的指挥关系、指挥职能、运作机制都比较熟悉，有利于保证公安指挥有序、可靠地运行。

(2) 按级指挥的主要弊端：一是容易形成下级公安部指挥者循规蹈矩的指挥习惯，制约其主动性和灵活性的发挥；二是指挥环节多，层层上传下达，会影响指挥的时效性；三是一个指挥环节出现问题，还可能会引起连锁反应，影响指挥的稳定性；四是指挥层次过多，还容易造成公安指挥控制的滞后性。

2. 越级指挥

越级指挥是指公安指挥者超越一级或数级对指挥对象行使指挥职权的一种指挥方式。越级指挥是打破正常的指挥关系，越过直属下级，跨越指挥层次实施的指挥。公安指挥者对指挥对象一般预先没有明确的直接指挥关系，通常在执行特殊任务或警情紧急时采用。在实施越级指挥时，越级指挥者应及时将其指令告知被越级的下级，受越级指挥的下级应先执行指令，后及时向其直接上级报告领受任务的情况，以得到直接指挥者的支持与配合。

在越级指挥中，各级公安指挥者必须树立局部服从全局的观念，对待跨越指挥层次的上级命令应视同自己的直接上级命令一样去执行和完成。

越级指挥的优越性是：(1) 便于对处警部队的关键性处置行动及处置现场的紧急情况及时做出快速反应，把握战机实施有效的指挥。(2) 有利于缩小知密范围，完成特殊的处警任务。

越级指挥的主要缺陷是：(1) 打乱了正常行使指挥职权的秩序，一方面，下级需要在心理上重新适应新的上级指令方式，另一方面，越级指挥也会增加上级指挥者的指挥负担。(2) 打乱了正常的指挥层次，如果公安指挥者对指挥对象情况不熟悉，相互之间不相适应，便会降低公安指挥的整体效能和质量。

随着公安指挥自动化系统的出现与不断完备，各级公安领导指挥者之间能够共享现场信息，也就是说，公安指挥手段的自动化和智能化大大弥补了越级指挥的不利因素，使得越级指挥方式能够更好地发挥作用。

3. 按级指挥和越级指挥的关系

从辩证的观点来看，按级指挥和越级指挥是一般与特殊的关系，二者在公安指挥实践中既对立又统一，既有区别，又有着密切的联系。首先，按级指挥是正常条件下实施的指挥方式，而越级指挥是在特殊情况下实施的一种指挥方式。另外，二者又具有对立统一的关系。所谓对立，就是两者在指挥层次上有着不同的要求。一个是不可跨越级别的“递阶式”的逐级指挥，另一个是跨越一级或数级的“超越式”指挥。所谓统一，就是两者相互作用与补充，二者的着眼点都是为了提高公安指挥效益。在公安指挥活动中，按级指挥和越级指挥有时是相互交替使用的。

三、公安领导指挥方式的发展方向

随着现代电子警务管理模式的发展和公安指挥自动化系统的实现，公安指挥方式正向着利用现代信息技术、融各种指挥方式的优点于一身的“网络式”指挥方式演变。所谓“网络式”指挥，就是公安领导指挥者利用信息网络和网络图示计划，对所属处警部队和信息化装备实施“无指挥层次”的扁平式指挥方式。其实质是通过网络对分布在不同空间位置的各种类型处置力量实施一体化“无缝隙”控制。

“网络式”指挥可以使公安领导指挥者融合多种指挥方式，机动灵活地采用多种指挥方式对处警部队实施指挥。例如，公安领导指挥者可以对直接实施处置行动的行动人员进行指挥控制，以实现公安领导指挥的最佳效能。“网络式”指挥方式要求组建“数字化警察”，即处警部队人员需随身携带体积小、重量轻的电子设备，该设备是具备个人无线电通信功能、导航定位功能、夜视功能、敌我识别功能、报警功能、信息化武器指挥功能的综合电子设备。“数字化警察”能够接受到各种有关情况，高度灵活自主地实施处置行动。数字化警察和无级别的“网络式”指挥将是未来公安领导指挥的主要方式。

【本章小结】

本章主要阐述了公安领导者的一项重要职能，即对公安机关重大警务处置行动实施正确的指挥，揭示了公安领导指挥的含义及其所独有的对抗性、风险性、强制性、可靠性等七大特点，归纳了公安领导者的主观指导必须符合客观实际、公安指挥系统的性能影响着公安指挥的效能、公安领导指挥者决策的质量决定着公安指挥活动的成败、公安领导指挥活动的有序性有赖于不间断地协调控制、公安领导指挥活动必须与相应的时间及空间条件协调一致等公安领导指挥的六条主要规律，分析了公安信息为本、集中统一、快速灵活等六大指挥原则，阐述了集中式指挥与分散式指挥方式、指导式指挥与协调式指挥等六种公安领导指挥的方式。

【推荐阅读】

1. 秦立强．公安指挥学．北京：中国人民公安大学出版社，2004.
2. 公安部政治部．警务实战指挥教程．北京：中国人民公安大学出版社，2007.
3. 贾群林，刘鹏飞．突发公共事件的应急指挥与协调．北京：当代世界出版社，2010.
4. 上海市公安局，上海公安高等专科学校．应急警务实战指挥教程．北京：中国人民公安大学出版社，2008.
5. 姜安鹏，沙勇忠．应急管理实务——理念与策略指导．兰州：兰州大学出版社，2010.

【思考题】

1. 什么是公安领导指挥？
2. 公安领导指挥的特点有哪些？
3. 公安领导指挥规律内容是什么？
4. 公安领导指挥原则有哪些？
5. 公安领导指挥方式的内容是什么？

第五章　公安领导用人

【学习目标】

通过本章的学习，理解公安领导用人的定义，了解公安领导用人的重要性及公安领导用人中应遵循的基本原则。理解公安领导用人的艺术与方法，了解公安领导用人中存在的误区。

第一节　公安领导用人的含义

古人云：得人心者得天下，失人心者失天下。事业的兴衰、政权的兴亡都与人才有着密切的关系。正如诸葛亮在《出师表》中所言："亲贤臣远小人，此先汉所以兴隆也；亲小人远贤臣，此后汉所以倾颓也。"公安领导者如何识人、知人、用人、凝聚人、培养人，是考究公安领导者的领导水平和领导能力高低的试金石，最能体现公安领导者的政治智慧和领导才能，更是衡量公安领导者是否出于"立党为公、执政为民"的职业道德修养的标志。成熟的公安领导者要有爱才之心、求贤若渴，有聚才之方、用才之能、容才之量、护才之识、举才之德、育才之长。

一、公安领导用人的定义

所谓公安领导用人，是指公安领导者针对公安工作岗位的需求和人才特点，通过公安行政规范和程序，以岗定人，并委任以特定的使命，以实现人尽其才、才尽其用的公安领导行为，也就是选合适的公安人，做合适的公安事。也就是说，公安领导用人实际上就是对公安组织内的人力资源的开发与利用。因此，这里特别值得注意的是公安领导者用人首先应该对公安人才和公安工作岗位特点两方面加以了解。

（一）公安人才的特点

公安人才的特点应包括：（1）具备专业知识。所谓专业知识，是指具有公安某一警种专业的基础知识、前沿性知识和实践经验。所谓公安人才，绝不是全才，一般情况下只能是公安某一方面的人才，广而博就难以深而专。公安知识是成为公安人才的基础，作为公安某一方面的人才，首先应具备那一方面的公安专业的基础知识，或者说通过公安专业院校的专门学习和训练掌握了那一方面的基础知识；其次应具备在相关的公安实践中通过探索、学习和钻研掌握了那一方面的基本技能。如果仅有书本知识，缺乏实践经验，或者仅有实践经验缺乏系统性的基础知识，都不可能成长为人才。(2) 职业道德素质过硬。职业道德和职业知识是决定公安人才职业生涯的重要影响因素。司马光认为，德才兼备，为圣人；无德无才，为愚人；德胜于才，为君子；才胜于德，为小人。圣人不得而求君子，君子不得而求愚人，唯有小人可能凭借其才而无恶不作。因此公安职业道德素质低下，则越有公安专业知识的人才越危险，可能造成对社会乃至国家安全的破坏。被社会认可的人才，应该是对人类公安事业发展作贡献的人。所以没有健康职业道德素质的人，无论有多少知识，都不能说是人才。(3) 适应公安工作岗位。人适其职，任何人都只有在适合的工作岗位上才可能发挥作用，而将其挪至其他地方或岗位则难以发挥其才能，有时还可能在其岗位上产生消极的作用。(4) 具有公安责任感。公安责任感是对公安人才的起码要求。高度的公安责任感不需要任何客观条件和外力的作用，都会自觉、积极、主动地表现出爱岗敬业、忠于职守、兢兢业业地做好每一项工作。若在被公安组织信任和重用的时候有责任感，否则就没有责任感，或者在大事上有责任感，在小事上就没有责任感，都无法成为公安人才。(5) 具备公安事业心。大凡公安人才都是愿意在公安工作上有所作为的人。一个人的生涯是宝贵而短暂的，在这短暂的时间里，要掌握大量的公安专业系统的知识，没有强烈的事业心很难做得到。只有具备了强烈事业心的人，才可能有只争朝夕、坚忍不拔、不屈不挠、精益求精、一丝不苟的敬业精神，才可能在平凡的公安工作岗位上做出不平凡的公安业绩。

(二) 公安工作岗位特点

公安领导者应该充分了解公安岗位任职者应该做些什么、如何去做以及在什么条件下履行其公安职责。现代人力资源管理提到的公安岗位工作分析，就是人力资源管理的基础性工作。在这个过程中，要对每一公安职务的任务、职责、环境及其任职资格作出描述，对公安工作进行整体分析，以便确定每一项工作的“6W1H”：用谁做（Who)、做什么（What)、何时做（When)、在哪里做（Where)、如何做（How)、为什么做（Why)、为谁做（Whom)，分析的结果是公安岗位说明书。一个名副其实的公安岗位说明书必须包含该项工作区别于其他一般工作和公安工作、该公安岗位不同于其他一般岗位和公安岗位的信息。它的主要功能是让人才了解该项公安工作的概要，建立该项公安工作程序与工作标准，阐明其工作任务、责任与职权，有助于相关公安专业人才的聘用与考核、培训等。

二、公安领导用人的基本要求

毛泽东说过，领导干部的主要职责概括起来就是两件大事，一是“出主意”，二是“用干部”。用干部虽然排在第二位，但却是具有决定性意义的。道理很简单，搞建设需要干部，谋发展也需要干部。领导出的主意再好，也必须得由下属去贯彻落实，如果手下的干部不得力，那再好的主意也不会有好的结果；反之，如果手下的干部精明能干，那么即使上级领导的主意有误，也会在贯彻落实过程中得到修正。军队里的元帅和将领是不会亲自冲锋陷阵的，他们的才能在于调兵遣将、运筹帷幄。而现代公安领导者也没有必要事必躬亲，而是必须具备使用公安人才、调遣公安人才的能力，让公安追随者在工作中充分施展自己的才能，这样公安机关才能永远充满活力，这样的公安领导才算成功的公安领导。

公安领导者用人的基本要求包括知人和善任。

（一）贵在知人

知人才能善任，善任是知人的目的。俗话说，人一上百，形形色色。社会上有各种各样的人，个性、品行及能力千差万别，公安机关也是如此，有的人胸襟广阔，有的人心胸狭窄，有的人处事平和，有的人个性急躁，有的人富于理性，有的人感情用事……孔圣人都曾经“以貌取人，失之子羽”。正所谓千人千面，千人千心。如果公安领导者用人不当，把工作交给不负责任或能力不够的人去做，会给公安事业带来损失。因此，如何琢磨人、分析人、识别人、判断人，并针对不同情况来选人用人，是公安领导者必须掌握好的一门学问。

1. 人各有别

人有外表与内心之别，现象与本质之别，片面与全面之别，一时与长远之别。人们看人，往往只看到表面而看不到内心，只看到现象而看不到本质，只看到一时而看不到长远，要想“一眼看穿”是很难做到的。因此，对一个人的判断，不能只凭一时一事就下结论，更不能道听途说就信以为真，只有经过较长时间的考验才可能得出正确的结论。诸葛亮被国人视为智慧的化身，他在谈到识人之道时说：“善恶既殊，情貌不一。有温良而为诈者，有外恭而内欺者，有外勇而内怯者，有尽力而不忠者。”他也犯过因识人不准、知人不透，而用人不当遭致惨败的错误，因而感叹人性之难察。

2. 环境影响人

人是一种善变的动物，人与环境在互动之中，人能改变环境，环境也能改变人。七情六欲、生老病死，这些都会影响人的思想和心态，特别是面对大风大浪、大利大害、生死考验关头，或是富贵临门或是温柔之乡，能做到“富贵不能淫，贫贱不能移，威武不能屈”的人，才是真正的公安人才。

（二）善于用人

用人之道，博大精深，是所有想在公安领导职位上干一番事业的人、干得有成效的人、立志于凝聚警心的人必须练就的本事。运用之妙，存乎一心。作为公安领导者，要精于揣摩人性、把握人心，正确识人、择人、用人，为成就公安事业打下坚实的人力基础。我国春秋后期著名政治家、思想家、外交家晏婴认为，国有三不详，即“有贤而不知，一不详；知而不用，二不详；用而不信，三不详”。详者，清楚也。不详，就是不清楚，就是糊涂。出现这三种情况，对一个国家、一个组织的影响都有可能是致命的。

1. “一把手”是善任的关键因素

先有伯乐，而后有千里马。公安领导用人的关键在于公安机关的一把手。公安机关的一把手必须具备知人善任、合理用人、领导他人的才干，并对于如何选人、用人、培养人、造就人具备较为完善系统的理论储备和较为深刻的认识，才可能有效指导其领导班子，带好公安队伍。

2. 人是公安工作的核心要素

公安领导者工作能否圆满完成，关键因素就在于人，在于汇聚众人的智慧，各种各样的人都能够人尽其才，各尽其能。作为一个公安领导者，最重要的工作不是制订公安目标，不是不停地修改公安组织的规章制度，而是“选人”、“用人”。做不好这一工作，所有的公安目标和设想都是一纸空文。

第二节　公安领导用人的原则与误区

人才的使用是领导者用人艺术的中心环节，领导者要做到合理使用和安排下属，需要掌握基本的用人原则。应尽力避免用人中存在的各种误区。

一、公安领导用人的基本原则

（一）量才任职原则

因事设人，量才任职，就事择人就能授权，使组织内大事相宜，做到事得其人、人尽其才、才适其所、适人适职。人才有不同的层次和类型，在用人的时候，领导者需考虑到职能相称，量才用人。既要避免大材小用，也要避免小材大用；要把人的才能、专长与岗位、职务和责任一致起来。古人云："骏马能历险，犁田不如牛；坚车能载重，渡河不如舟；舍长以就短，智者难为谋；生才贵适用，慎勿多苛求。"

（二）用人所长原则

每个人都有其长处和短处，不可能十全十美。有些才能卓越的人、专长突出的人，由于环境、性格和心理上的原因，其缺点、短处和个性往往也比较明显。能干的人容易固执己见，不大容易接受他人的意见；有创新精神的人，则是常常做惊人之举，不同流俗，显得孤傲。

1. 用人治事

用人的目的在于依法管理公安事务。事得其人，人尽其能。公安领导者要善于用人治事，用人治事的策略不在于如何减少人的缺点，而在于因事择人，每一个公安岗位都能得到相应的人才，并发挥出人才的优势。如果公安领导者只盯着被领导者的缺点不放，只能证明其本身就是一个能力不足的弱者，唯恐被领导者之长削弱他的权力。

2. 用人之长

事实上公安追随者的职业生涯没有获得良好的发展，公安领导者也要承担责任。一位公安领导者如果眼睛只看别人的短处，则无一人可用；若能够看到别人的长处，则无不可用之人。历史上有为的领导者像曹操在乱世之时，不惜用人"不拘品行"，就使其势力大大地发展起来了。当然公安领导者在用人之所长时，也并非完全不看人之所短，更不是任其发展，而是对人才的短处做具体分析，若是其短可能妨碍其所长，就要注意在用其所长之时提防其短，这也是公安领导者培育人才责任之所在。

（三）充分信任原则

常言道：用人不疑，疑人不用。用人信而不疑，可以让下属心理上产生安全感，使其积极性得到充分发挥；用人信而不疑，可以让下属对组织形成归属感和认同感，同时也产生责任感；用人信而不疑，能增强组织中的人的自信心，从而加强主动性与创造性；用人信而不疑，还可以使组织中的人产生期待感，它能激发人的进取心，增强其克服困难险阻的动力。同样，领导者信任下属，下属也会信任领导者，彼此信任就会产生一种向心力、凝聚力，也就是我们常说的“同心同德”，会产生其利断金的效果。

1. 放手用人

放手用人就要授之以权，使其真正有职有权，否则谈不上信任，还会造成工作上推一推、动一动的被动局面。授权包含两部分：一是每一名公安追随者在其位谋其政，拥有责任的同时应该拥有相应的权力，公安领导者不要随意干涉、插手或包办代替他们的工作；二是公安领导者将属于自己的部分权力授予追随者，这是超出追随者职权的“自主权”，其责任由公安领导者自己承担，这对培养未来的公安领导者具有积极的作用。

2. 规范授权

公安领导者授权要把握好三条原则：(1) 大权集中，小权分散。重大决策权、干部人事任免权等，公安领导者必须亲自掌握。(2) 适当授权，避免混乱。按层次授权，要考虑到下属的承受能力。除非极特殊情况下一般不考虑越级授权，以免造成公安组织工作秩序上的混乱。(3) 人权匹配，充分指导。授权与指导帮助紧密结合起来。

（四）任人唯贤原则

公安领导者必须表达公共意志、维护公共利益，即在公共事务中不允许有违背公共性的意志和利益的行为。

1. 大公无私

大公无私是对当政者的责任要求，在中国传统文化里更多的被认为是当政者的美德。公安领导者是站在国家利益高度的公安控制者和组织者，居于一种超脱性地位的公安机关的引领者。由于公安领导者的独特性，广大干警和人民群众期望他们具有一种党、国家、人民利益至上的崇高价值洞察力。这种价值洞察力赋予公安领导者一种超然、公平正义的身份，以及既区别于又高于其他组织领导的大公无私的态度。如果公安领导者将一己之私的个人感情泛化为人之常情，就会使得公安行政领域中的公权意识遭到“私化”的挑战，也会使任人唯贤的用人原则遭受任人唯亲的干扰。同时，干部选择和任用不正之风的“潜规则”发展下去就会变成“显规则”，起到负面的“示范作用”，严重制约“八项规定”和“三严、三实”等各项法律法规的贯彻和执行，还会使结党、“站队”等不良行为得到“正强化”，严重影响公安团队的整体形象和战斗力。

2. 推贤举能

公安领导者要排除嫉贤妒能之风，坚定不移地推贤举能，放手用人。公安领导者要充分发动和尊重广大干警的民主权利。在宏观的干部选用的法规、政策和公安岗位要求等具体问题方面加以指导，严格按照规定的程序、步骤、标准等进行操作。公开、公平、公正地进行充分酝酿、自由提名、无记名投票、筛查遴选、候选人考察、党组讨论择优等。也可以通过各类民主荐贤会，或者新闻媒体按照人选条件要求举荐人才，考核选择最合适的人选。由于“木秀于林风必摧之，石突于岸流必湍之，行高于人众必非之”，在推贤举能方面公安领导者要关注那些因嫉贤妒能而传播负面信息的人和事，制约那些在干警任职方面所造成的不利于公安组织团结的小道消息的传播。

（五）容才原则

公安领导者用人要有容人之雅量和成人之胸怀，一个公安领导者越成熟，就越可以兼容、认识和理解不同的人和不同的行为方式。凡有大作为者都有大肚量，干成大事者必有大胸怀。这里说的“容”，包括以下几点。

1. 容才之长

公安领导者要有容人所长的气量和胸怀，宽以待人，诚信厚道为本。越成熟的公安领导者，就越包容，越能够理解和认识不同的人和不同的行为方式。事实上，对于“公安人才”不同的公安领导者有不同的理解，在能成就大事业、具有“引爆点”人格魅力、善于感召广大追随者的公安领导者的队伍里，鬼才、赖才、怪才、歪才、奇才等形形色色的人都是“人才”，都能够将其所长利用和发挥到极致。

2. 容人之短

寸有所长，尺有所短，人才有所专长，但亦有所短，有的优点突出，但缺点也很突出，有的恃才傲物，有的不拘小节，有的怪癖陋习，人才之间还有可能互不相容，甚至势如水火，卓越的公安领导者不是厌恶，或抑制其短，而是善于发展和利用这种“短”的“差别”达到制衡。任何公安团队排斥差别都将导致团队溃败，而重视差别、容忍差别、发展差别才可能带领公安团队走上卓越。

3. 容人之言

公安领导者既要能听取贤才的各种主张、建议，鼓励他们畅所欲言、尽情发挥，尤其还能听取他们讲出不合己意的意见，甚至“找个对手做搭档”，才能使自己的决策不断优化，使自己的团队更强大。一切真知灼见都简单犀利，较比随声附和、人云亦云不易被人接受。有些“人才”上知天文，下晓地理，前通历史，今明科技，就是不善人情世故，甚至不分场合，秉性直言，公安领导者要能放下情面，容其畅言，帮助自己打开思维的半径，优化和择优创新变革的方法和路径。

（六）内部竞争原则

人才的引入并付以重托，并不是用人活动的终结，领导者应该对人才的成长和发展时刻给予关注。

1. 激发公安组织活力

高明的领导者必然营造在组织中形成人才竞争的局面，形成鲶鱼效应，激发组织的活力。竞争是市场经济的重要运行法则，也是组织保持不断进取的动力源，因为每个人都有上进心、自尊心，都不愿落后。没有竞争，就没有压力，没有动力，不能发挥大家的潜能。如果一个组织中干多干少一个样，干好干坏一个样，干与不干一个样，形不成人才竞争、奋发进取的局面，能人也会变成庸碌的人，勤奋者也会变成懒惰的人。

2. 遵循竞争的原则

竞争是有条件、有规律的，不尊重竞争的规律性，不考虑竞争的条件、成本等因素，在公安组织内部人才的使用中过分地强调竞争，公安领导者单纯从方便、简化自己的领导工作出发，都是公安领导者治理水平低下的体现。

（七）提携新人原则

公安领导者应具有公安战略发展的眼光，着力培养未来的公安领导者。

1. 尊重公安组织人才的周期性

公安组织中的人才有其客观的生命周期。一般的人才生命周期大致可以划分为人才引入阶段、人才成长阶段、人才成熟阶段和人才衰退阶段。根据人才生命周期观念，公安职业人才的生命周期分为职业选入期、职业发展期、职业成熟期（职业持续发展期）和职业衰退期。公安人才的生命周期与组织的发展战略紧密结合是公安人才职业生涯规划及前瞻性治理的依据，可以帮助诊断公安人才发展各阶段可能出现的问题和其发展的趋势，为公安组织的人力资源的储备提供依据。

如何解决公安人才个体成长和公安组织整体发展之间的矛盾是公安领导者长期面对的挑战，公安领导者的任务之一就是努力协调二者的关系，使公安人才个体成长与其组织整体发展相互服务。在实践中，为了在健康的公安组织中培养出健康的个人，协调公安组织和其个人的需要，要求公安领导者应该注意应用以下办法：公安工作扩大化；实行参与式的以人才为中心的公安领导方式；加重人才的责任，激发公安责任心和创造性；更多依靠公安人才自我指挥和自我控制；实行"以现实为权中心"的公安领导方式等。

2. 识别每个人才的独特性

公安领导者必须努力识别每个人才的独特性（具体表征为个性特征、个性倾向性等差异），然后才能判断所采取的公安领导方式是否适当，并根据具体对象考虑如何实施有效领导。从交易型领导理论的视角看，公安领导者与其追随者互为存在的前提，互相需求，彼此满足。根据心理学的相关理论，公安干警独特需求的满足是有效激励的原始驱动力，结果表现为积极性行为的强化和公安工作绩效的提高。如此说来，一味追求"一视同仁"，而忽视公安干警独特性的公安领导行为也有违以人为本的公安领导理念。

3. 关注人才行为的波动性

从"不成熟"到"成熟"的个人成长过程在理想条件下其方向是较为单纯的，然而实际上"不够理想"的条件不可避免，因此人才个体完全可能在受到不利因素的影响时产生心智水平与行为模式上的"退化"现象（即逆向成长为"经济人"），而在有利因素再次出现时，又恢复正向成长的状态。公安领导者既要信任人才，并通过授权、参与式管理等方法让人才充分得到施展个人才能的空间，又要随时准备应对突然出现的不合期望的公安人才行为。

二、公安领导用人的误区

公安领导者用人受到客观环境因素的影响、受所在公安组织的文化和模式沿革裹挟，也会受到以往的公安社会实践中形成的习惯化、固定化的知觉模式等主观因素的制约。公安领导用人的误区大致上可以分为心理误区和观念误区两种。

（一）心理误区

公安领导者在选人用人过程中常常容易陷入五种心理误区。

1. 首因效应误区

首因效应是指第一印象左右了对一个人的整体评价，而对以后的表现、以后的变化往往视而不见。首因效应的弊端是多方面的：一是容易导致先入为主的思维定势。二是容易导致以貌取人的肤浅认识。三是容易导致以偏概全的经验主义：公安领导者过分地依靠过去的经验去发现人才，听不进别人的意见，接受不了新生事物，那些富有个性的、富有时代感的创新型人才很难被选中。四是容易导致一成不变的僵化思想：认为原来好的，现在一定就好，原来差的现在一定就差，原来犯过错误的今后万万不可重用。只看一时一事，看不到人才的变化。

2. 晕轮效应误区

晕轮效应指的是人们对人的认知和判断往往先从局部出发，然后被扩散为整体印象。通俗地说，就是“一俊百俊”、“一丑百丑”。晕轮效应最大的弊端是一叶障目、以点代面，仅仅根据物件的个别特征，就对物件的本质或全部特征下结论，甚至从喜爱或讨厌一个人泛化到喜爱或讨厌一切与他有关的事物，结论往往是片面的。比如，有的公安领导对属下的生活习惯、工作之余的衣着打扮看不顺眼，于是就会把他看得一无是处；而看到某人的字写得好，就认为他思路清晰，办事果断、认真、有条理。

3. 月光效应误区

月亮本身并不会发光，但却可以借助太阳而发出皎洁迷人的光辉。在公安领导工作中也有类似的现象。比如，有的公安领导者一听说某人是名门出身、名校毕业、名师指导、名人推荐，立刻就对他刮目相看，觉得这样的人肯定错不了，于是身价倍增，很可能立即得到重用。其实此人很可能能力平平，只是借助于名门、名校、名师、名人这些发光体照亮了自己，抬高了自己的身价。

4. 刻板效应误区

刻板效应指的是还没有进行实质性的交往，就对某一类人产生了一种不易改变的、笼统而简单的评价，这是我们认识他人时经常出现的现象。刻板效应的表现多种多样。比如，有的公安领导者认为爱挑毛病的人一定是“刺儿头”，沉默寡言的人一定城府很深；活泼好动的人一定办事毛糙，性格内向的人一定老实听话；青年人单纯幼稚、容易冲动，老年人经验丰富、保守、稳重。此外，还有地域上的刻板印象，极有可能把真正的人才排除在外。

5. 投射效应误区

投射效应是一种把自己的感情、意志、特征投射到他人身上并强加于人的一种认知障碍。具体表现为以自己的好恶为标准来识别和评价人，自己认定某个人是人才，别人也一定会有相同的评价。投射效应还经常表现为对自己喜欢的人或事物越看越喜欢，越看优点越多；对自己不喜欢的人或事越看越讨厌，越看缺点越多。在选人用人时，自然倾向于选择那些与自己脾性、风格相近的人。公安领导者依靠这种投射效应选择的人，导致的直接后果是相似性太多，差异性不够，使得团队由于太多的相似性而在研究问题、决策时听不到不同的观点和意见，往往会做出错误的决断，影响长远发展。

凡此种种，都是违背了科学合理的用人原则，最终导致人才的流失与事业的失败。而要走出这些误区，我们应从以下两方面着手：一是不断提高与完善公安领导者的自身素质，如通过自我学习或组织培训，提高其道德修养，端正其思想认识，规范其领导行为等；二是将人才使用原则逐渐制度化，以减少公安领导用人的主观随意性。

（二）观念误区

如果说心理误区还是领导者难以完全避免的，那么领导者观念上的误区则更是值得我们重视，并在制度设计上加以规制的。

1. 识别人才上的公安领导思维问题

公安领导者经常遇到这样的问题：在同一标准和条件下，往往会出现意见不一致的现象，这就是主体从某一角度和各方观察客体的视角差。一般来说，识别人的角度差越小，对被识别者的肯定意见就越多；反之，否定意见就越多。就目前识人过程的角度差现象而言，有以下几种。

（1）以偏概全上的差异。在识别人才过程中，一些公安领导者对人才的看法上有一些偏见：一是“远视”，即把识别人才的着眼点放在自己所领导的公安组织之外，选拔和任用外来的人，以为“天外有天，人外有人”，处于“外来的和尚会念经”的人才识别状态，结果是舍近而求远；二是“近视”，与远视相反，把识别人才的着眼点放在自己所领导的公安组织之内，选拔使用干部只局限于身边的人，也就是常言说的“近水楼台”；三是“短视”，即把识才用人局限于有高文凭、高职称的，而不论品德良莠与才干虚实；四是“闪视”，即对人才只管选拔和使用，不管职业教育培训和职业适应性，对大量有潜力的人才不加培养、激励和保护；五是“斜视”，即不能辩证地看待干警，要么重才轻德，要么重德轻才，要么论资排辈，要么只重用年轻干部。

（2）地位层次上的差异。人在社会中的地位是客观存在的，社会的客观存在又决定着社会的意识形态。也就是说，有时客观存在上的差别会影响到人们对客观事物的观点和看法。例如，在使用人才方面，公安领导者会对身边接触较多的人形成一定的判断，而公安追随者也会对其形成一定的看法和观点，二者有时不谋而合，但有时也会出现明显的分歧：一是公安领导认为一个人德才兼备，而公安追随者则认为缺才无德；二是公安领导者认为一个人品行不端，而大多数公安追随者则认为他公正无私，仗义执言。

（3）专业和关系上的差异。俗话说：术业有专攻。由于社会分工与行业领域的不同，公安领导者在选才用人方面，对所有的用人对象不可能做到了如指掌，而只能依据自己的判断和考察工作组的汇报材料进行取舍，这样一来难免会出现将人才当庸才，或者将庸才当人才的现象。在关系上，由于每个人的外在处事和行为表现各不相同，可能会出现三种情况：一是德才平庸，但处事圆滑的人，可能会由于对公安领导者言听计从而受到公安领导者的青睐与器重；二是德才兼备、棱角分明的人，可能会因为语言尖刻而受到冷遇与压制打击；三是工作业绩上虽有突出表现，但身上总有与工作无关的这样或那样缺点的人，公安领导者对此不能释怀。

2. 用人上的领导方法问题

古人云：“尺有所短，寸有所长，物有所不足，智有所不明。”这说明人的知识和才干，由于各方面因素的原因会表现出不同的特点。有的长于此，有的短于彼。公安领导者的重要任务就是要发现和了解每一个下属的长处与短处、优点与缺点，以善其用。晚年的唐太宗在总结经验时说：“自古帝王多疾胜己者，朕见人之善，若己有之。人之行能，不能兼备，朕常弃其所短，取其所长……此王者，朕所以成今日之功也。”

第三节　公安领导用人的艺术

公安领导者用人的艺术包含在公安人才的选择、使用和治理等各项具体人事工作中，内容广博。概括、梳理和总结领导者用人的艺术，可为公安领导者的用人活动提供指导和借鉴。

一、公安领导用人艺术的内容

公安领导者必须深刻理解公安领导用人艺术。公安领导用人艺术是公安领导者根据公安机关的用人原则和用人需要之间的关系，以及公安追随者与其客观环境之间的关系，对公安人才所做出的个性化选择和灵活任用。在分工越来越细的现代社会，隔行如隔山的现象越来越突出。这就需要公安领导者在"知人"的基础上，对公安人才给予恰当的激励，调动其工作的积极性，释放潜质，形成公安人力资源的最佳开发和充分利用。公安领导者用人的艺术主要包括七个方面。

（一）人尽其才，才尽其用

对于公安人才管理，公安领导者首先必须做到"人尽其才，才尽其用"，要对公安人才有合理分配和调度艺术。面对更复杂化的环境，公安领导者只有广泛地汇集各方面的人才才是制胜之道。"集合众智，无往不利"，一个人的才干再高，也是有限的，而将众才聚集一堂相互协同，融合为一体，就能组成无所不能的全才，发挥出无限巨大的力量。一个能够认识到"人与岗"、"人与时"匹配的公安领导者，才能善于用人、善于安排工作。

1. 人与岗匹配

公安领导者必须对于每个公安组织成员的特长都了解得很清楚，能尽力做到把恰当的人安排在最恰当的公安岗位上。但那些不善于做公安领导的人往往忽视这个重要的方面。在实际工作中很多公安领导者坐办公室的时间很少，他们常常外出与上级公安领导请示汇报、与权威专家探讨，在一线考察，与一线干警交流，甚至与辖区百姓沟通。但他所领导的公安机关的运行丝毫未受不利的影响，工作仍然像时钟的发条机制一样有条不紊地进行着。那么，他们有什么领导秘诀吗？其实只是他们善于把恰当的公安岗位匹配给恰当的人。没有哪一位公安领导者自导自演独角戏能够有所作为的，任何一个公安领导者成就公安事业的唯一路径都是做一个"平民化"领导，通过超级领导培养广大干警，成为自我领导者，从而使整个公安机关走上卓越。

2. 人与时匹配

李嘉诚说"乱世用能，治世用德"，说的是不同的时代需要不同的人才。其实质就是指"因岗设人，用人适时"，即用人的"时代性"问题。随着农业社会过渡到工业社会，到现代的信息社会，不同时代下不同的国际国内公安环境对公安人才的治理观念、专业知识和科学技能等的要求迥然不同。公安人才必须与时俱进，符合公安基础信息化、警务实战化、执法规范化、队伍正规化及和谐警民关系建设等要求。

3. 重潜能

具体到某个公安追随者身上，公安领导用人艺术通常把任用与开发巧妙地结合起来，不仅注重挖掘追随者的显能，更注重挖掘他们的潜能。这就是现代管理学所说的："在使用中开发，在开发中使用。"为了收到使用与开发并重的效果，公安领导用人艺术十分重视在多种公安领导用人方案中进行仔细比较和巧妙选择，力求以最小的代价去获取最大的潜能开发价值。

（二）用人"不疑"与"疑"相结合

俗语说"用人不疑，疑人不用"，当公安领导者对一个人的德与才有了相当的了解，认为他适合从事这项公安工作时，就应该用而不疑，信任他、支持他，让他大胆地开展工作、充分施展自身的才华。但公安组织由于面临着复杂多变的内外部环境，所以“用人要疑”，就是说用人要有必要的约束和监督。

1. 用人不疑是相对的

用人不疑是指在国家法律、法规及各种规章制度健全的前提下，当被用者德才兼备、具有一种严格的自律精神时的用人方法。

2. 人才的才能和修养是变化的

任何干警都会随着时间的推移，特别是环境的变化而发生变化，其道德修养及行为不可能是一成不变的。

3. 用人不疑不等于放任

因为没有约束的权力是非常危险的，所以在信任的前提下进行必要的约束和监督是十分明智的。

4. 疑是手段，是为了不疑

疑并不等于不相信人，客观的、相对的疑恰恰是最现实的信任，这也是对人才的爱护。

随着公安组织的发展，要进一步加大领导公安行政权力的制约，要用法治、体制和制度治理人。公安组织的法治、体制与制度要在一定程序上体现对行使权利者的怀疑，保留有充分的质疑空间，并体现公安领导者用人的公平合理。在此基础上，“不疑”充分放权。

（三）保持与下属的友好关系

在现实的公安领导实践中，公安领导者的各项工作目标、决策和意图都是在与人交往的过程中实现的。所以公安领导者与个人交往，特别是与追随者交往的水平将不可避免地影响公安领导者工作效能的发挥。这很恰当地解释了为什么有的公安领导者能顺利地实现预定的目标，而有的公安领导者在实现目标的过程中却遇到自下而上的这样、那样的阻力。在与追随者的交往中，低水平的交往常常是单纯靠权力、地位和行政命令。这种交往不但不能产生良好的心理气氛，反而会使追随者感到不快形成隔阂，甚至产生抵触情绪，这将大大降低信息传递和反馈的效应，对于公安组织目标的实现必将是有百害而无一利的。而高水平的交往则伴随着情感交流，这种交往使人心情愉快，充满着信任、支持和谅解，因而信息传递和反馈效应也就会大大提高，公安领导者与追随者在融洽的氛围中可以更顺利地达到公安领导的最终目标。所以，保持友好关系是用人艺术中不可缺少的一环。

（四）善于容才

在用人中，公安领导者要敢于使用能力比自己强的人，取人之长，补己之短，相互促进。“人非圣贤，孰能无过”，这要求公安领导者能正确对待一个人的不足和过失，不求全责备。因此，公安领导者用人要看主流，用他的一技之长，帮助其改正缺点，使之奋发向上、事业有成。实践证明，凡是有所作为的公安领导者，多数都能容人之过，从而团结一切可以团结的力量，充分发挥每个人的最大作用，使他们更好地为公安事业贡献聪明才智。

（五）善用能人

在实践中，公安领导者要用能人。首先，要具备一双“慧眼”识能人。能人是有的，关键是我们能不能发现他。其次，要敢于用能人，用好能人。据《贞观政要》记载："王者须为官择人，不可造次即用。联今行一事，则为天下所观；出一言，则为天下所听。用得正人，为善者皆欢；误用恶人，不善者竞进。赏当其劳，无力者自退；罚当其罪，为恶者戒惧。故知赏罚不可轻行，用人弥须慎择。"公安领导者善用能人，辅之以赏罚分明，才能鼓舞真正的德才兼备的能人愿意为其所用，而成就公安事业。

（六）敢用年轻人

尽管年轻人经验不足，但他们是最富有创造力的，他们未必比资历深的长者知道的少。特别是当人类跨入知识经济时代之后，知识更新周期越来越短，信息沟通日益宽广方便，这正是年轻人大显身手的好时机。因此，公安领导者更应注意发现、重用有能力、善学习、有业绩的年轻人，坚持"用养结合"，把人才启用于"黄金时期"，放置于"关键岗位"，在使用中育人、成人。

（七）以人为本

坚持以人为本，为公安人才潜能的发挥创造良好的环境条件。没有良好的环境条件，不仅难以使公安人才得以显现，即使有了人才，也无法做到人尽其才、才尽其用，最终留不住人才。应该突出人才为本的思想，形成尊重知识、尊重人才的浓厚氛围，使公安人才不因小过而放弃创新，不因某些缺点和个性缺陷而受到闲言闲语的打击，保持对公安人才的信任和支持。同时，以人为本还应该优化公安人才政策环境，用真挚的感情关心公安人才，用适当的待遇吸引公安人才，用良好的生活环境留住公安人才，并为公安人才解除后顾之忧，使他们能够专心致志地投身到事业之中。

总之，用人之道是一种复杂精细的公安领导艺术，需要公安领导者在实践中不断地探索和总结。选择人艺术保证了公安组织有才可用，而治理人艺术则可人尽其才，这两个方面互为前提、互为保证，缺一不可。在社会竞争日益激烈的今天，用人艺术已经成为公安领导者磨炼内功、改善治理、不断增强内部活力和提升外部竞争力的重要课题。

二、公安领导用人艺术的提升

像其他的技能一样，公安领导者的用人之术也是需要不断学习实践才能获得和得到提升的。因此，公安领导者要不断加强用人艺术理论知识的学习并在实践活动中加以运用，特别是日新月异发展的公安领导科学的团队建设理论，不断提高自己的工作能力和水平，真正地做到融会贯通，成为一个具有非凡用人艺术的成功的公安领导者。

随着信息化社会的到来，公安组织更加强调发挥团队的精神，建立共识，提升工作效率，取得共赢。对于现代人来说，想一个人去完成组织任务或达到某种目标，可能是件非常困难的事情。今天团队作战已成为公安工作的主要方式，只有那些具备公安团队意识并懂得协作、顾全大局、相互沟通的人，才能成为适合时代要求的人。因此公安团队领导与团队建设业已成为公安领导科学领域最值得关注和研究的问题。

（一）公安团队领导与团队建设的重要性

公安团队领导与团队建设是一种新的公安领导形态，摒弃官僚制是公安团队领导与团队建设的核心理念和基本模式。在过去，命令、指挥、控制、制度是天经地义的公安领导和公安组织行为；今天则完全不同，公安领导行为放弃命令和控制，转向互补、互动、合作、共事，在发展公安组织的同时发展个人，即转向“以人为本”，这种新的公安领导形态是信息化时代的必然要求。

1. 应对复杂性需要公安团队领导和团队建设

在联系日益广泛、变化速度明显加快、竞争日趋激烈的时代中，公安领导和公安治理越来越要面对和解决应对速度问题和复杂性问题。

今天的公安组织单靠一个人的力量与智慧是不可能运转的，应对复杂性单靠个别公安领导人或少数核心公安成员个人的才智是解决不了问题的。人们发现公安团队越来越重要了——如今在我们身边，公安科研项目小组、公安作业小组甚至许多传统的公安行政部门等都变成了高度综合的公安团队，大多数公安任务、公安目标都是由他们来完成的。尤其遇到复杂的情况和问题的时候，个人往往无能为力，需要公安团队成员的集体努力、有效协作才能解决。

2. 智能的激发需要公安团队领导和团队建设

今天，公安领导面对的主要是公安知识员工，公安组织需要的是激发他们的智能和潜能。智慧是在相互磨合、相互激发的过程中集成的。命令和控制模式的高高在上的公安领导者发号施令和进行控制的方式已经落伍。如果说这种组织也能够有创造力的话，那也主要是身居要职的少数公安领导人在进行创造，而多数公安追随者则是唯唯诺诺、唯命是从。显然，这非常不利于实现公安组织的智能化。只有建立与传统官僚制完全不同的公安团队，才可以为知识警队提供和创造空间氛围，激励和激发他们的潜力与智慧。

3. 实现以人为本需要公安团队领导与团队建设

传统公安组织经常是只注重事的成功，而不注重人的发展，背离了以人为本的宗旨。在知识干警大量增加、信息化和智能化正在到来的这样一个全新的公安环境下，现代公安组织强调：一是以人为本的观念，即一切从人出发，以人为根本，注重发挥人的积极性、创造性，在公安组织发展的同时注重发展个人；二是系统协作观念，即注意个体与整体的配合协调，强调一切从公安整体出发，旨在优化公安整体功能，强调协作，集成更大的合力，并开发公安群体动力；三是择优决策观念，即公安决策必须是多角度、多因素分析之后的多方案比较，然后择优；四是战略观念，即对问题的揭示、措施的制定、方法的调整是针对公安组织内外环境协调一致和公安组织长远发展而进行的，坚持以人为本、进行价值管理、使全体公安干警形成共识、共愿和共同的价值观，则是战略的根本；五是权变观念，即公安领导行为没有放之四海而皆准的模式，必须是随机应变，因人因事因时因地而宜。这些实际上内在地要求人们必须转变公安领导形态，转向一种以公安团队为核心理念的新的公安领导模式。

（二）公安团队领导与团队建设的实现

实现公安团队领导和进行公安团队建设涉及如何定义公安团队、如何转变公安团队领导人的观念和思维方式、如何提升公安团队成员建设团队的自觉性等一系列问题。

1. 必须清楚地认识团队究竟是什么

从一般意义上讲，公安团队可以定义为：由两个或两个以上相互依赖、承诺共同的规则、具有共同的愿望、愿意为共同的公安目标而努力的互补技能干警组成的群体，通过相互的沟通、信任、合作和承担责任，产生公安群体的协作效应，从而获得比个体干警绩效总和大得多的公安团队绩效。公安团队与一般群体不同，与传统的公安组织也有很大的差别。一般群体大多数是自然形成的，传统的公安组织按照公安组织需要，通过结构化把人组合起来，公安团队则是一种为了实现共同公安目标由相互协作的公安干警组成的正式群体。

公安团队是个群体，但群体并不都是公安团队。公安团队要高于群体，它不是任意拼凑起来的，而是为实现共同的公安目标，按照必备的条件，经过严格的公安组织挑选和干警的主动选择，在公安实践活动中形成相互认同、相互信任、有着共同愿望和共同价值观的公安团体。与一般群体相比，它是去松散化的；与传统的公安组织相比，它是去等级化的，也是去强制、去强迫性的。

2. 公安领导权力的观念要改变

传统的权力观念已经不能适应今天的组织了，我们对领导权力应当有更加深刻的理解。美国著名管理学家哈罗德·孔茨（Harold Koontz）把领导定义为：领导即影响力——影响人们心甘情愿和满怀热情地为实现群体的目标而努力的艺术或过程。领导影响力强调知识的权威以及人品、作风具有更大的影响力。美国哈佛大学商学院教授约翰·P·科特（Jone. P. Kotter）则指出，真正的权力来源于知识，是建立在相互尊敬、羡慕、了解、义务和友谊基础之上的良好工作关系，是良好的业绩和较高的威望，以及人际交往能力、各种施加影响的技能等。

在公安团队领导与团队建设中，我们应当强调公安领导的影响力，淡化其公安职务权力。无数事实证明，那些单凭手中的权力发号施令、以权压人、搞命令主义的公安领导者，是无法获得公安追随者的信赖和支持的。确立公安领导的影响力、靠影响力发挥作用的观念是我们做好公安团队领导与团队建设的重要前提。

3. 公安领导行为模式要由刚性转向柔性

公安领导观念的转变落到实处就是公安领导行为的转变。公安领导行为的转变直接影响着公安组织的变革和发展。当今公安领导行为应由刚性转向柔性，由显性转向隐性。公安领导者不只是靠控制、约束、命令、管理等刚性手段要求追随者干什么，而是主要靠激励、沟通、协调、引导等柔性的方式来影响其追随者；不只是靠直接的、外显的手段去指挥、监督追随者，而是靠间接的、内隐的公安领导艺术去支持和获得其追随者。今天公安领导的任务和主题不仅仅只是为实现公安领导的目标，还更应当注意如何使用和培养公安组织中的每一位成员，能够将公安人才留在身边。因此在公安团队领导与团队建设中，公安领导首先要建立合作关系，建立一种持久的信任关系；其次要营造一种鼓励创新和开诚布公交流的氛围，让全体民警充分发挥其潜能，帮助他们建立由不同且互补的干警组成的公安团队，从而增强公安组织的力量。

4. 公安组织模式要扁平化

扁平化的公安组织是一种通过减少治理层次、压缩职能机构、裁减警员而建立起来的紧凑而富有弹性的新型公安团体，它具有敏捷、灵活、快速、高效的优点。知识型公安团队构成了扁平化公安组织内部基础。扁平化公安组织内部不是以职能为单位，而是形成一个个动态的公安知识团队，这种公安团队将公安个体知识和公安组织知识结合起来，最终形成整合和完整公安组织知识体系，并转化为公安组织运行的机制。扁平化公安组织的运作核心是通过公安知识团队的自我治理，不断释放整体公安知识能量，进而实现公安组织价值创造空间的创新和拓展。只有公安组织模式的转变，才能为公安团队领导与团队建设的实现提供坚实的基础和宽广的空间。

5. 公安领导者要树立正确的用人观

公安领导者用人观念的先进、科学程度对于公安领导者用人活动的成功与否有重大影响。用人观是公安领导者评价和认识其下级人员的标准和价值取向，它包括如何看待人、如何用人及公安领导者在用人上应履行的职责等问题。公安领导者要树立正确的用人观应该做到以下两点。第一，要用全面、发展的眼光评价人才。公安领导者在人才的选择上要全面地考察候选人的德行与才能，做到唯贤是举，全面地对一个人进行考察。同时，要用发展的眼光评价人才，注意人才的潜能。第二，公安领导者要破除用人上的陈旧观点。受我国封建文化的影响，有些公安领导者往往用人观比较陈腐，不能与时代的进步相接轨。要树立正确的用人观就要破除公安领导者在用人问题上的论资排辈、求全责备、主观恩赐等旧观念，树立适应社会主义社会公安现代化建设的科学用人观。

【本章小结】

公安领导用人，就是指公安领导者针对公安工作岗位的需求和人才特点，通过公安行政规范和程序，以岗定人，并委任以特定的使命，以实现人尽其才、才尽其用的公安领导行为。公安领导者对人才的选拔和使用是否得当，直接关系到公安领导事业的兴衰成败。公安领导用人应坚持量才任职原则、用人所长原则、充分信任原则、任人唯贤原则、大度容才原则、内部竞争原则、提携新人原则、监督检查原则。应尽量避免用人中的误区，以高超的用人艺术实现正确的选人用人目的。

【推荐阅读】

1. 李成言主编．现代行政领导学．北京：北京大学出版社，2002.
2. 刘建军编著．领导学原理——科学与艺术．上海：复旦大学出版社，2013.
3. 祁凡骅编著．领导学：理念、行为与艺术．北京：中国人民大学出版社，2012.

【思考题】

1. 公安领导用人中应遵循哪些原则？
2. 如何有效防范公安领导用人的误区？
3. 如何理解公安领导用人的艺术？

第六章　公安领导沟通

【学习目标】

通过本章学习，理解公安领导沟通的内涵及其在领导工作中的重要性；认知公安领导沟通的类型和主要障碍；理解公安领导者沟通工作的特殊性与艺术性，学会分析公安领导沟通的各种情境。

沟通工作在领导者的工作中占有重要地位，日常管理几乎都离不开沟通。例如，对内的工作动员、计划部署、传达指示、发布命令、指挥调度、听取汇报、思想交流，对外的学习交流、跨部门联络、新闻发布都是沟通工作。

公安领导者需要对上级下级、干部群众进行目标多元、对象多元、内容多元的沟通活动。公安领导者的各项工作职能也都需要借助沟通来实现，沟通在领导者的日常工作中占据了大量的时间。警务指挥需要领导者与一线民警进行高效的、无障碍的沟通，各项协调工作需要领导者与组织内外的人员进行沟通，激励下属更离不开沟通。可以说，没有沟通就无法实现领导者的各项领导职能，有效的沟通是保障公安领导者各项工作顺利完成的必要条件。领导者的沟通能力直接影响着领导的工作效能，沟通能力是领导者应具备的核心能力之一。

第一节　公安领导沟通的含义

沟通作为人际交往和各项管理工作中最常见的行为之一，长期被心理学、社会学、管理学的相关领域关注。沟通问题是管理学、领导学、组织行为学、社会心理学等学科重要的研究课题。领导学所研究的沟通课题主要是“领导与组织成员如何进行有效的沟通以实现组织目标”。

一、公安领导沟通的定义

沟通是人类社会生活中最基本的活动之一。人与人之间的沟通称为人际沟通，它是指信息在人之间的传递过程。在沟通过程中，人们通过信息的传递实现彼此之间思想、观点、情感、态度的交流。在进行人际沟通时，语言信息、非语言信息在信息的发出者和接收者之间传递，人们用感官接受信息并用大脑处理、理解这些信息。管理沟通是发生在组织管理过程中的沟通，管理中的沟通“是指可理解的信息或思想在两人或两人以上的人群中传递或交换的过程，整个管理工作都与沟通有关”①。

公安管理沟通发生在公安领导者、公安管理者、公安组织成员、非公安组织成员这些沟通主体之间，其目的是实现公安组织管理的各项目标。比如，公安管理中的“计划”职能需要通过沟通实现公安管理者与公安被管理者对其管理目标和工作计划的共同理解，是公安计划得以正确执行的基本前提；公安管理的“组织”与“协调”职能需要借助沟通实现各相关人员之间的信息交换；“公安领导”职能需要通过沟通实现公安领导者与公安被领导者的相互了解，建立相互信任的关系，公安领导者对下属的激励、控制，下属对公安领导者的支持、反馈都离不开有效的沟通。

公安领导沟通是指公安机关领导者为了实现其领导目标而与组织内外相关人员进行的信息传递过程。公安领导沟通是公安组织管理沟通的组成部分，公安领导沟通与公安管理沟通的根本目的都是为了实现公安工作既定目标。

“沟通行为”是指人在与他人进行信息传递过程中所做出的表现，公安领导沟通行为则是公安机关领导者在沟通中的行为表现。由于人的个体差异的存在，沟通行为也表现出各自的不同。可以说，公安机关领导者在个体心理和行为上表现出的差异都会影响到沟通行为。性别、年龄、受教育程度、权利、地位等人口统计学因素会综合地影响沟通行为，人的价值观、信念、性格、气质、能力等心理倾向和心理特征更会影响到沟通行为。公安领导沟通行为“是否有效”需要从沟通对组织、对沟通者双方产生的影响结果来判断，沟通双方能够相互理解、信任是沟通有效的重要个体标准，沟通对实现组织目标有利则是沟通有效的组织标准。

公安机关的领导者需要带领公安队伍完成复杂的组织任务，公安领导者需要在复杂的管理环境下与组织内外的相关人员进行沟通，这对公安领导者的沟通能力和沟通艺术提出了很高的要求。公安领导者的沟通行为也表现出复杂性和特殊性。公安领导者的领导行为和领导风格与沟通行为息息相关，公安领导沟通是当前公安领导科学中很有现实意义的重要研究内容。

二、公安领导沟通的过程

公安领导沟通的基本模式离不开沟通主体、沟通环境、沟通信息、沟通渠道、沟通者对信息的编码和解码这些要素和对信息处理的过程。一般的沟通过程模式如图 6—1 所示。

---

① 周三多等编著：《管理学——原理与方法》，4 版，541 页，上海，复旦大学出版社，2003。

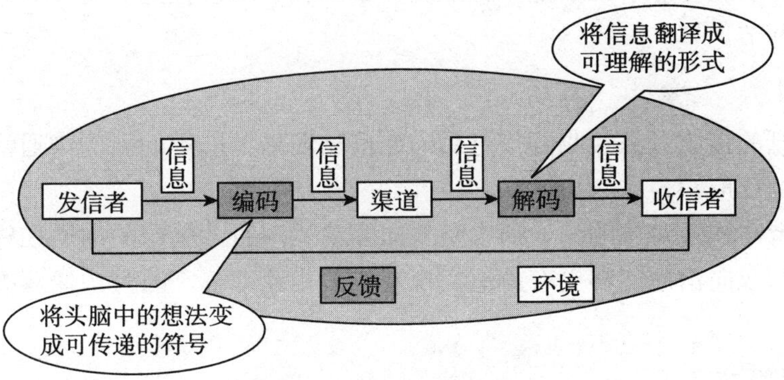

图 6—1　沟通过程模式图

（一）沟通主体

公安领导沟通的主体是公安机关的领导者与组织内外的相关人员，沟通主体之间互为信息的发出者和接收者。领导者需要与相对的沟通主体进行信息传递或交换，交流管理工作中的信息，交流双方的思想观点、态度和情感。从沟通行为的角度来说，人是主体，沟通双方都是主体。从沟通某一方的角度来说，双方互为沟通的对象，站在公安领导者的角度上，他/她的沟通将对方称为沟通对象。

公安机关领导者沟通的主要对象除了下属组织成员，还包括公安机关上级领导者、其他社会组织的人员、社会公众、新闻媒体等。公安工作的复杂性决定了公安领导沟通对象的复杂性，也决定了公安领导沟通行为的复杂性。

（二）沟通信息

公安领导沟通的信息是沟通主体之间需要分享的知识、思想和情感。信息需要以语言和形象、动作等可传递的、可被感知到的符号形式进行传递。

公安领导者需要将组织目标、工作计划、制度要求、组织价值观、管理思想、组织文化信息传递给沟通对象，领导者也需要接受请示汇报、了解工作执行情况、了解下属思想状况、组织外部评价等重要信息。领导者需要发出信息，也需要接收信息。

（三）沟通渠道

沟通渠道或者称为信道，是指信息传递的载体。信息是负载在声音、影像、动作、气味、触摸等感知通道上的，没有通道就不可能传递信息。人们的视觉、听觉、味觉、触觉等感知通道可以接受到信道上的信息。

公安领导沟通过程需要借助面对面沟通、书面语言沟通、电话沟通等传播渠道，以文件、对话、大众传播媒体等形式传递信息。

（四）信息的编码与解码

编码是信息的发出者将头脑中的想法转变为可传递信号的过程。解码是信息的接收者接受并理解信息的过程。编码和解码是实现有效沟通的必要条件，沟通主体双方要想达到相互的理解，必须经过有效的编码和解码过程。

公安领导者与沟通对象总是有不同的信息来源，不同的知识背景、生活经历、思考视角，要实现完全的相互理解几乎是不可能的，编码和解码过程是实现领导者与沟通对象相互理解的关键环节。

（五）反馈

反馈是信息的接收者在接收到信息后向原信息发出者进行的新的沟通活动，是在接收信息之后做出的反应。

公安领导者与沟通对象的沟通通常是双向互动式沟通，单向的沟通往往产生误解和沟通不畅。频繁的双向沟通能够更有效地实现双方的相互理解，因为沟通双方能够及时地获得反馈信息。

（六）沟通环境

公安领导沟通总是在一定环境中发生的，环境会对沟通产生重大的影响。公安领导沟通环境包括社会环境和组织环境。社会环境指的是公安领导者在与组织外的社会人员沟通时的文化环境、法律环境等；组织环境包括组织文化、具体管理情境、管理制度环境、领导者与沟通对象的权力关系等环境因素。

所有的人际沟通都是信息主体借助信道传递信息的过程，由于沟通主体、信息、沟通环境的差异，可以说每一次沟通都是独特的。组织中的领导沟通一般带有明确的目的性，其沟通活动体现着领导者的沟通特点和艺术性。

三、公安领导者的沟通角色

领导者在组织管理中扮演着多种角色，沟通者是其中的一种重要角色。领导者在管理工作中离不开频繁的对内、对外沟通。领导者在内部沟通中的角色包括信息收集者、信息控制者与传播者、协调者。领导者在外部沟通中的角色包括联络者、信息交流中心、公关者。①

公安机关领导者在信息收集者的角色上需要进行大量的沟通。公安管理工作涉及组织内部的人员、任务、目标、制度、工作执行、工作绩效等信息，还需要组织外部的社会治安状况信息、各种环境信息、公众对公安机关的评价信息等。公安领导者需要与相关人员进行多渠道的沟通，保证信息沟通渠道的畅通，获得全面的用于决策的各种信息。

公安领导需要将组织目标、指示命令、组织价值观等信息传递给组织成员，需要将收集的信息整理、分析之后以适当的形式传播出去。比如，通过动员会的群体沟通形式传达组织战略、目标、价值观等重要信息。

公安领导者的对内协调工作更离不开沟通活动。公安机关的内部管理涉及多部门、多任务、多层级的管理情境因素，沟通是组织各项工作开展的黏合剂、润滑剂，是保证各项工作顺利进行的齿轮，是各项工作机制有效运行的基本保障条件。

公安领导者在进行对外沟通时，往往作为整个组织的代表者角色。在我国条块分割的公安管理体制下，公安领导者需要联络许多其他组织和组织外的人员。上下级公安机关、各级政府部门及其他国家机关、作为管理对象和服务对象的各类社会组织与公众，都是公

① 参见刘银花、姜法奎编著：《领导科学》，154页，大连，东北财经大学出版社，2011。

安领导需要保持紧密联系的沟通对象。公安工作牵扯到人们社会生活的方方面面，与政府其他各个管理职能相互关联，公安工作中的信息需要与党政机关、社会组织实现高效共享，公安领导者往往需要作为联络者和信息中心的角色出现。公安机关的形象传播与公安领导者在新闻媒体上的出现频率、形象展示有密切关系，遇到重大事件需要公安领导者直接面对新闻媒体接受专访，公安领导者是公关沟通活动中的重要角色。

第二节　公安领导沟通的类型与主要障碍

一、公安领导沟通的类型

按照不同的标准，可以将公安领导沟通划分为多种不同的类型。

（一）语言沟通和非语言沟通

这是按照沟通信息符号类型划分的。人类借助语言实现了复杂信息的沟通，语言是人类沟通最为便捷、高效的符号。但是语言符号也有模糊性，不同主体对语言的理解不同，语言沟通也常常造成沟通理解上的障碍。非语言沟通指沟通者以非语言符号的形式将信息传递给接收者的沟通行为，它是以表情、动作、副语言等符号作为沟通手段的信息交流。

公安领导的语言沟通又表现为口头语言沟通和书面语言沟通，在公安指挥、下属激励中主要运用口头语言沟通，书面语言沟通主要用于正式的组织信息传达工作中。非语言沟通往往得不到公安领导者的足够重视，但实际上它在一些重要场合的沟通中能发挥十分关键的作用。例如，在公安新闻发布会上，公安领导者作为发言人在媒体镜头前的肢体动作、面部表情等非语言信息，能够传达语言所不能传达的信息，成为记者捕捉“言外之意”的重要渠道。

（二）个体沟通和群体沟通

领导者的沟通对象可能是个体也可能是群体，有时面对特定个体，有时面对组织内群体，有时面对公众群体。公安领导者面对的沟通情境尤其复杂，个性各异的组织成员、诉求多元的社会群体，有时需要当众演讲，有时需要个别交谈。公安领导有许多机会面对各种社会群体，例如，在群体性事件的指挥现场，在重要的公安工作会议上，群体成员并不是完全同质的，而是可能有着不同价值观、不同诉求、不同观念的人，公安领导面对群体的沟通更需要高超的沟通艺术。

（三）正式沟通和非正式沟通

正式沟通是指在一定的组织中通过明文规定的渠道进行信息的传递。例如，上级向下级传达指示、发布命令，下级向上级汇报情况等。正式沟通具有规范的信息传递形式，是组织可控的沟通活动。非正式沟通是指在正式沟通渠道外进行的信息交流，是组织成员以个人身份进行的人际沟通活动。公安领导沟通也包括上述两种沟通形式。正式的公安领导沟通是按照组织权力关系和制度要求进行的，非正式沟通是公安领导者与沟通对象私下的、非程式化的沟通。

公安领导除了要在管理工作中进行大量的正式沟通，在下属激励工作、组织公共关系工作、协调工作中还需要进行许多非正式的沟通，非正式沟通同样是为了实现组织目标而进行的必要的沟通活动。

（四）单向沟通与双向沟通

单向沟通指信息单向流动的沟通。双向沟通是信息在沟通主体之间的双向流动。单向沟通是缺乏反馈的沟通，领导沟通大多数情况下需要借助双向沟通达到双方最大限度的相互理解。只要不是特别紧急的情况，只要时间允许，公安领导者都应接受反馈信息，实现双向沟通。但是公安领导确实会遇到一些特别紧急的沟通情况，比如，紧急警务中下达命令，这是单向的缺乏反馈的沟通情境。

二、公安领导沟通的主要障碍

任何沟通过程都有可能由于各种因素导致发信者和收信者之间无法理解对方的信息，造成误解或沟通失败。公安领导沟通的障碍可能来自领导者因素、沟通对象的因素和沟通双方的差异因素。

（一）公安领导沟通中的社会因素障碍

社会因素导致的沟通障碍主要有地位障碍、文化障碍。领导者与下级的沟通往往由于双方地位的差异而产生。比如，一名下属告诉上级的信息通常都是上级想听到的东西，领导者对下级传递的信息也可能是经过筛选和过滤的。处于不同地位上的人获得和掌握的信息不同，沟通过程中有些因素妨碍了双方有效的沟通。沟通的“文化障碍”是指在某些特定的文化背景下，领导者与下级之间有更大的隔阂和距离，双方无法平等地、双向地、顺利地沟通。比如，公安机关有时具有类似军队的服从文化，下级的服从心理在某些特定情况下可能会妨碍公安领导者与下级的有效沟通，这是一种固有的社会文化或组织文化导致的沟通障碍。

（二）公安领导沟通中的组织管理因素障碍

由于组织结构设置不当或组织管理制度因素也会造成领导沟通的障碍。组织管理层级过多、管理幅度过大都会影响领导沟通的有效性。公安机关建立扁平化的组织结构，有利于公安领导者与一线民警的直接沟通，减少沟通中的中间层级，防止沟通中的信息损耗或失真。尤其是在警务指挥这样的工作任务中，管理层级和管理幅度直接影响沟通效率。组织的某些管理制度也会影响到领导沟通，比如，组织权力结构、组织决策程序、会议制度等都会对领导沟通产生直接或间接的影响，不当的制度设计会成为领导沟通的组织管理障碍。

（三）公安领导沟通的个体心理因素障碍

个体心理因素障碍包括认知障碍、经验障碍、情绪障碍、态度障碍等。领导者与沟通对象在认知、经验、情绪、态度上不可能完全一致，沟通双方在心理因素上的差异会导致沟通的障碍。例如，人们常常会有选择性知觉，即人们“有选择”地接受认知事物的信息，即在沟通过程中，信息接受者会根据自己的需要、动机、经验、背景及其他个人特点有选择地去看或去听信息，这是沟通的常见心理障碍。领导者往往关注下属工作不如己意的方面，导致与下属的沟通冲突。在态度方面，如果沟通交往双方存在偏见，持不同的态度，不愿换位思考，不愿接受对方的观点，先入为主的态度会妨碍沟通。沟通双方的情绪状态更容易影响理性的沟通，对于同样的信息，处于不同的情绪状态的人对信息的解释可能完全不同。如果领导者处于极端的情绪状态下，更容易阻碍有效的沟通。比如，公安领导者在遇到紧急事务时，如果不能保持稳定的情绪，往往会与沟通对象无法进行理性、有效的沟通。

公安领导者由于认知、经验、情绪、态度等因素也会造成沟通中的障碍，克服这些个体因素引起的沟通障碍需要公安领导者通过学习丰富自己的知识素养和社会经验，通过情商的提升减少因不良情绪产生的沟通障碍，通过综合管理素质的提升减少独断专行的沟通倾向。公安工作涉及许多专业领域，公安领导者并不能对所有领域都精通，由于领导的知识经验不足产生的沟通障碍可能很常见，而良好的沟通态度有助于减少由于知识经验的不足产生的沟通障碍。

张鸿梅分析了政府管理中领导与下属互动沟通的障碍与应对措施，她提出领导与下属沟通的障碍主要是四个方面：权力互动的欠缺——权力过分集中行使，单向权力运作的领导系统丧失互动活力；领导体制不健全——以人治为主，缺乏互动激励与监督；机制互动的封闭——官僚主义盛行，领导效率低下；情感互动激励欠力度——领导者与下属的情感沟通不足。[①] 该观点比较深刻地从权力互动、体制机制和情感交流方面进行了全面剖析。

在同样的政治制度和社会环境下，公安机关作为政府机关的重要组成部分，其在领导沟通中表现出的特点和问题具有共通性，上述问题也在公安机关领导沟通中存在。公安机关领导沟通中的“人治”色彩、权力过分集中、情感互动不足的情况，在一些地方明显存在，这可能在组织文化、制度上造成领导沟通的障碍。

第三节　公安领导沟通情境

公安工作的顺利开展在很大程度上依赖于公安机关领导者对内、对外的有效沟通。在公安管理工作中，沟通的情境多种多样，需要公安领导者创造性地运用沟通技巧，面对不同的沟通对象，实现高效顺畅的沟通。下文分析的四类公安领导者的沟通情境，并不是在同一分类标准下列出的，而是选择了在公安工作中重要的、突出的沟通情境进行专门的分析，是领导者在公安管理实践中面对的重要沟通情境或沟通形式。领导的“日常管理沟通”主要分析领导者对内部组织管理工作遇到的沟通情境；“危机沟通”分析的是在危机事件发生时领导者面对的沟通情境，这种情境最能考验公安领导者的沟通能力与沟通艺术性；公安领导者的“媒体沟通”则是近年来颇受重视的沟通情境，是针对新闻媒体这类特定沟通对象进行的沟通，从新闻报道中出现公安领导者不当发言的情况看，公安领导者的媒体沟通能力和素养亟待提升；“会议沟通”则是对会议这种特殊的、重要的沟通形式进行专门分析，这是公安领导者在各种沟通情境中都可能用到的沟通形式。

① 参见张鸿梅：《政府管理中领导与下属沟通的障碍与应对措施》，载《广东技术师范学院学报》，2007（1），62-63页

一、公安领导的日常管理沟通情境

公安领导者的几乎每项日常管理工作都需要通过沟通来实现。做出决策，需要借助沟通来搜集决策信息、讨论决策意见、传达决策内容；进行协调，需要与各方进行信息传递，实现有效沟通；对公安队伍的管理、指导、激励、思想工作都离不开与下属的沟通。

（一）公安决策沟通

公安领导者的不可替代的管理角色就是决策者角色，做出正确的决策、能被下属广泛接受的决策有赖于决策过程中的各种沟通活动。即便是领导个体决策也离不开沟通，只有通过沟通才能实现决策内容的传达；而群体决策则是在决策进行中通过沟通来实现信息共享、意见交流，从而保障决策具有信息基础和民主基础。公安领导者在决策权力上的集中，可能会妨碍决策沟通的有效性，影响决策参与者的沟通意愿。因此，除非是紧急情况，公安领导者应该在决策沟通中发挥更民主、更开放的作用，营造积极的沟通氛围，有利于做出更正确的决策。

（二）公安协调沟通

公安领导者的大量工作用于各种关系和事务的协调，协调过程需要与组织内外的个体、群体进行沟通。公安工作不仅涉及公众社会生活的方方面面，也与政府管理的其他各项职能有千丝万缕的联系。公安领导者不仅需要代表组织与辖区内的组织沟通协调，更需要与上级、同级、下级公安机关和其他政府职能部门进行沟通协调。

协调沟通对公安领导者提出的技能要求比较高，因为许多协调工作并不是常规的管理工作，而是面对特殊情境或特殊对象进行的沟通，要求公安领导者具有高超的沟通技巧和艺术。公安工作中跨区域、跨部门的事务越来越多，领导者越来越多地需要出席各种沟通协调的场合、面对形形色色的沟通对象。比如，公安领导者可能需要出席宣传活动，出面签订跨部门合作工作协议，出席政府工作会议，与辖区企事业单位协商共建；公安领导者还可能是政府应急突发事件处置小组成员，或者社会治安综合管理、治理机构的成员。由此可见协调沟通在公安领导者工作中的重要位置。例如，有的地方公安机关与辖区的社会组织和公众共同成立“社区警务理事会”，定期协商处理社会治安问题，公安机关领导者往往处于一些协调工作的中心位置。

（三）警务指挥沟通

公安领导者进行直接的警务指挥，现场命令或指导下属完成具体的任务。公安领导者需要与下属个人或工作团队进行沟通，指挥中的沟通往往是多信道、多沟通主体同时进行的。例如，当发生紧急警务事件时，公安领导者首先需要获得事件的尽量全面的信息，信息渠道要通畅，信息源和信息内容要可靠，领导者在信息分析研判的基础上，需要立即做出适当的决策，并通过适当的语言、动作等信号传递给执行者。对公安领导在警务指挥中的沟通行为研究，可以从心理学的角度进行深入细致的分析，沟通行为的细微变化都可能产生完全不同的沟通效果。领导者在警务指挥中的语言词汇选用、表情变化、声音音调高低都可能在下属心里产生不同的理解。

警务指挥中的沟通在网络时代具有一些新特点，需要公安领导者及时适应新的网络技术条件下的指挥沟通情境。在指挥中心大厅面对现场传来的音频、视频信息进行指挥，和在事件现场面对人群、警员进行指挥不同，两种指挥情境各有沟通上的利与弊：视频信息可能有利于筛选掉干扰信息，但也可能使得信息不全面；现场指挥容易受到情绪因素和杂乱信息的干扰，但可能获得的信息更真实全面。

（四）下属激励沟通

激励沟通是指以激发下属工作动力、提振工作士气为目的的沟通。激励的方式多种多样，但是通过沟通实现激励往往事半功倍。领导者对下属的认可和表扬可能比物质刺激能产生更强的激励效果。领导激励沟通的形式可以是个别谈话，或者会议、演讲。成功的领导者善于通过沟通激发下属的工作积极性，通过沟通向下属描绘组织和个人发展的目标与愿景，通过沟通了解下属的需求与工作动机，通过沟通实现领导者与下属的相互认同和信任，通过沟通为下属创建良好的环境气氛，这些沟通做法都可起到激励士气的作用。

（五）民警思想政治工作沟通

领导者需要随时了解下属的思想状态、心理状态，与下属的直接沟通可以增加相互的了解和信任。我国的公安领导者尤其一贯重视下属的思想政治工作，这也是一项特别依赖于有效沟通的工作。谈心、开会、组织学习都是思想工作沟通的常见形式。

出于提高效率的考虑，领导者往往选择开会等集体沟通的形式，然而集体沟通常常难以达到深入沟通的效果，流于形式的会议和无针对性的学习还可能引起下属的反感。针对个体下属成员的面对面的、深入细致的思想沟通和交流，往往能取得更显著的沟通效果。公安领导者需要了解更多的心理学知识，深入了解当前的社会环境对于民警心理产生的影响，了解基层民警的日常工作状态，才能有的放矢地进行思想工作的沟通。对于思想上遇到困扰的民警，公安领导者还需要具备劝服技巧和心理问题疏导能力。

（六）民警绩效管理沟通

绩效管理沟通是目前许多公安领导者忽视的一项重要沟通工作。一些公安机关民警的工作倦怠与绩效管理的失当有密切关系。民警不认可工作目标，为了应付绩效考核而弄虚作假，而公安领导者却不能及时了解原因，继续制定不合理的绩效指标。绩效管理工作不仅仅是测评工作绩效、评价和划分绩效等级这样的事务性工作，组织的领导者在绩效管理中与下属的沟通至关重要。从绩效目标的设定、日常工作绩效的控制到绩效结果的评价，都需要加入人性化的沟通来替代机械式的数字衡量。绩效沟通是绩效管理中领导者应该特别重视的工作，是体现领导工作以人为本理念的工作方式，是增进领导与下属相互理解信任的渠道，是确保下级工作与组织目标一致的重要手段，而当前公安机关领导者对绩效管理工作中的沟通没有给予应有的重视。

（七）公安团队领导工作沟通

公安工作中许多任务的完成和职能的实现需要高效的团队工作来实现，创建有凝聚力的、有合作精神的团队离不开团队领导与成员的有效沟通。团队与一般集体的重要区别就是成员之间联系的紧密性和团队凝聚力的高低，而团队成员关系的紧密程度和团队凝聚力的高低与团队领导的沟通行为密切相关。团队工作本身就对领导者有更高的沟通能力的要求。团队领导工作不同于普通工作群体的管理，团队领导要通过沟通提升成员对团队目标的认同，保持成员对团队的荣誉感和归属感。团队成员在沟通中不仅仅是被动的信息接收者，而是与领导进行双向的、平等的沟通，共同为实现团队工作高效运转承担责任。团队沟通要求领导者更具亲和力和灵活性，使成员与领导者以及成员相互之间保持紧密联系和充分的信任。

二、公安领导的危机沟通情境

公安领导者的沟通情境还可以分成常态沟通情境和危机沟通情境。危机沟通是指在紧急情况下进行的沟通活动，公安领导者在遇到突发事件时，需要面对紧急的协调、谈判、媒体应对等沟通情境，此时要求公安领导者保持畅通的信息渠道、明确的沟通目的、清醒的沟通意识，不至于在紧急情境下慌乱失误。

公安机关领导者面对的危机沟通对象十分复杂，可能是群体性事件中的谈判代表，可能是群情激愤的广场群众，可能是人质劫持案件中的犯罪嫌疑人，可能是突发事件处置中前来采访的新闻记者，可能是需要等待立即做出紧急决策的下属，可能是关注重大事件处置的上级领导。面对危机沟通情境，公安领导者需要审时度势，迅速地做出正确反应。例如，在处置涉及环境污染问题的群体性事件中，公安机关需要紧急处置，维持和保障公共场所的生产、生活、交通秩序。公安领导面对情绪激动的群众，可能需要通过扩音器与群众进行面对面的沟通。在这种情况瞬息可变的情境下，不当的语言、语气或手势都有可能激化矛盾，引起更难控制的事件发生。然而作为公安领导者，在这种情况下无法直接回应群众关于环境问题的诉求，警方或公安领导者只能以控制者身份与群众沟通，很难得到群众的理解和信任。

公安机关的危机沟通情境可能越来越多，情况也会越来越复杂。危机沟通考验公安领导者沟通的艺术性，因为很难通过培训或演练学到可直接使用的危机沟通方法。面对具体的沟通情境，公安领导者需要考虑多种因素，通过综合判断做出适当的沟通反应。由于沟通对象的诉求不同，对象的受教育程度不同，情绪状态不同，沟通环境的复杂性、易变性不同，沟通方式和内容的选择不同，因而在紧急情况下很难做出完美的选择。公安领导者的危机沟通应该成为研究者密切关注的重要课题。

三、公安领导与新闻媒体的沟通情境

媒体沟通指的是组织的领导者与新闻媒体人员的沟通，主要是在新闻发布或接受专访时与新闻记者的沟通。当组织遇到重大事件时，新闻媒体需要获得组织的相关信息，此时往往需要组织的领导者出面代表组织发布信息、接受采访。

公安新闻一直都是许多新闻媒体密切关注的报道热点，公安机关的领导者也有很多的机会面对新闻媒体接受采访。近年来，网络舆论的热点和焦点常常涉及公安民警、涉及案件，而公安机关在公共关系工作尚未有效开展的情况下，公安领导者还不能适应网络时代的媒体沟通，面对媒体说错话、说谎话引发舆论强烈反响的情况时有发生。一些发达国家的警察机构领导者，需要频繁地面对媒体进行解释、说明、沟通的工作，媒体沟通是警察机构领导培训的必修课。我国公安机关领导者面对媒体的沟通能力在新时代也显得越来越重要。2003 年 12 月，公安部在北京举办了全国公安机关首期新闻发言人培训班，来自各地公安机关的近130名新闻发言人接受了为期三天的培训。[①] 目前，媒体沟通能力基本成为公安领导者综合培训的必选科目。

媒体沟通是公安机关的领导者与新闻媒体进行的正式沟通，沟通双方各自代表自己的组织，这项工作需要相关的组织制度来规范。我国公安机关已经逐步建立起了新闻发言人制度，一些公安机关的副职领导兼职新闻发言人，在通报警务工作、通报重大案件侦破等情况时面对媒体记者接受质询和回答提问。

良好的媒体沟通效果有赖于完善的新闻发布制度。新闻发言人需要有畅通的信息渠道及时获得相关信息，需要新闻发布团队的支持。因此，公安领导者的媒体沟通不只是个人沟通能力的展示过程，面对媒体的公安领导者应时刻代表组织而非个人。可以说，媒体沟通是公安领导者面对的难度大、特别复杂的沟通形式，它与一般的个体沟通、组织内部沟通有明显区别，对公安领导者的沟通能力要求更高。公安领导者的媒体沟通是网络时代、信息时代公安宣传工作中的重要组成部分，是公安机关公共关系建设、组织形象建设中的关键职能要求，是公安机关新闻宣传和舆论引导工作中核心性的工作内容。

2013年4月，中共中央政治局委员、中央政法委书记孟建柱在全国政法宣传工作会议上提出，政法机关要主动适应新媒体时代信息传播格局、社会舆论生态环境和公众参与方式的深刻变化，与时俱进地提升理念、创新机制，全面提升新媒体时代社会沟通能力，以开放自信的态度，更加积极主动地回应人民群众对政法工作的期待和关切。[②] 在网络时代、信息时代，公众、新闻媒体对公安工作中的信息公开程度提出了更高要求，公众对公安工作的知情权、表达权、参与权、监督权提出了更高要求，媒体沟通已经逐渐成为公安工作中必不可少的内容。总体看来，公安机关领导者还有很大的提升媒体沟通能力的空间。从一些突发事件新闻报道中可以看到，公安领导者往往不能适应面对媒体的沟通情境。公安领导者在媒体沟通的观念、能力、技巧上都需要进一步学习和提高，需要改变将媒体视为“对手”的陈旧观念，改变害怕新闻记者的心理状态，而将媒体视为公共信息的传播者，视为提高公安工作水平、共同服务公众的合作者。

公安领导者的媒体沟通情境包括多种形式，如常规正式新闻发布会，突发事件的新闻发布会，媒体吹风会或新闻背景说明会，接受记者的独家专访，接受集体采访，通过网络与新闻媒体和网民直接交流等。这些情境可能会逐渐成为公安领导者需要面对的沟通常态，媒体沟通技能将成为公安领导者必备的素质要求。

四、公安领导的会议沟通情境

“开会”是领导者的管理工作中很常见的沟通情境。开会就是一种沟通，开会的目的是通过沟通实现领导者与下属的信息传递。准确地说，会议沟通是管理沟通的形式而非情境，在各种沟通情境中都可能用到会议沟通这种形式。面对新闻媒体的新闻发布会也是一种会议形式，面对群体性事件中聚集的人群进行的沟通也有会议沟通的特点，而这里主要分析的是有明确目的的、有组织的、可控性高的日常管理工作中的会议沟通。

会议沟通是通过领导者与成员参与集会并相互传达信息的沟通形式。各种各样的会议

---

① 参见魏永忠主编：《公安机关舆情分析与舆论引导》，216页，北京，中国人民公安大学出版社，2011。

② 参见孟建柱：《政法机关需全面提升新媒体时代社会沟通能力》，见新华网，2013-04-28。

如工作动员会，集体学习会，领导传达指示、宣讲政策会，重大问题的讨论会等在公安机关管理工作中比较常见。会议沟通多以领导讲话为主，也有会议以领导与下级双方的互动讨论为主。以领导发言为主的会议，主要目的包括阐释组织战略、统一思想、进行工作动员、传达上级指示、部署工作任务、解释重大问题、澄清传言等；以领导者和下级相互讨论为主的会议，主要目的包括集体决策、沟通思想、答疑解惑等。集体学习会议、传达指示会议、动员会议在公安机关都很常见。

会议能否达到有效沟通的目的，与会议的组织过程、领导者的沟通能力和技巧有密切关系。在组织管理中，会议的组织实施一般是秘书或普通办公人员的事务，但如果领导者发挥更积极的作用，则能够极大地提升会议沟通的效率。领导者有必要对会议的组织实施过程更深地介入，确保会议达到预期的效果。会议沟通的组织过程一般需要遵循下列程序：明确会议目的；确定会议参加成员；明确参会者的角色、责任；做好充分的发言准备；设计并实施精准的会议议程。公安机关领导者要根据不同的会议目的，确定会议沟通或发言的内容，调整会议的组织形式和议程设置。例如，对于常见的统一思想、工作动员会议来说，领导者是会议发言的主体，可能需要阐明某项新举措的意义和战略目标，要以充分的依据和有力的论证赢得下级的支持。各地公安机关近年来在警务战略和社会治理工作中时有创新，公安领导者往往是创新的领头人和发起人，通过会议沟通来阐释警务新战略、赢得民警的信赖和支持是十分有效的沟通形式。

会议沟通在公安领导工作中比较常见，但存在的问题也比较多。会风不实、语言无新意、空话套话多的问题长期没有得到很好的解决。2012 年 12 月，中共中央政治局通过的“改进工作作风、密切联系群众”的八项规定中，就涉及“精简会议活动、切实改进会风”的内容，提出了“提高会议实效，开短会、讲短话，力戒空话、套话”的要求。领导者在会上的发言往往由秘书、下属撰写，难以体现领导者个性化的语言风格，如果领导者在会议之前不能做充分的内容准备，会议沟通就可能变成堆砌空话、套话的沟通，不但不能起到沟通的良好效果，反而引起参会人员的反感。公安领导者更应注意选择多渠道的沟通方式，不随意组织会议，在会议上力求沟通实效。

第四节　公安领导者沟通能力

公安领导者面对的沟通情境十分复杂，这对公安领导的沟通能力提出了很高的要求。虽然没有统一的沟通方法可以适用于各种沟通情境，但核心能力的提升能够帮助公安领导者面对各种情境采取更适当的沟通策略、做出更适当的沟通行为。

能力是指个体能够顺利完成某种活动所必备的心理特征的总和。个体的能力总是制约和影响着他进行某项活动的效果，它是个体得以顺利地完成某种活动的必要条件。① 沟通能力是一种综合能力，它反映一个人在沟通活动中能否做出适当言语和行为的反应，能否准确理解对方的表达，能否操控沟通的情境。沟通能力可以通过学习、训练得到提升。陆俊青指出，公安领导沟通能力主要包括语言表达能力、人际沟通能力、调查研究能力、协

① 参见孙娟主编：《警察组织行为学》，37 页，北京，中国人民公安大学出版社，2006。

调统筹能力。[1] 语言表达能力是沟通过程中领导者运用语言符号促成与沟通对象相互理解的能力；人际沟通能力是人际交往或相处过程中互通信息、交流情感的能力表现；调查研究和统筹协调能力则是十分依赖沟通能力的两种综合管理能力。这里从沟通活动本身出发，重点分析公安领导的语言表达、非语言沟通和倾听能力。

一、公安领导的语言表达能力

语言是人类沟通中最便捷高效的信息符号。沟通中的语言表达能力是指熟练的运用语言符号表达恰当的含义，将头脑中的意思用准确的语言编码并通过书面或口头表达出来的能力。语言表达分为口头表达和书面表达两种。口头表达主要用于面对面的会谈、讨论、演讲等情境；书面表达用于通知书、信函、公文等官方的、正式的沟通情境。作为公安机关领导者，口头和书面表达能力都十分重要。

公安领导对语言的驾驭和运用反映着“一个领导者的思想水平、认识水平、思维能力、逻辑表达能力和社交能力”[2]。语言表达能力是多种能力的综合体现，是领导能力的外在体现，一个只会讲官话、套话的领导反映的是其缺乏知识修养和理论水平的内在。公安领导者的语言表达能力也是体现公安领导魅力的重要成分，如果公安领导在语言表达上具有鲜明的个人风格，这在很大程度上会成为其领导形象和领导魅力的重要表现。

公安领导的演讲能力既能够反映口头表达能力，也在一定程度上反映书面表达能力，因为演讲是一种特殊的、展现公安领导影响力的重要沟通情境。公安领导者在会议发言、处置群体事件时与群众沟通等场合需要演讲。演讲实际上可以被视为在公共场合个体对群体的一种沟通形式。演讲者需要通过语言、动作、表情等信息影响其听众，达到解释说明、激励、劝服等沟通目的。演讲的实际效果是由演讲者、演讲内容、听众和环境因素互动共同决定的。常规的、有准备的演讲一般需要准备演讲文字稿，演讲者应考虑到听众的特点做有针对性的准备，切忌演讲内容千篇一律、空洞无物。公安领导者在普通会议演讲中往往会犯这样的错误，语言表达流于泛泛而谈，缺乏感染力和影响力，空话、套话、大话泛滥，极大地损害领导形象和沟通效率。不同的演讲场合对于演讲者的要求不同，即兴演讲、主题演讲、激励动员型演讲需要演讲内容的组织、演讲者的表达方式都要随情境而变化。即兴演讲对演讲者的知识水平、反应速度、记忆能力的要求更高。

公安领导者的语言风格也是影响语言沟通效果的重要因素。语言风格是由于长期的表达习惯形成的个体特有的语言表达方式和特点。公安领导在选词造句时离不开过去的经验，离不开个体的思考方式，语言作为传递思想的重要手段，体现的是思考的习惯和特点。公安领导者的沟通对象主要是下属组织成员，长期的沟通习惯可能会形成领导角色上特有的语言表达风格。风格通常与我们扮演的角色相联系[3]，公安领导者常扮演指挥者、命令者、支配者的角色，在语言风格上也可能表现出严肃、主动、支配性等特点。语言风格虽然不是语言能力，但是与语言表达能力相关。能够针对不同的沟通对象或情境适当转变语言风格，也是领导者语言表达能力的体现。

---

① 参见陆俊青：《关于公安领导力核心要素提升训练的思考》，载《上海公安高等专科学校学报》，2014 (6)。

② 朱立言编著：《领导科学与领导艺术》，194 页，北京，中国人事出版社，2008。

③ 参见孙娟、冯威、李思思：《警察沟通艺术》，98 页，北京，中国人民公安大学出版社，2012。

公安领导在向下属传递组织的战略目标和激励下属时，语言表达能力显得尤为关键。若要吸引追随者，领导者就必须能够清晰地表达组织目标，描绘组织发展的蓝图，给予组织成员以奋斗的愿景。美国民权领袖马丁·路德·金非常善于通过演讲宣传他的思想，吸引无数人追随他的民权事业，其最著名的演讲《我有一个梦想》更成为举世闻名的民权宣言。领导者高超的语言表达能力能够激发追随者的热情，调动追随者的力量。

二、公安领导的非语言沟通能力

人们在使用语言进行面对面沟通的时候，非语言的信息传递也非常重要，而且常常比语言沟通更重要。例如，在新闻发布会上面对摄影录像的镜头，发言人的动作、表情、体态都是非常重要的信息，能够对观众理解发言人的意思产生至关重要的影响。再如，演讲中演讲人的肢体语言、手势、表情能起到传递语言所无法表达出来的信息的作用。非语言沟通看起来是一些细枝末节的沟通问题，但如果公安领导者能够掌握非语言沟通能力，则对于提升沟通效果能产生颇为积极的影响。

非语言沟通的符号十分复杂，包括体态语、客体语和副语言。体态语是用身体的动作、面部表情、姿态、身体接触等肢体语言信号来传递信息的；客体语是用服装、装饰、时间性和空间性非语言信号传递信息的；副语言是指各种有声而无固定意义的声音符号系统，体现为声音的声幅、音质和音调、语速等。[①]

公安领导如果能够在非语言沟通上有敏感的觉察力和表现力，那么在沟通中往往能够起到事半功倍的效果。通过眼神、姿态、手势、表情、副语言传递的信息，内涵丰富且富于感染力，在营造沟通气氛、塑造沟通风格方面有特殊的作用。例如，在激励型的演讲中，公安领导通过表达坚定的手势、表情和姿态，能传递语言难以表达的信息，增强激励效果。公安机关的某些沟通情境更需要领导者熟练运用非语言沟通的能力和技巧。例如，在处置群体性事件的现场，公安领导者面对情绪激动的群众，不当的语气和动作都可能引起更大的误解；反之，适当的语气、语速、音量，适当的表情和动作，能够建立沟通双方的相互信任关系，为解决问题创设良好的沟通气氛和环境。再如，在重大事件的指挥现场、谈判现场，适当运用非语言沟通能力能够起到微妙的沟通效果，成为影响事态发展的关键。

三、公安领导的倾听能力

人们总是很重视沟通中的“说”，而忽视沟通中的“听”。但要顺利地完成沟通，倾听至少和言说同样重要。倾听是接收语言及非语言信息、确定其含义并对此做出反应的过程。公安领导常常在沟通中处于说的位置，领导者一般也更愿意扮演说者的角色而非听者的角色，能够倾听下属讲话的领导者显得难能可贵。

倾听被视为一种能力，是因为人们在倾听行为上表现高低层次之分。倾听层次按照由低到高顺序为：心不在焉地听、被动消极的听、主动积极的听、同理心的听。[②] 在不同的倾听层次上，人们表现出对言说者的态度、理解能力、能否适当反馈方面的差异。低层次

① 参见孙娟、冯威、李思思：《警察沟通艺术》，112页，北京，中国人民公安大学出版社，2012。

② 参见贾启艾编著：《人际沟通》，128页，南京，东南大学出版社，2010。

的听很容易破坏沟通的气氛，导致言说者丧失继续表达的兴趣，成为沟通失败的重要原因。高层次的倾听能够引发言说者与倾听者的内在共鸣，双方达到内心的深层理解，是良好沟通、有效沟通的保障。

公安领导的工作时间宝贵，往往并不愿意拿出时间倾听下属的心声。居高临下的态度使得下属觉得领导者难以接近，双方很难成为相互信任的畅谈对象。公安领导的倾听姿态本身就是一种沟通，是赢得下属支持的前提因素。对于下属所主动寻求的沟通，领导者更应该注意倾听下属的意见、建议、态度的表达，深入了解下属的想法和情绪状态。倾听有时意味着换位思考，意味着从对方角度看问题，这对于习惯于坚持己见的公安领导来说尤为重要。

公安工作的特殊性使得公安领导者相对于下属处于更加强势的地位，有些公安工作类似于军队的管理，强调下属的服从性，因此在沟通中的领导者更不愿意倾听下属的表达。领导者不是全能全知的人，下属的意见、建议往往是经过深思熟虑的，领导者往往能在倾听中获得有助于决策的重要信息。领导者愿意倾听下属的姿态，对于赢得下属信任、建立与下属无忌的沟通氛围很有助益。

四、公安领导的危机沟通能力

在危机情境下的沟通能力对于公安领导者来说，是一种可能对职业生涯产生重大影响的能力。前文已经分析了公安领导者需要面对的危机沟通情境，它相对于大多数其他职业来说都更加复杂。公安领导者的危机沟通能力，就是能够在危机情境下具备高超的洞察力、判断力、情绪控制心理能力和表达能力，面对沟通对象做出迅速、正确的沟通反应。公安机关在提高“驾驭社会治安局势的能力”和“处置突发事件的能力”时，公安领导者作为组织的引领者、决策者、指挥者，其危机沟通能力是保证组织整体能力提升的重要因素。

在有环境压力、心理压力的情况下，沟通主体往往不能保持稳定的情绪和清晰的思路，在沟通中表现出慌乱，无法做出适当的、最有效的选择。在危机沟通中，情绪控制能力十分关键。“情商”就是反映个体情绪控制和管理能力的个性心理因素。公安领导者应该具备应对危机沟通的情商，在危机情况下准确判断自身和沟通对象的情绪状态，及时调整自己的情绪状态，把适当的语言和非语言信息传递给沟通对象，达到控制事态、促进双方理解的沟通目的。在危机情况下做出错误的沟通反应的后果比较严重，可能导致对领导者职业生涯的重大负面影响。个体情商的培养并不是一朝一夕就可以做到的，需要具有丰富的沟通经验并能够善于从经验中学习。

公安领导的危机沟通能力作为一种综合性的能力，虽然能力的培养和提高不像学习知识那样相对容易，但通过适当的培训和演练，公安领导可以获得新的沟通技能，提高各种情境下的沟通能力。情境模拟的培训方式十分适合沟通能力课程，尤其适用于提升公安领导者的危机沟通能力。因为危机沟通情境在实践中并不多见，也不能在实战中学习，因此，通过模拟各种危机沟通情境，进行试验性演练，是十分适合培养公安领导者危机沟通能力的方法。公安部在高级警官的培训课程中已经增加了新闻发布、记者电视采访、群体性事件指挥等模拟沟通内容，这十分契合沟通能力培养的需要。

第五节　公安领导沟通艺术

沟通艺术是指沟通主体在沟通中表现出来的灵活性、创造性、应变性。在一次沟通中，沟通双方的个性心理特点，态度和价值观，沟通的内容和目的，沟通环境等诸多因素影响着沟通的效果，沟通主体如果能够敏锐地注意到这些因素并及时调整自己的沟通行为，这就是沟通艺术的体现。在人与人之间，可以说没有任何两次沟通是相同的。公安领导的沟通艺术就是指能够根据各种因素的变化采取不同的沟通策略、方式和方法，创造性地运用沟通技巧达到沟通目的和效果。公安领导者面对的沟通情境复杂多变，对领导沟通的艺术性要求也更高。

一、创建良好的沟通环境

公安领导的沟通艺术不仅仅体现在领导与下属在具体的沟通行为中表现出的创造性、应变性和灵活性，这只是狭义的、具体的沟通艺术表现。公安领导如果能够通过组织文化和组织管理创建一种良好的组织沟通氛围，创建鼓励上下级沟通的积极的沟通环境，则更有利于整个组织的有效沟通。

良好的组织沟通环境首先依赖于制度建设。在公安领导决策和管理工作中，通过制度保障组织成员民主参与的权利，限制领导者的独断权力，是建立良好的上下级沟通环境的制度保障。张鸿梅提出要拓展政府领导与下属沟通的途径，应该做到：从权力互动入手，建立权力的沟通与互动的机制；以情感为基础，建立民主参与和协商的领导沟通与互动机制；从制度入手，建立领导与下属之间常态的互动沟通渠道。① 这三种途径实际上都可以通过制度建设来实现，以制度来保障领导者与下属之间的畅通的沟通渠道，而且这对于解决当前公安机关的组织沟通问题具有十分重要的意义。

从一些公安机关领导因为独断专行导致重大决策失误乃至公安机关领导违法乱纪的典型案例来看，领导者权力难以制约、难以被监督，下属缺乏与领导者平等沟通的渠道和权利，是出现上述问题的重要原因。以制度保障组织上下级沟通，是有效遏制领导者的“人治”色彩、独断色彩的根本手段。公安领导的沟通艺术不是在沟通中的随意发挥，应该在遵守相关制度、尊重下属沟通权利的基础上进行。公安领导应带头执行制度，鼓励创建有利于沟通的相关制度。比如，通过制度规定群体决策的会议程序，保障会议沟通中的民主参与；建立一般会议的发言制度，确保大家的意见能通过正式渠道反映出来；建立领导者定期不定期调研、走访制度，确保领导者能及时听到来自下属或基层的声音。

创建良好的组织沟通环境还依赖于公安领导的开放的个性心理特征和积极的沟通意愿等个体因素。公安领导的个性因素对于组织的沟通文化具有重大的影响甚至有时起到决定性的作用。在我国文化传统中，一直具有尊重领导以及“官本位”的思想，领导者更多地愿意展示自己的权威、威严，这对于创建灵活的组织沟通气氛是不利的。公安机关在某种

① 张鸿梅：《政府管理中领导与下属沟通的障碍与应对措施》，载《广东技术师范学院学报》，2007（1）。

程度上还存在比较严重的崇上思想，这种思想观念不利于良好的组织沟通，而公安领导对于创建融洽的沟通氛围有着不可推卸的责任。

二、选择适当的沟通渠道

公安领导的沟通艺术可以通过选择最适当的沟通渠道来实现。不同的沟通形式和渠道对沟通对象的影响不同，产生的沟通效果不同。公安领导可选用的沟通渠道多种多样，有面对面的谈话、电话沟通、书信沟通、电子邮件沟通、文件沟通、社交媒体沟通、个别沟通与群体沟通、工作场合沟通和私下沟通。不同的沟通方式和渠道适用于不同的对象和情境，公安领导应善于运用各种渠道、善于选择适当渠道进行沟通。

每种沟通形式或渠道都有各自的特点。面对面的沟通能够传递最丰富的信息，语言的、声音的、表情的信息使得面对面沟通最具影响力和感染力，在公安领导对下属进行思想工作、绩效面谈、激励动员时适合采用面对面的沟通形式。利用现代网络信息传输技术已经可以轻易地实现不受空间距离限制的“面对面”视频沟通，电视电话会议、视频通话已经成为十分常见的沟通方式，极大地提高了组织沟通的效率。但在某些情况下，真实的近距离面对面的沟通仍然十分重要和必要，它比借助视频技术的面对面能够产生更直接的、更强的沟通影响力。电话沟通适用于一般的指示、命令、通知等情境，但由于缺少了视觉信息，电话沟通也容易产生沟通中的误解。书信和文件等书面语言形式的沟通最为正式，是公安领导向下级传达正式组织信息的方式。

随着互联网络技术的飞速发展，利用互联网进行沟通的渠道越来越丰富。微信、微博、电子邮件、视频通话、电视电话会议、实时指挥通信系统等沟通手段越来越常用。组织领导者要充分发挥现代科技作用，学会选择不同的渠道和方式进行沟通。早在2008年6月，时任国家主席胡锦涛就通过人民网“强国论坛”工作平台，与网民进行了视频直播在线交流。2009年2月，时任总理温家宝在中国政府网考察，接受了中国政府网、新华网的联合专访，并与网民进行了在线交流。这些活动充分体现了国家领导人对于新型传播技术的开放心态，体现了他们善于运用新技术沟通渠道的沟通艺术。各地各级公安机关领导者也越来越多地借助互联网沟通渠道实现与网民、公众、下属的交流。浙江湖州市公安局在推行“民意警务”的过程中，公安局局长金伯中曾于2010年2月与广大网友相约“警务e广场”进行在线交流。在两个小时的在线交流中，广大网友踊跃提问，金伯中局长真诚答复，当时共有800余位网友参与交流活动，金伯中局长实时解答和回应了33位网友提出的34个问题和建议。① 2010年9月金伯中局长又接受浙江在线“平安世博、平安浙江”专题访谈，取得了良好的沟通效果，有力地推动了公众对民意警务的关注和认知。此外，金伯中还通过在警务广场与人民群众面对面现场交流、在公安院校开办讲座宣讲浙江湖州警务广场的工作经验等沟通形式，宣传扩大民意警务的影响力，充分体现了他善于通过多种沟通渠道达到沟通目的的沟通艺术。

三、运用适当的沟通策略和技巧

没有适用于所有沟通情境的沟通策略和技巧，只有在适当的情境下选择适当的策略和

---

① 金伯中主编：《警务广场——民意导向型警务新模式》，299页，北京，群众出版社，2011。

技巧，才是高超沟通艺术的体现。公安领导沟通的情境因素包括领导者的个人心理因素、沟通对象的心理因素、沟通内容和目的因素、组织沟通环境因素等。没有最优的选择，只有满意的选择、有效的选择。关于公安领导沟通的具体策略和技巧，如果从不同的角度分析，可以列举出很多，论述沟通策略和技巧的书籍和相关内容十分庞杂，如各种演讲技巧、媒体应对技巧、电话沟通技巧、劝说技巧、社交技巧等。这里只选择对于领导者、公安领导者来说比较重要的策略和沟通的原则，不能详尽地分析具体的沟通情境中的沟通技巧。

善于倾听是公安领导者应特别注意的沟通策略或原则，前文已经分析过倾听在公安领导者沟通中的特殊意义。对下属表现出强势的沟通、以说为主的沟通，是公安领导者常出现的问题，善于倾听则是公安领导者与下属沟通中难能可贵的表现和品质。

学会幽默是公安领导沟通艺术的重要表现。公安领导与下属的沟通气氛往往严肃、正式，在某些场合，幽默的谈吐能够化解尴尬、缓解紧张气氛，实现意想不到的沟通效果。当然，幽默感不是简单易学的策略和技巧，而是公安领导在自身心理特点和沟通经验的相互作用下逐渐养成的。

掌握沟通中的心理学知识对提升公安领导的沟通艺术十分有利。心理学知识可以帮助公安领导更好地判断沟通情境中人的因素，比如，对下属的性格、气质、情绪的准确判断。比如，不同气质类型的下属，在接受公安领导批评时的行为表现和心理反应是有很大差异的，公安领导必须对下属采取不同的沟通语言或态度，才能使不同气质类型的下属易于接受批评。再如，同样的信息在沟通双方情绪状态不同时产生的效果可能完全不同，这些微妙的变化取决于心理因素。心理学知识也能够使领导者更清楚地知晓自身在沟通中的表现，做出更适当的反馈，有利于沟通双方更好的互动。社会心理学知识则能够帮助公安领导从社会文化、群体动力等角度看待沟通，帮助公安领导更好地理解各种沟通对象和更复杂的沟通情境。领导者面对个体的沟通和面对群体、团队的沟通，需要的策略和技巧可能完全不同，因为在群体沟通中所有人之间会有相互的行为影响和心理影响，这需要领导者了解群体心理的知识才能实现更有效的沟通。

总之，沟通策略和技巧是最能够体现公安领导沟通艺术性的沟通要素，同时也是最繁杂、具体的沟通实践指南，但每种策略或技巧都是与特定的沟通场合或情境相适应的，掌握沟通策略和技巧不能只靠知识的学习，更需要结合丰富的沟通实践经验才能习得。

【本章小结】

本章在分析沟通的概念、基本模式、类型、常见沟通障碍的基础上，梳理了公安领导者遇到的主要沟通情境。公安领导者的日常管理工作、内外协调工作、危机情境处置都离不开高效的沟通。只有了解公安领导者在工作实践中是如何沟通、如何需要和运用沟通的，才能进一步分析公安领导者的沟通能力需求和能力培养。本章最后分析了综合体现公安领导者沟通实践水平的沟通艺术，对如何提高沟通艺术提出了具体建议。

【推荐阅读】

1. 理查德·L·达芙特．领导学．北京：电子工业出版社，2011.

2. 刘银花，姜法奎编著．领导科学．大连：东北财经大学出版社，2012.

3. 朱立言编著．领导科学与艺术．北京：中国人事出版社，2008.

4. M. R. 赫伯费尔德．警察领导——理论与案例．北京：群众出版社，2008.

5. 斯蒂芬·P·罗宾斯．组织行为学．7 版．北京：中国人民大学出版社，2000.

6. 安弗莎妮·纳哈雯蒂．领导艺术与科学．6 版．北京：电子工业出版社，2012.

7. 康青主编．管理沟通．北京：中国人民大学出版社，2006.

8. ［美］莱夫顿、巴泽塔．领导沟通力．北京：华夏出版社，2005.

9. 孙娟，冯威，李思思．警察沟通艺术．北京：中国人民公安大学出版社，2012.

10. 魏永忠主编．公安机关舆情分析与舆论引导．北京：中国人民公安大学出版社，2011.

11. 李敏蓉．媒体时代公安领导干部的媒介素养．北京警察学院学报，2015（5）.

12. 张鸿梅．政府管理中领导与下属沟通的障碍与应对措施．广东技术师范学院学报，2007（1）.

13. 陆俊青．关于公安领导力核心要素提升训练的思考．上海公安高等专科学校学报，2014（6）.

【思考题】

1. 在公安机关领导者的日常管理工作中有哪些沟通情境？

2. 公安领导者在哪些情境下需要进行紧急状态的沟通，紧急沟通应该注意些什么？

3. 公安领导者的沟通能力可以培养吗？如何提高沟通能力？

4. 公安机关领导者的沟通艺术是如何体现的？

第七章　公安领导方法

【学习目标】

通过本章的学习，理解和掌握公安领导方法的含义以及公安领导实践中常用的公安领导技能；理解公安领导艺术及其主要表现、实现途径。

第一节　公安领导方法的含义

任何公安领导活动都可以划分为程序化活动和非程序化活动两个层面。其中程序化活动是公安领导者的规定动作，是必须完成的行为过程和步骤，具有规范化、标准化和科学化的特性，是确定的活动。而非程序化的活动是公安领导者的自由裁量动作，是公安领导者面对新事物、新情况、新问题，和程序化活动无法穷尽的细节问题随机选择的行为，具有灵活性、权变性和艺术性，是非确定的活动。公安领导主体为完成公安领导活动所采取的方式、手段和途径就是公安领导方法。公安领导者因人、因时、因事、因地权变地履行公安领导活动程序的技术和能力就是公安领导的技能。高超地创造性地运用公安领导原理的公安领导技能就是公安领导艺术。

一、公安领导方法的定义

从哲学的视角来看，方法是一个综合性概念，是人们在认识世界和改造世界过程中，为达到某个目的而采取的思想和行为方式与办法。公安领导方法是公安领导主体在特定的公安领导环境中组织和指挥其追随者，为实现公安领导目标、履行领导职能而采取的手段、方式途径、程序、步骤的总称。心理支配行为，从行为学的这一逻辑起点来看，公安领导方法首先是思想方法，是指公安领导者“怎么想”，主要是有目的、有计划、有预案、有保障等高效优化地解决问题的设计；其次是实践方法，是公安领导者“怎么做”，主要是有模式、有规矩、有监督、有协调等规范应变地解决问题的操作。比较而言，思想方法阶段以科学性为主导，艺术性为辅，实践方法阶段则以艺术性为主导科学性为辅，二者是公安领导方法的两个方面，具有同一性，不可分割。

我们将公安领导思想方法和实践方法统称为公安领导方法。公安领导思想方法是公安领导者在一定世界观指导下观察、认识和研究公安领导现象所遵循的规则和程序。公安领导实践方法是公安领导者进行公安领导活动所遵循的行为规律，两者一起体现了公安领导方法的两个方面。理论来源于实践而又指导实践，恩格斯在自然哲学中揭示了人的思想产生于劳动这一规律性认识，即人的主观意识产生于人的实践行为，同时人的主观意识反作用于客观存在。体现在公安领导方法中，公安领导思想方法是公安领导实践方法的智力工具，而公安领导实践方法是创造新的公安领导思想方法的源泉。

二、公安领导方法的特点

公安领导方法是公安领导主体在其活动中所表现出来的思想和实践的方法，是联系公安领导主体、公安领导目标及公安领导环境的桥梁和纽带。公安领导方法既具有程序化的科学性，又具有非程序化的艺术性，因此，它是科学与艺术的统一，是公安领导科学体系中最生动、最具创造性的组成部分，也是公安领导者领导技能的发挥和行为艺术潜质释放的最广阔领域。公安领导者在其实际的活动中常常要面对多元利益主体，客观事物交错叠加、纷繁复杂的状况，要求公安领导者不得不采用内容丰富、形式多样的各种领导方法综合解决问题。将不同的公安领导方法有机结合，通过其高度的科学和艺术地统一处理公安领导活动中遇到的问题，需要公安领导者牢固掌握各种公安领导方法的内涵、表现形式、作用和特点等。

（一）清晰的目的指向

公安领导方法是公安领导者达到目的、完成领导工作任务不可缺少的条件和表现形式，因此与公安领导主体的认识和实践的目的紧密相连。公安领导主体目的的指向性赋予公安领导方法以方向，同时公安领导目的的驱动性赋予公安领导方法以动力。因此公安领导目的是其方法的生命和灵魂，可以说没有目的的公安领导方法就失去了存在的依据。公安领导目的是其方法的一个有机组成部分，两者融为一体、密不可分。正如黑格尔所说："目的规定是在手段中的，通过目的规定，手段现在也对以前还不曾规定的客观性那一端进行蕴涵。"① 因此，公安领导方法的性质、特点、功能的有效性由公安领导的目的所决定，而公安领导目的的限度则由领导方法的性质、特点和功能所解决。

（二）规范的程序设定

公安领导者认识和解决问题的方法，实质就是按照一定的先后顺序和对应步骤来确定程序、进行实践的过程。公安领导方法的程序性设定反映其实施主体的结构、性质、关系和发展的规律性。公安领导方法不是公安领导者主观上的任意规定，而是公安领导活动中客观规律的直接呈现，必须通过规范的程序设定来加以规制，使之呈现出公安领导活动特有的逻辑性。因此，公安领导者必须按照公安领导活动发展变化的客观规律性，正确地对公安领导活动进行规范的程序设定，并将规范的程序设定反映在具体的公安领导实践过程之中。

（三）严格的体系分类

依据普适性的方法论，公安领导方法主要包括公安领导归纳法和公安领导演绎法，以

---

① ［德］黑格尔：《逻辑学》下卷，434 页，北京，商务印书馆，1981。

及二者相结合的方法。依据我国著名学者李怀组对学科体系的分类，方法主要包括自然科学方法、社会科学方法、管理科学方法、人文科学方法。[①] 我国学者张世英认为，人的思维活动可以分为自然科学的“具体到抽象”方法和人文科学的“抽象到具体”两个方向的方法。[②] 自然科学的方法是纯科学的方法，就是具体到抽象的归纳方法，也是定量的研究方法。人文科学的方法是思辨的方法，就是从抽象到具体的演绎方法，也就是定性的研究方法。社会科学方法与管理科学的方法是介于自然科学方法和人文科学方法之间的，因此是二者的有机结合。公安领导科学属于管理科学的一个部分，因此公安领导科学的研究方法必然既包含着自然科学方法，又包含着人文科学方法，是自然科学方法与人文科学方法，或定量方法与定性方法的有机结合，也就是说，公安领导方法是归纳和演绎相结合的综合方法。从心理与行为的关系分类，公安领导方法又分为以公安领导思维活动为基础的公安领导思想方法和以公安领导操作活动为基础的公安领导实践方法两个层面，但在公安领导实际工作中其思想方法与实践方法很难截然分开，只能说前者更倾向于自然科学的抽象方法，是科学的原理及程序，而后者更倾向于人文科学的具体方法，是艺术的行为及操作。事实上，公安领导思想方法和实践方法既是归纳法和演绎法的综合运用，也是自然科学方法与人文科学方法的综合运用。

三、公安领导方法的作用

公安领导活动的最终成果是保护国家安全和社会公共安全，成果固然非常重要，然而取得成果的背后是公安领导方法的选择和运用则是更重要的东西。不同的公安领导思想方法将不断析出，沉淀成为不同的公安领导理念、思维方式等精神文化，不同的公安领导行为方法将不断效仿，示范成为不同的公安领导作风、潜规则等行为惯性。因此公安领导方法是事关公安领导个体人格培养、公安团队零距离战斗力建设、公安领导工作成败和公安机关未来建设与发展的重要研究领域，也是公安领导科学体系中最具价值性、艺术性和创造性的研究领域。

（一）公安领导方法是整合公安领导活动要素的介质

公安领导主体、公安领导目标与公安领导环境三个公安领导活动必备的要素，依靠公安领导方法联系起来。公安领导主体是公安领导工作正常开展和公安队伍高效运行的组织和指挥者。公安领导方法是否正确、应用是否得当，不仅是判断公安领导者领导力高低的重要标准，更能直接影响公安领导目标的完成与否，特别是衡量公安领导主体能否适应环境，抓住时代赋予的变革与发展的机会，使广大公安干警坚定信心，全力以赴地投入到维护社会稳定、打击违法犯罪的实现中。因此公安领导者必须提高其对领导方法价值的认识，理解和掌握公安领导方法的精髓，顺应新时期科技发展和社会治理的创新趋势。

在公安领导活动主体、环境、目的三要素中，公安领导者是施加影响的主体，通过指导、激励等相应的公安领导方法影响其追随者，而被领导者并不只是被动地接受影响，他同样会对领导者施加影响，通过各种信息交流和沟通来修正公安领导者的现在和未来的决策和行动。在两者的相互作用与影响下，公安领导主体的能力、感受与心态等因素不断演

---

① 参见李怀组：《管理研究方法论》，14页，西安，西安交通大学出版社，2004。

② 参见张世英：《客观性的两重含义——兼谈自然科学与人文科学的异同》，载《人民日报》，2012-12-13。

变、公安领导环境不断更新、公安领导目标不断升级、公安领导者与被领导者的关系不断修正，进而实现了公安领导主体、公安领导目标、公安领导环境三要素的动态持续平衡，而公安领导方法正是调节这一过程的重要媒介。离开公安领导方法的正确引导和桥梁作用，这一动态平衡系统将顷刻瓦解、不复存在。

（二）公安领导方法是公安领导主体综合素质的体现

公安领导主体在分析公安事件和解决公安问题的过程中展示着其思想认识水平和实践操作技能。公安领导主体能不能及时准确地找到恰当方法，游刃有余地解决各种问题，取决于公安领导主体的系统思维、智囊利用、人际交往、沟通协调、灵活应变等几乎所有的综合素质能力的高低。公安领导环境具有复杂性和不确定性，在千变万化的公安组织内外环境中要做到以下两点。

1. 带好队伍

在身份、教育程度、文化和经历背景、目的和需要等各不相同、动态变化的情况下，公安领导通过施加影响力使得下属甘心情愿地、热心地为实现决策目标而努力。

2. 统筹兼顾公安组织资源

公安领导能够熟练地运用公安领导方法，整合公安组织资源，通过改革创新有效适应国际国内警务的飞速发展。这不仅是对公安领导主体综合素质的巨大考验，也是公安领导主体素质的集中体现。

（三）公安领导方法是公安领导工作的指南

比较而言，公安领导“怎么想”是思想方法，对其“怎么干”的实践行为具有指导意义，思想方法的不同反映在实践层面的效果也会截然不同，即公安领导“怎么想”决定其“怎么干”。公安领导者选择什么样的公安领导思想方法也反映了公安领导实践的具体要求，是公安领导实践的行动指南。公安领导者运用正确的公安领导方法，可以把下属吸引到自己的周围，获取信任，使之心甘情愿地追随自己，为实现公安领导目标竭尽所能。公安领导工作的实践一再告诉我们，公安事业的持续健康发展以科学的公安领导方法论为指导至关重要。为此，必须要将公安领导思想与公安领导技能有机结合起来，逐渐形成一整套具有公安特色的领导方法。

第二节　公安领导技能

公安领导技能是公安领导者在一定世界观指导下观察、研究事物和现象所遵循的规则和程序，并指导其实践的技术和能力。公安领导的技能不同直接导致公安领导者领导内容、领导风格和方式等的差异。从不同的视角对公安领导技能的探讨结果各有不同，但万法归宗，各个方法之间事实上相互贯通、相互补充，实际的公安领导工作往往是各种方法的灵活和综合的运用。

一、公安领导思维技能

公安领导技能主要表现为发现问题、分析问题和解决问题的技术和能力，其基础是公安领导者“怎么想”的思维方法。公安领导者必须熟练掌握科学系统的思维技能，才可能在其具体工作中表现出高超的操作技能。公安领导思维技能是普适性的思维方法在具体的公安领导工作中运用的技术和能力，常用的基本方法主要包括归纳和演绎技能、系统性分析技能、预见性技能和创造性技能。

（一）归纳和演绎技能

1. 归纳和演绎技能的含义

运用归纳技能，公安领导者能够实现从个别到一般、从特殊到普遍、从经验事实到事物内在规律性的认识，并获取超出前提所包含的信息量和知识范围，有助于公安领导者扩展认识，产生新的思想方法。与此相反，公安领导者运用演绎技能则能够实现从一般的概念、原理得出个别结论的认识。演绎技能是归纳技能的逆向思维技能。演绎技能由前提设定、逻辑规则遵循和推导得出结论三部分构成。通常，作为推理依据和理由的前提设定往往是已知的判断，逻辑规则遵循的是推理的形式结构，推导得出的结论则是由前提按一定的逻辑规则导出的判断，是整个逻辑化推理的结果。演绎的结论必然蕴涵于前提之中，通过演绎，有助于公安领导者明确结论内含，推衍出公安领导活动中遇到的前提所没有直接回答、超出认识范围的各种问题的解决思路。然而在公安领导活动中，归纳技能和演绎技能更多的是结合在一起发挥作用。

2. 归纳技能和演绎技能的关系

（1）通过演绎法为归纳法的个别性前提提供佐证。由于归纳的结论并不必然蕴涵于前提之中，导致归纳得出的结论因缺乏与前提之间的必然联系而显得并不可靠，其证明力要弱于演绎得出的结论，所以有时需要通过演绎技能为归纳的个别性前提提供佐证。比如，公安领导者为了某一事关国家或社会公共安全问题的事件进行社会调查，其前提是“危害国家或社会公共安全”，但调查的结果却与前提相反，该事件事实是维护了国家安全或社会公共安全。为了避免这种情况的发生，就需要辅之以演绎法，提高归纳结论的可靠性，即运用已有的理论知识和信息，对归纳推理的事物的个别性前提进行验证分析，以把握其中的因果性和必然性，这个过程就是演绎的过程。

（2）通过演绎验证归纳得出的结论。例如，公安领导者在组织侦破要案过程中发现在某个国家、某一时间段该类案件高发，通过归纳，将作案时间、作案地点等具有相似性的同类案件进行串并侦查，假设各个不同案件均为同一团伙所为，通过情报信息的迁移性认知，找寻其中的规律性。当这种规律性认知达到一定程度的时候，再用演绎法推理，可能会发现某个案件只是因巧合而被串并在一起，其特征并不能体现归纳得出的规律性认知，进而调整侦查思路和方向。

（3）通过归纳法为演绎法提供作为前提的一般性知识。一般而言，演绎法的前提是一种已知的判断，作为推理的依据和理由，既可以是普遍性的一般知识，也可以是信息量巨大的综合判断，但只要演绎的前提是普遍性的一般性知识，都要依赖归纳推理来提供。比如，证据会因为水往低处流而飘往下游、会因为风吹的动力而顺风飘落等简单的一般性知识，都是通过归纳法得来。

归纳和演绎即相互对立又相互联系，归纳以演绎为前导，演绎以归纳为基础，两者互为前提，互相促进，是辩证统一的关系。正如恩格斯所说：“归纳和演绎，正如分析和综合一样，是必然相互联系着的。不应当牺牲一个而把另一个捧到天上去，应当把每一个都用到该用的地方，而要做到这一点，就只有注意它们的相互联系，它们的相互补充。”①这一点，公安领导主体在归纳、演绎的综合运作中，要特别予以注意。

（二）系统性分析技能

系统分析法是以20世纪科学哲学的最新发现即系统论为视角的研究方法。公安领导系统性思想是公安领导者把公安领导主体、环境以及目标三要素看成一个相互联系、相互作用、相互制约的完整系统，以寻求实现特定公安领导目的的最佳方案。在公安领导活动中，要想实现有效的领导，就必须把公安领导活动视为一个有机的动态系统，从宏观到微观、从全局到局部、从长远到当前进行统筹规划。系统性思想是适应公安领导活动高度综合化、复杂化和整体化、区域化、国际化的客观需要而产生的一种科学方法，其实质就是统筹兼顾科学发展的思维方法。

1. 系统分析法的原则

系统分析的思想在公安领导方法中居于首要地位。系统性思想直接关系到公安领导宏观的全盘公安工作战略规划的科学性和可操作性，关系到公安组织运行状况、总体成效和可持续发展等重大问题。公安领导系统分析原则是依据系统论的基本原理，认为组成公安领导工作的各个要素是一个有机联系的整体，而并非杂乱无章的偶然堆积，公安领导工作的系统的整体性效能不是其各个要素的简单机械的相加，因此其整体效能不等于各个部分效能。因此，公安领导者必须关注其全盘工作的系统优化，并使全盘系统性能处于最佳状态。

（1）主观与客观相结合。“胜兵先胜，而后求战”，公安领导工作要有计划、有目的，尤其要有准备，“运筹帷幄之中”，未雨绸缪，要根据党的路线和政府法制要求，针对公安领导主体系统的资源状况、公安领导工作的内部系统保障和条件，国内和国际公安系统发展的趋势外部环境，及公安领导工作的目标体系，制定解决公安领导工作方法的预案。同时，要具体问题具体分析，一切从实际出发，在发展变化中把握客观实际，选择成本最低、问题解决最有效的操作手段，灵活而有法可依地科学系统地解决问题。

（2）全局和局部相结合。在一个完整的公安领导工作系统中，全局和局部相互依存，相互影响。公安领导系统全局的有效分解就是局部，局部的有机整合就是全局，因此全局和局部相结合贯穿着公安领导活动的全过程，是公安领导系统性思想要解决的根本问题。首先，局部要服务于全局。一个清醒的公安领导者必须是善于统筹全局、驾驭事态的战略指挥员，不会只追求一两个环节的完美，而是抓各个环节的协调，抓整体利益。其次，全局又要顾全局部。顾全局部，使得局部更加协调地融入全局。公安领导者只有正确处理全局和局部、局部和局部的关系，才能“决胜于千里之外”，时刻把握公安领导工作的主动权。

（3）中心和一般相结合。公安领导中心工作是指对公安领导工作全局起决定作用的工作，它规定其他公安领导工作的发展方向和进程，制约着公安领导系统的全局势态，是主要矛盾的表现形式。长期的具有普遍意义上的中心主要包括，公安领导主体队伍建设工作和公安领导主体的主观指导与客观的公安环境要求相吻合的工作。同时，公安领导的中心工作还包括针对各个公安历史时期所出现的热点、焦点和集中的矛盾问题等公安领导的重

① 《马克思恩格斯选集》，2版，第3卷，458页，北京，人民出版社，1995。

点任务，是短期的和阶段性的、具有特殊意义的中心工作。由上述两个方面的基本矛盾所衍生的矛盾就是次要矛盾。一般工作就是次要矛盾在公安领导工作中的表现。比如，公安追随者在执行领导决策过程中与客观实际的矛盾、公安领导班子对同一个事物持有不同的认识和观点的矛盾等。公安领导者必须正确认识和处理好中心和一般的关系，紧紧抓住中心工作，带动一般工作，推动各项警务工作的全面发展。

（4）当前和长远相结合。公安领导系统时刻处于不断的发展变化之中，公安领导者要善于将其长远的可持续发展性目标与当前的公安领导目前的工作任务相结合，将公安组织暂时的利益和公安组织的长远利益相结合，在动态变化中实现长远与当前的平衡，并贯穿于公安领导工作的始终。如此，才能增强工作的可预见性，减少盲目性，成为一个具有远见卓识的公安领导者。以各地普遍推广的派出所长进校园担任法制副校长为例，派出所所长进校园普法宣传教育，就是将目前的中小学生安全防范与其从小树立安全意识、实现社会长治久安相结合。

2. 系统分析法的要求

公安领导系统内部各要素间相互依存、相互影响，共同组成了一个有机联系的整体。同时，公安领导系统与之所处的环境相互作用、相互制约。公安领导环境系统对其系统的物质、能量、信息的输入会产生影响，反过来公安领导系统对其环境的物质、能量和信息的输出也会产生反作用。因此，公安领导系统既具有内部封闭性，也具有外部开放性。公安领导者要充分认识到公安领导系统的这一双重属性，正确把握公安领导系统分析法的内涵，推动整个公安领导系统的优化发展。

（1）缜密的公安领导系统内外环境分析。公安领导者在具体决策之前，为了准确评估公安领导环境的具体影响，必须充分调查、认识系统内外环境。公安领导系统内外环境分析，必须从以下三个方面逐步推进：第一，排查分析。对公安领导内外环境进行排查，识别并筛选出与公安领导有关和其决策发生影响的环境因素。第二，再排查分析。从筛选出的环境因素中再排查。识别哪些是对公安领导决策有重要影响的环境因素，而对于影响比较小的，忽略以后不影响整体效果的因素采取忽略的方法，以简化公安领导系统分析的程序、步骤和内容等。第三，提炼分析。针对公安领导决策，识别哪些因素对其起促进作用，哪些起阻碍作用，以便设法控制，或弱化不利因素，发展和放大有利因素。公安领导者能不能缜密、全面地识别分析其系统内外环境正确决策，直接影响着公安领导目标能否顺利实现。

（2）始终保持自身的开放性。一般而言，公安领导系统对外开放的目的是在开放中获取自身生存和发展的资源。公安领导系统保持自身的对外开放应坚持以下三个方面：第一，以实际需要为基础。虽然对外开放是所有公安领导系统的普遍性要求，但每个系统的特性决定其开放需求都有其不同于其他系统需求的特定内容。公安领导者要从公安领导工作的自身特色和实际情况出发，实事求是地进行系统分析研究。比如，科技强警，警用地理信息平台、常住/暂住人口查询平台、车辆/驾驶员及在逃人员等多个数据查询平台的建设，为国家安全和社会公安公共安全治理做出了极大贡献，但是也存在警用科技设备投入不切实际、无法利用、形同摆设的现象。第二，以健康发展为导向。公安领导环境既能促进公安领导系统的发展，同时也可能成为破坏其系统的因素。公安领导者要善于甄别哪些因素有利于公安领导系统的健康发展，哪些是破坏其系统有序组织的因素，进而放大有利因素，避免并抵制负面因素。比如，在世界范围内，把先进的具有积极作用的文化理念积极地吸纳进来，同时抵制落后的具有消极作用的文化理念影响公安领导主体的思想。第三，以适度开放为原则。外因通过内因而起作用，脱离公安领导系统内部的负荷能力，尤其是公安职业化的特殊性，试图通过完全敞开式的与社会的无缝隙接轨而实现新奇高端、精尖等公安领导方法，结果只会导致公安领导工作的事倍功半，甚至失败。公安领导者必须根据自身所处的领导系统承受能力、吸收消化能力等，对鉴别并确定为有利领导系统发展的因素进行适度引进，保持公安领导系统的动态平衡；同时，要以自身能力素质为保障，对外适度开放，结合实际进行创造性地学习，吸收先进的公安领导理念和公安领导科学技术经验。

（3）多元的智囊团“头脑风暴”。信息社会的知识大爆炸、客观的公安事物多元化，且矛盾层层叠加，使公安领导工作极其复杂多变，涉及面广泛，我们不能过分期待公安领导者的知识储备与信息社会同步，对于超越公安领导者自身知识范畴和能力水平的公安事务，公安领导者必须积极地向该领域的专家智囊寻求“外脑”辅助，通过智囊团“头脑风暴”为公安领导者出谋划策。一般而言，在公安领导实践中，智囊团“头脑风暴”对公安领导者的辅助作用主要包括拓展和丰富知识储备以及创新公安领导思路两个方面。满足这两个要求的“头脑风暴”主要有三种方式：第一，能为公安领导者提供信息知识支撑的研究专家或权威学者；第二，在岗位工作实践中积累了大量成功经验，能为公安领导者提供思维支撑的业务能手和骨干标兵；第三，在影响重大、涉及面广泛的公安领导决策中，能为公安领导者提供多种可行性论证及具体方案的专业咨询机构。

在具体的公安领导活动中，公安领导者要经过综合分析和研判，选择最切合其系统自身实际需要的“头脑风暴”方式，这也是系统性思想方法的根本要求。

（三）预见性技能

预见法其实就是人的思维具有主观能动性的一种体现。简单地说就是尊重和遵循公安领导工作的客观规律性，采用有计划、有组织、有预案和有充分的准备的公安领导工作方法。马克思主义哲学告诉我们，事物的发展不是杂乱无章的，而是有序的，是有规律可循的。事物发展的规律性使得人们认识并掌握事物发展的方向和趋势成为可能，人们不但可以认识、推测对象的过去，还可以对对象的未来进行科学的预测。与此同时，事物具有普遍联系性，人们可以由此及彼地，多角度、多维地看待前后相继的多个问题，进而提出问题、分析问题、解决问题。预见性思想是主体对客观事物发展的预判和前瞻。

公安领导预见性思想是指公安领导者根据公安领导工作发展的特点、方向、趋势而进行预测、推理的一种思维能力。公安领导预见性思想不是公安领导者与生俱来的天赋和灵性，而是客观事物在其头脑中主观反映的产物。对公安领导者而言，应对瞬息万变的公安事件和突发的甚至危机的公安状况是其重要的工作内容之一，而科学准确的预见决定着公安领导者能否有效预防，和这些状况一旦发生能否快捷、高效、掌握处理的主动性，因此，充分认识和掌握预见性思想，对提升公安领导对工作效能具有重要意义。

1. 预见法的类型与特点

（1）预见法的类型。根据公安领导者预见法最终成果的新颖程度，我们通常把公安领导预见法分为经验性预见和创造性预见两种类型。公安领导预见法与其他公安领导方法比较具有其突出强调主观性、或然性和随机性的特点。

公安领导经验预见法是公安领导者根据自己公安工作经历积累的直接感觉、经验所做的未来的趋势性判断。这种类型的预见缩短了从认识到实践这一转化过程的时间，简单而快速，对抓住瞬间即逝的时机有极大的帮助，但必须保证是准确无误的直觉经验。事实上，经验性预见法是公安领导者最为常用的方法。但这种方法也容易只看到外在的现象、事物的一部分，不能洞察其本质、顾及其整体，或者忽略一些新的变动因素，“只见树木，不见森林”，是一种难以做出宏观、整体的最优化决策的方法，特别是应对高速社会的发展，它显然是一种低层次的方法。

公安领导创造预见法是为了应对经验性预见的不足，追求符合环境发展的客观要求，而科学系统地规划公安领导工作的未来，全面地推进和优化公安领导工作，并面向公安领导工作的未来发展对公安领导工作理念、模式等进行不断调整的方法。公安领导创造预见法要求公安领导者具有灵活和发展的眼光，统筹兼顾和综合客观地估计未来的能力。创造性预见法是一种关注公安领导工作的国际和国内社会，及公安机关内部环境中不断涌现的新问题、新矛盾的苗头，预见对未来具有重大隐患的前人所未能预见到的思维品质，显然是预见性思维中较高层次的方法。

（2）预见法的特点。公安领导预见法实际上是普适性的归纳演绎法和系统分析法在具体公安领导发展性决策中的具体运用，公安领导预见法只是更加突出了公安领导者的主观性，更加针对或然的未来发展的公安领导事物，同时也更加突出强调了应对瞬息万变的公安领导环境、公安领导方法的随机权变性。1）主观性。公安领导预见法的主观性认识是公安领导者对未来可能出现的某种趋势的预测与假定，这种预测和假定的准确性依赖于公安领导者主观的前瞻性认识水平，同时，也依赖于公安领导者在其前瞻性认识指导下对其实践行为所能引起的现实预期改变的自我调整能力。2）或然性。公安领导预见性思想是对具有很大不确定性的未来进行的思考与分析，预见的结果也仅仅是一种或然性的趋势或可能。所以，公安领导者必须充分认识到，公安领导预见性思想只是一种立足于警务实践规律性认识基础上对警务运行未来的或然性分析结果，切不可将其等同于未来。3）随机性。公安领导预见法具有很大的随机性。一方面，公安领导者预见的本质是对公安领导工作的未来发展做各种可能性的预见和前瞻，归根到底是一种仍然没有成为现实的公安领导事物，必然带有一定程度的模糊性；另一方面，受公安领导环境或其他公安领导系统客观条件的变化，公安领导者预见的结果可能不发生，或是以另一种形式发生，或只是不同程度、不同范畴地发生，是一种不确定状态。公安领导预见法的随机性也表明其具有不完全性，因此，需要公安领导者结合现实的实际具体调整和修订其预案，并与其他公安领导方法结合运用。

2. 改进预见法的途径

不论是经验型预见还是创造型预见，公安领导预见法不仅受到公安领导环境发展客观规律的制约，而且受公安领导者自身素养、性格品质的限制，公安领导者心理因素对其预见性思维的影响很大。公安领导者应避免定势效应，克服时尚效应及消极情绪等影响，做出及时正确的预见，指导制定科学的预案，不断提升自身的预见力。

（1）提升自身素质。公安领导者的知识水平、应用能力、思维方式及思想传统等，对其预见的科学性具有重要影响。公安领导者要不断提高自身素质，优化自身知识储备、思维能力以及综合素质：第一，树立科学的发展观。树立以党的方针路线为指导、以政府的法制为原则、以公安领导工作的客观规律性为基础的理念，用战略家高瞻远瞩的眼光，准确把握未来公安领导工作的政治需求、法制需求、职业化需求等各种公安领导文化需求，从而超前制定推动公安发展的战略规划及运行机制。第二，掌握一定的预测技术，通过掌握控制论、运筹学、数理统计等学科的基础理论与方法，了解预测的思维过程和逻辑，准确把握公安工作发展的动向。只有不断提升自身素质，公安领导者才能避免因自身观念落后和知识技能缺欠等因素对公安领导预见性思维活动产生的消极影响，才能实现有效和科学的预见。

(2) 摆正自身角色位置。公安领导者对自身的角色定位是其对公安领导活动中所扮演的角色认知与判断，以及对其角色行为的社会标准的认知。因此能否准确定位关系公安领导者对自身的领导地位和身份，以及与其地位身份相一致的一整套权利、义务的规范与行为模式的理解，直接影响着公安领导预见性思想活动的方向和效果。如果一位公安领导者在其工作过程中，不能摆正自身角色位置，就不知道应该想什么和怎样想，也就不知道应该做什么和怎样做，也就毫无预见性可言。相反，如果公安领导者能够摆正自身角色位置，就知道如何奉献、怎样创新，知道如何“在其位，谋其政”，针对自身的本职工作尽心、尽力、尽责地发现问题、分析问题、解决问题，从而提高其预见性。

(3) 大胆尝试创新。公安领导预见法既是传统经验的继承和发扬，也是现代化高科技手段的具体运用，所形成的预案对现实公安领导工作具有重要的指导作用。但受其主观性、不确定性和随机性的影响，公安领导预见的结果也可能只是思维意识中的理想化状态，因此，为了使公安领导工作的客观发展趋势与其主观预见结果趋向同步，公安领导者要全方位、多角度、多侧面来观察和思考问题，必要时要利用各种研究会、顾问组、研究所等社会、群众智囊机构进行“头脑风暴”，大胆突破常规，敢于尝奇探怪，善于探索创新。

(4) 注重调查研究。公安领导预见性思想来源于实践，切勿凭空想象、闭门造车，进行毫无事实和实践根据的预测。公安领导者只有面向公安领导工作实际，深入基层所队，进行全面的调查研究，并广泛进行社会调查及时了解和掌握人民群众的内心期待、公安机关运行的真实情况，以及一线实战单位的需求，对公安领导工作进行全盘的综合、比较，才能正确认识并把握公安领导未来的发展走向，做出正确的有效指导现实的预见。

（四）创造性技能

1. 创造性技能的含义

公安领导创造性技能主要是指未来的领导者应该具有一定的创造性。美国学者哈罗德·孔茨和海因茨·韦里克认为，在领导者的工作中，一个重要的因素就是创造性。创造性和创新有所区别，创造性通常指的是发展新思想的才能和能力，而创新通常指的是这些新思想的应用。一般来说，富有创造性的人是好探究的人，并且还提出许多新的和不平常的想法，他们很少满足现状。富有创造性的人有自知之明，因此能够独立做出判断。毫无疑问，富有创造性的领导者必将能够带领组织在前进的道路上不断取得新的突破。

公安领导创造性技能是现代公安领导者必备的核心能力。首先，现代公安领导活动具有两重性，既有确定性、规范性、必然性的一面，又有其不确定性、非规范性、经验性的一面，这就决定了创造性技能是公安领导者活动的根本属性。其次，从公安领导活动最重要的核心职能即领导决策这个角度来看，凡属重大决策以及相当部分的策略决策，都要求有创造性技能。决策总是要变革现状，开创未来，因而包含新的目标、新的措施、新的步骤。最后，从公安工作的性质来看，现代公安领导活动纷繁复杂，包含着众多的未知因素。特别是在公安日常处突过程中，新情况、新问题不断涌现，没有固定的模式照搬，没有成功的经验借鉴，这就需要各级公安领导者不断地提高创造性技能。各级公安领导者只有具备创造性技能，才能紧跟社会发展潮流，把握时代跳动脉搏，不断研究，提出新思路，创造新经验，才能把公安改革和建设事业不断推向前进。

2. 创造性技能的提升途径

（1）思想政治素质是提升领导者创造技能的内在动力。领导者是领导活动的主体，领导者素质的高低不仅直接影响到其个人的形象、个人创造力的发挥，也直接关系到整个事业的兴衰成败。思想政治素质决定着领导者自身的发展方向，决定着自身有没有开拓精神和创造性技能。思想政治素质的好坏直接反映出领导者的马克思主义理论水平、党性原则和人民公仆精神及领导者的创造性技能。思想政治素质优良的领导者势必从维护党和人民的最高利益出发，置个人私利于不顾，激发和萌生出强烈的创造技能意识，自觉地在自己所在的领导岗位上发挥创造性的领导技能。

（2）理论功底是提升领导者创造技能的基础。创造技能必须以扎实的知识体系为支撑。知识与创造技能密切相关，不存在离开知识的创造技能。创造技能要有丰富的知识、开阔的视野，这是创造技能的材料、基础和背景。知识越多、经验越丰富，提升创造技能的可能性就越大。创造技能的培养与提升根源于知识中。

（3）实践锻炼是提升领导者创造技能的重要途径。领导干部的创造技能说到底就是解决实际问题的能力。领导干部要培养自己在工作中的创造技能，必须深入实际，勤于实践，在实践中创新。实践是创造技能的关键环节，是创造技能的现实平台，也是创造技能的最终目的。善于在实践中探索，把理论创新与实践创新有机地结合起来，用创新的理论指导具体的工作，从而体现创造技能的现实价值。

（4）良好环境是提升创造技能的重要外在条件。领导者创造技能的提升离不开良好的外部环境。社会要营造一个良好的环境，使领导者勇于、乐于和争相发挥创造性技能。领导者在发挥创造性技能过程中不可避免地会出现失误、失败，甚至会犯错误。社会不能求全责备，要允许失误，宽容失败。成功的探索可以接近真理，失败的探索也是接近真理的过程。

二、公安领导基本理论技能

公安领导基本理论技能是指具有普适性和基础性的、所有公安领导主体共同具备的调查研究技术和能力。公安领导者的基本理论技能一般具有全局性、系统性、战略性、辩证性、创造性等特征。掌握并运用好基本的公安领导技能是有效从事公安领导活动的基本功。

（一）调查研究技能

认识世界是改造世界的前提，科学的调查研究则是充分发挥人的主观能动性、认识世界和改造世界的基本手段。随着我国经济建设取得的突出成绩，各种新问题和百姓的新期待层出不穷，要做好各项公安工作，调查研究就显得尤为重要。调查研究是公安领导者通过一定的途径和方法，对领导对象和领导环境进行观察了解，以获得公安领导活动中所需的各种材料和情报信息，并对所获得的各种材料和情报信息进行科学的加工处理，揭示其中蕴涵的规律，并以此指导整个公安领导活动、实现公安领导目标的过程。调查只是了解公安领导事物的真实情况，而研究则是通过现象看本质，对掌握的真实情况进行正确归因，以找出问题的症结，并予以解决的活动。

1. 调查研究技能的作用

（1）满足公安改革创新的要求。2015 年 2 月，中共中央审议通过《关于全面深化公安改革若干重大问题的框架意见》及相关改革方案，正式确立了将在社会治安完善、110 警务指挥、治安巡逻防控、打击犯罪、警务合作等工作机制，以及户籍、出入境、交通等方面进行全面深化的行政改革，其中共涉及七个方面的公安改革任务和 100 多项公安改革措施。在形势快速发展和不断复杂化的今天，公安领导者面对沉重的工作负荷和艰巨的改革任务，必须依靠熟练的调查研究技能，了解新情况，整合新问题，探索新途径，寻找新方法，采取新举措。唯有这样，才能不断增强公安领导工作的预见性、系统性和创造性。

（2）贯彻党的思想路线。实事求是，一切从实际出发，反映了马克思主义的认识论和我们党的思想路线的本质要求。坚持实事求是的关键是必须在“实”事中求“是”，必须经过一个辩证运动的认识过程。公安领导调查研究的技能是了解客观事物，从基层获取真实的感性认识，并经过理性分析上升为对公安领导事物本质的和规律的认识，从而指导公安领导工作的实践，并在实践中不断完善和深化。公安领导调查研究技能是其正确地认识客观公安事物和有效改造公安事物的基本保证。

（3）加强民主化和科学化。公安领导者调查研究的技能是其决策前听取各方意见建议，掌握全面、系统、真实的决策依据的基础。公安领导的决策往往会呈现多种方案，如何优化和择优、下级公安机关在贯彻决策中会遇到什么问题、会不会遇到难以突破的瓶颈、可能的应对方法，以及决策执行过程中如何监督和反馈等问题的解决都依赖于公安领导者的调查研究技能，广聚民意、群策群力地加以解决。

2. 调查研究技能的要求

公安领导工作的特殊性决定了公安领导者开展调查研究工作有其自身的技能要求。公安领导者既要掌握一般的普适于党政所有领导工作的调查研究技能技能，又要把握针对公安职业化的调查研究的技能，特别要善于从信息时代的特征和规律入手，掌握信息时代特有的、以高科技为手段的调查研究技能。

（1）观察的技能。“调查研究是公安领导所有议案的基础，是公安工作的谋事之基、成事之道。”① 在多年来的公安实践中，公安决策机关对于事关改革、发展、稳定的重大课题和人民群众关注的热点、难点问题，在深入广泛的调查研究基础上，形成了一大批经过深入调查研究的成果。可以说，重视调查研究工作是民主监督有成效、科学决策有建树的前提和基础，离开了调查研究，公安领导科学决策必然是空中楼阁。

（2）访谈的技能掌握方法。由于调查研究的广度与深度及对策建议的可行性和可操作性决定了领导决策水平的高低和实效的大小，所以掌握调查研究的方法是公安领导者调研工作的基本要求。第一，精选课题。找准能切实将国家安全、社会公共安全治理和发挥公

---

① 公安部政治部主编：《公安领导科学研究》，82 页，北京，中国人民公安大学出版社，2007。

安机关优势有机融合的课题，使调研课题切合法治国家、社会建设和深化公安改革的实际。第二，深入调研。公安领导者在确定调研课题后，要积极组建精干的调研力量，对确定的课题开展调查，调动方方面面的积极因素，加强互动与合作，整合调研队伍的智力，发挥公安领导的主体作用，为能撰写出说理深刻、观点新颖、对策建议可行的调研报告积极创造条件。

(3) 信息搜集的技能。随着我国的转型和社会主义建设向纵深发展，社会矛盾和问题将日益复杂和尖锐。公安领导者要积极集中各方面的智慧和力量，对层出不穷的新的情况、问题、难点、焦点，特别是改革、发展、稳定中的重点课题和社会热点问题进行深入的调查研究，以求破解难题，促进全社会的公安治理创新，并通过广泛和深入的调查研究，更加深切地体察民情，关注民生，反映民意，切实维护好、实现好最广大人民群众的根本利益，牢固树立“不经调查不建言、未经研究不立论”的理念，密切关注发展中的重点、难点，加强学习，勤于思考，善于调研，增强洞察力和预见力，力求提出有利于社会治理创新、有利于深入推进公安改革的具有重要参考价值的意见和建议，为提高党的执政能力、巩固和扩大党的执政基础，发挥好公安机关不可替代的特有作用。

（二）群众路线技能

公安领导群众路线技能是公安领导者的唯物史观在其领导方法上的生动体现，也是我党一切工作必须坚持的根本路线。公安领导必须服从党的领导，与党一道坚持一切为了群众、为了群众一切的工作目的，和从群众中来、到群众中去的工作作风。因此，只有掌握群众路线技能，才能做好和做实群众工作，筑牢群众支持和拥护的根基，才能使公安领导工作走上可持续发展的道路。

1. 公安领导内环境的群众路线技能

(1) 蹲点垂范技能。依据《人民警察法》总则的规定，人民警察必须依靠人民的支持，保持同人民的密切联系，倾听人民的意见和建议，接受人民的监督，维护人民的利益，全心全意为人民服务。公安领导者必须率先垂范，带好队伍的同时结合工作实际，对辖区内的突出问题、群众反映强烈的问题深入调查，为正确决策提供有力依据。

(2) 人本带队技能。公安领导者要树立以人为本的工作理念，对于确有实际困难，如家庭贫困、亲属疾病等，要主动关心慰问，给予任务安排、经济条件、请假探亲等的照顾。另外，在决策过程中，可采取召开民主座谈会的办法，把意图交给与会者各抒己见。通过循循善诱，民主讨论，使民警没有顾虑的表达内心的要求和呼声，并尽量满足其合理要求。

(3) 民主参与技能。公安领导主体通过建立健全深入基层制度、领导接待日、设立意见箱等，不仅有利于公安民警与其领导之间的交流、互通有无，更有利于公安机关内部的团队建设，同时，加强公安领导者同人民群众的联系。如江苏省苏州市公安局大力推行的市、县（区）“公安局长邮箱”制度，为民警向各级公安局长反映工作、生活、学习教育等方面的困惑和困难，和人民群众反映各级民警执法中不合规范的行为提供了渠道，使过去上对下、点对面的单向的信息交流变成全通道的平视交流，将公安舆论的宣传变成传播，将传播变成“传通（传播与沟通）”①，充分利用自媒体时代，既做好公安先进理念树立，又使下情上达，充分发挥群众的监督作用，同时也有利于公安舆论舆情的引导和控制。

2. 公安领导外环境的群众路线技能

（1）依靠群众技能。认真做好宣传发动工作。对于2004年云南大学“2·23”杀人案罪犯马加爵，公安机关虽巨额悬赏并布下天罗地网，最终是在群众的举报协助下落网。依靠群众、发动群众使公安工作成为有源之水，通过无穷的民力，实现警力的无限。公安领导者贯彻落实坚持一切依靠群众和一切为了群众的工作路线，既要树牢为民服务思想，尽一切努力为人民服务，还要建立良好的警民关系，取得群众的信任和支持，紧密依靠群众，探索集中民智整合民力的有效途径，促使治安防控体系朝社会化、市场化、规范化方向发展，努力开创公安工作的新局面。

（2）密切联系群众技能。搞好试点、以点带面。密切联系群众是我们党的优良传统。在实施与人民群众或公安民警切身利益息息相关的重大决策时，公安领导者首先要选择有代表性的地区或单位进行试点。对试点实施过程中发现的问题，要及时进行分析研究和纠正，切不可拖延或强迫执行；对试点工作可行的，还要把点和面结合起来，把成功的经验加以推广，使正确的决策得以顺利地贯彻执行。

（3）调动群众积极性技能。与时俱进，身先士卒。在新的社会条件下，人民群众的生活节奏加快，“时间就是效率、时间就是金钱”已经成为社会公众的主流时间观念。公安领导主体进行群众工作也要与时俱进，探寻调动群众的主动性、积极性的新型工作方式。第一，当今社会已经进入微信时代，要尊重并主动适用社会公众人际交往的新方式，充分利用双微警务②、智慧警务等移动互联网发动社会公众支持公安工作，同时搜集公安信息；第二，充分相信群众，积极利用互联网等新型方式公布案件基本情况，向社会公众征集违法犯罪线索和其他有利于公安机关侦查破案的信息；第三，在正确的路线、方针、政策确定之后，公安领导者要积极地组织发动民警不折不扣地执行，行为示范带领广大民警积极投入社会群众工作。

（三）战略规划技能

公安领导战略规划技能主要是指公安领导主体在落实党的指示和政府的决策过程中，对公安工作全局性的、长远性的、根本性的问题所进行的综合性和系统性的分析、判断和谋划，并在此基础上进一步做出具有科学性、预见性和发展性的操作计划的技术和能力。公安领导主体是否具有成熟的战略规划技能，不仅直接影响着公安领导主体观察、分析、判断公安发展变化的立场、观点，而且直接影响着公安领导主体的行为模式及公安领导效能。善于进行战略规划是新的历史条件对各级公安领导主体技能的新要求，也是公安领导主体之所以能够成为公安领导者的根本原因。

1. 战略规划技能的基本要求

对于公安领导者而言，其战略规划技能关键要把握住以下几点。

---

① 武和平：《“内生动力”的开掘与迸发论苏州市公安局局长张跃进“局长信箱”的创新意义》，载《检察风云》，2012（19）。

② 微信警务和微博警务：建立在微信、微博网络新媒体平台基础上的警务工作模式。

（1）全局观念技能。全局性、战略性和系统性是战略规划的三大要素。因此，要求公安领导者必须具备胸怀韬略，总揽全局，以一种高瞻远瞩的战略眼光和服务大局的心态作为考虑和解决问题的出发点与落脚点，这是衡量公安领导者战略规划技能高低的基本标准。全局观念技能要求公安领导者既要抓住公安全局工作的主要矛盾和中心任务，还要统筹兼顾各个部分的工作。在解决主要矛盾和重大矛盾的过程中，发现和解决制约全局发展的瓶颈，特别是针对每个公安领导系统中的薄弱环节的各有不同，因时因地进行具体分析。比如，公安领导主体必须具备从国家法制和公安全局的视角理解、掌握、落实突发事件预案的技能，但同时在指导各地方预案演练的过程中，必须根据各地社会治安形势的不同特征和发展趋势，权变统筹地安排具有各地特色的突发事件预案演练的技能。

（2）科学预见技能。公安领导主体的战略规划是一定条件下对公安发展趋势的准确认识和积极应对的过程，是指导一定历史时期公安工作全局性和决定性的谋划。“凡事预则立，不预则废”，公安领导战略规划会在相对较长的时期内影响公安全盘工作及公安组织发展，所以公安领导者的科学预见技能对其战略规划的制定和研究中具有重要的意义。例如，基于全球信息社会的发展和我国经济社会发展态势，以及高科技犯罪现状与发展趋势，我国2003年12月启动了“金盾工程”建设、科技强警示范城市建设等近20项科技强警战略。科学预见技能是公安领导者熟练运用公安领域的相关理论、指导公安工作实践的技术和能力，也是演绎法的具体表现。

（3）机遇意识技能。机遇稍纵即逝，却往往影响着事物发展的速度和在可能性空间中的走向与结局，因此公安领导者的机遇意识技能对掌控公安事物的发展有着重要的作用。公安领导者的机遇意识技能表现在对机遇的洞察力、对机遇偶然性背后的必然性认识、对公安发展态势高屋建瓴认识。正是因为警务战略规划技能与机遇意识技能密不可分，因此使得警务战略规划带有极强的主动性，不仅能正确反映警务运行的本质性规律，更重要的是它力求驾驭警务发展的态势，从而有效控制和降低机遇的阶段性和不确定性，使之向着有利于警务发展的方向变化。

2. 提高战略规划技能的主要途径

公安领导者的战略规划技能在理论和实践中都具有重要意义。公安领导者提高战略规划技能的主要途径，包括提高思维技能、学习技能、实践技能和创新技能四个方面。

（1）树立可持续发展观。公安领导战略规划技能是一种对警务运行整体的和内在本质的规律性认识，是一种基于公安事物产生与发展规律性的归纳与演绎相结合的思维方法。因此，公安领导战略规划方法在警务战略规划制定和研究中需要以深厚的理论功底作为基础，而科学发展观是公安领导主体理论思维能力的基本。在某种意义上说，公安领导战略规划就是追求公安组织可持续发展，同时也是马克思主义世界观和方法论在公安领导工作中的生动体现和具体运用。

（2）强化知识储备。知识的贫乏是思维能力低下的重要原因。因此，公安领导主体要广泛积累科学文化知识，只有通过不断的学习掌握各方面知识技能，才能形成和发展以综合性思维为主要表现形式的战略规划技能。根据公安领导战略规划的本质要求，一方面，公安领导者要不断拓展所掌握知识技能的广度和深度，只有知识储备越广越深，公安领导活动中所思、所用的元素才会越多，战略规划才能顺畅地进行；另一方面，公安领导者也要注重学习的精度，摒弃无原则的全盘接受，当知识积累到一定程度时，就得带有批判性的学习，对学习的知识有自己的观点和看法。

（3）敢于探索尝试。公安领导战略规划是一种直接指导公安实践的实践理性，因此，高超的公安领导战略规划技能必须扎根于丰富的公安实践经验。同一般的公安领导思想方法有所不同，公安战略规划方法的对象和侧重点是基于整个公安组织发展的，因此其方法功能和作用发挥更加强调在宏观上、整体上来指导或协调公安实践及其整体效益。为了保证警务战略规划的实效性和指导性，公安领导者必须立足于公安实践并超越公安实践，在公安实践中掌握和提高战略规划技能。

（4）大胆推陈出新。创造性思维完成的并不一定全是战略规划，但战略规划一定是创造性思维的结果，所以说，公安领导战略规划的过程就是公安领导主体的创造性思维过程。公安领导战略规划的创造性主要体现在两个方面：一是公安领导主体推出新思想，提出新认识，发明新方法，才能制定出切合我国转型时期独具特色的警务发展规律的战略规划；二是注重公安领导主体创造性思维成果在推动公安工作和公安队伍建设中的作用。因此，公安领导主体要与时俱进，敢想敢为，勇于抛旧纳新，不断以创造性的思维制定和调整公安战略规划，使公安组织走向卓越。

三、公安领导具体实践技能

具体实践技能是以基本理论技能为基础，具有技术性、指向性和操作性的外在表现形式，包括公安领导实践中各个部门、各个领域和各个层次的特殊的领导工作方法。

（一）会议领导技能

公安领导主体经常是各种会议的主持人，即使是通信技术十分发达的今天，会议仍然具有不可替代的地位和作用。会议是公安领导主体的常用工具，它可以充分发挥“智囊”功能，进而服务领导决策。公安领导主体依靠会议交流沟通安排布置公安日常和专项工作、凝聚警心、提高公安团队的士气。按照公安会议的性质，可以将其分为研究决策型和执行协调型两大类，每一类会议又有不同的主持方法。首先，对于研究决策型公安会议，公安领导者要发扬民主，广开言路，控制会议节奏，引导与会者动脑筋、想办法，最后集中大家的意见，得出必要的结论。对于要做决策或争议较大会议，要提出多重决策方案供大家讨论比较，在充分的争论和辩论后，付诸集体表决通过。其次，执行协调型会议要突出其执行性和告知性。对于一般小型会议，要允许与会者发表意见，无论汇报情况、接受任务或协调矛盾，都要实事求是，认真对待。同时，要保持会议的严肃气氛，不能辩论不休，要议而有决，决后即行；对于召开大型会议，在会前就要准备好大会主题、程序、主持及报告者等，演说报告内容要实际科学，会议议程要精简紧凑，保持大会郑重的气氛。

1. 公安领导者主持会议的原则

公安领导者要避免不讲效率的“滥开会”和无效果的“瞎开会”，在召开会议时必须遵循超前性、有效性和善后性三个原则。

（1）超前性原则。会前要做好与开会相关的一切准备，要有问题、有观点、有分析，不开无准备的会议。因此，领导者在开会之前要弄清五个“W”和一个“H”：Why——为什么开会，即目的、理由和要求；What——开什么会，即内容、议题；When——什么时候开，即开会时间从何时到何时；Who——哪些人开会，即与会人员；Where——在什么地方开会，即开会地点；How——怎样开，即方法、步骤、程序、手段。

（2）有效性原则。公安领导者主持会议要努力改进会风，提高会议效率，废除官场习气和盲目攀比的心理，避免唯有上级领导到会才显示会议规格高、唯有最高领导讲几句才显得会议内容重要等错误观念。会议发言要讲求实效，做到一般会议发言限定时间；不请多位领导作重复性发言；保持良好的会场纪律，保证发言的良好收听效果；不借开会名义做他用，严格遵守八项规定。切实做到会前有准备，会中有控制，会后有布置。

（3）善后性原则。在会议结束后，公安领导者要注重后期的信息反馈，检查落实，对会议中形成执行方案的，要一路跟进，实时掌握方案实施情况。

2. 公安会议主持的要求

公安领导者在会议主持中，一要善于控制会议核心内容和进程，以最有效的方式解释议题，引导大家围绕议题展开讨论，同时要排除干扰，保证会议的顺利进行，掌握会议的逻辑过程，适时总结，并控制好会议时间，做到准时开会，适时闭会。二要保持言简意赅的会风，使每位参会者的精神都处于高度集中、专心致志的状态。三要注重言行举止。公安领导者要通过坚毅的人格及洪亮的发言表现出信心和魄力，同时也要避免炫耀自己的业绩，以防止削弱与会者的积极性。

3. 处理特殊问题的技巧

公安会议主持中常见的特殊问题有“冷场”、“离题”和“争持”等。“冷场”的原因可能是与会者因议题不清而不理解导致无从开口，或是在态度上对议题不感兴趣及对主持人有意见等。对于因议题不清而不理解导致无从开口的，要详细说明，并加以启发引导。对于态度上的问题，公安领导者可以通过增加讲话的艺术性和趣味性，或安排有威信者发言等技巧加以解决。对于“离题”情况，公安领导者可以接过离题议论中的某一句话，或插上一句话使话题自然转回，或联系议论中的某一层意思，提出新的话题，使议论者在有意无意中回到正题上来。“争持”的原因包括逻辑问题所致，或是含攻击成分的争吵。对于逻辑问题导致的，要在逻辑上指出争持点；而对于含攻击成分的争吵，公安领导者或者用目光、手势示意争持各方停止，或起身以引起注意加以制止，对情况严重的也可加以记录，跳过该议题。

（二）公安危机事件指挥技能

公安危机事件指挥技能是公安领导者在危机状态下处理突发事件的公安领导操作技术与能力。具体地说，就是公安领导者为保护国家安全，维护社会秩序稳定，保障社会主义现代化建设，依法对公安工作中所遇到的危机问题，按照预期的目标，运用科学理论、方法和手段，从制订的若干可供选择的行动方案中选择最优或满意方案付诸实施，最终实现公安危机事件处置目标的过程。这里所指的公安危机事件，必须同时具备以下三个条件：一是突发性，即这一事件必须是突然发生、难以预料的；二是关键性，即这一事件包含的问题极为重要，关系国家、组织或人民群众群体安危等事件，必须及时处理；三是首发性，即这一事件必须是首次发生，无章可循。通过对这种没有预案程序可循、没有案例可借鉴的突发事件的处置，公安领导者处理得当就是一次加强自己权威的机会，处理不当后果不堪设想。公安领导者面对危机，一般致力于以下几个方面。

1. 明确主管部门

谁主管，谁负责。责任不明，就会造成面对危机时互相推诿、推卸责任的局面，不利于危机的迅速处理。公安机关要想及时、高效地完成任务，就必须明确一个统一、集中、权威的危机主管部门，这个部门既要有很高的理论知识和专业水平，又要有一定权威和决策智慧，更需要民主和团队合作体制的健全。它不是我们通常意义上的咨询参谋系统，而是在危机事件发生时拥有最高指挥调度权，集 110 接警、指挥调度、文秘调研、信息搜集、机要通信、机动处警为一体的，拥有先期指挥权、越级指挥权、装备调用权、对外协调权、检查督导权、处分建议权等权力身兼数职的专门综合机构，是一个利用专业知识、保证决策权威、吸纳各方智慧、责权明确的常设危机主管部门。这个部门在避免决策时机延误、减少危机代价、提高公安机关危机事件快速反应和危机的预防、预案制定、指挥处理、总结整个过程中发挥着功不可没的重要作用。

2. 制定危机预案

危机事件的高度不确定性决定了完全避免其发生是不可能的，公安领导者从任职一开始就必须坚信：为将危机的损失降到最小，做好危机预案工作是最基本的保障；反之，忽视危机预案会导致危机发生时无所适从，后果严重。具体而言，结合社会治安状况和犯罪活动的时代特点及趋势，推断、设想出各种可能发生的危机，并针对不同设想制订不同的决策预案，时刻做到以预治变，牢牢掌握以快制胜的主动权。在常态下，制定和完善应急预案可以作为一种特别的“预实践”方式，在实实在在进行准备的同时，通过总结规律、设想情况、发现问题、提出对策和实际演练，培育公安领导者的技能。预案的背景要尽量设想得复杂、多变，使预案的体系尽可能的完备，各级各部门预案制定出来后要进行反复的演练。只有这样，才能不断提高危机处理的能力。

3. 实施危机预警

危机事件的社会影响性决定了它的发生、发展必然受到人民群众的关注，其造成的最大危害在于社会正常秩序的破坏，并由此带来消极的社会心理问题。从危机事件发生发展的阶段来看，“酝酿”阶段是危机事件产生发展所必然存在和经历的阶段。只要有敏锐的洞察力，从模糊不清和充满矛盾的信息元素中判断出危机迹象，果敢地实施危机预警，就能有效地预防危机事件。

4. 及时发布危机信息

如何向社会发布危机信息是公安领导者处理危机时必须掌握的一个技能。在向社会发布危机信息时应做到：

（1）及时。及时公开危机信息，抓住舆论舆情引导和控制的主动权，并表明解决危机的决心，给群众以安全感。现代社会，媒体高度发达，隐瞒危机、掩人耳目，纯属自欺欺人，实不足取；更何况我国公安机关的性质也不要求这样，也与社会进步背道而驰。所以，通过及时发布公安危机事件的背景情况，表明警方的组织态度，表现危机处理游刃有余的组织状态，是消除不安定因素的有效途径。

（2）准确。发布准确的危机信息，更正不实报道。不要轻易发表不确切的信息，对于事情复杂、问题敏感的危机，要充分调查研究后，才能公布于众。公安机关的危机管理部门要派专人及时搜集新闻报道，发现问题，根据问题的性质，采用适当的方法指出并要求更正。

（3）澄清。要有针对性地利用媒体澄清所有小道消息带来的误解，表明警方立场。在危机处理过程中，关心群众的切身利益，如果群众不知情况，会产生各种猜疑、误解，不利于问题的解决，所以应适时地澄清误解，表明警方处理危机的立场，满足群众的知情权和批评权。

5. 正确应对危机事件

在一般情况下，危机事件爆发后，各种信息会从不同渠道纷至沓来，有真有假，有虚有实，有前有后。全面、准确的信息是决策的前提和基础，根据假信息、错信息、迟延的信息判定危机、制订方案，后果将不堪设想。因此，为了减少危机所带来的损失，有效防止因危机形势不断扩大而触发更大规模的危机，公安领导者要做到：

（1）亲临现场，掌握第一手材料。不能仅满足于例行的层层上报信息，而应在最短的时间内到达事发现场，通过搜集最新、最全面、最真实的信息来判定危机，为正确决策打好基础。

（2）要当机立断，防止危机蔓延。“难得而易失者，时也，时至而不旋踵者，机也。”要合理辨别并把握解决危机处理的最佳时机，当机立断，防止事态进一步扩大，造成难以弥补的损失。

（3）解决危机决策方案制订之后，要充分发挥110指挥中心统一调度、统帅全局的重要作用，迅速出击，坚决、彻底地执行解决方案，组织各种警种付诸实施。

6. 总结经验教训

公安领导者要积极主动从处理危机事件成功或失败的处置方法中汲取经验教训，总结应对突发事件和危机事态的基本规律，借鉴有益的谋略艺术。公安领导者要积极总结、吸取危机发生、应对、处置等一系列先进的做法的经验，也要注意借鉴国外或其他公安领导系统中应对此类事件的做法，提高处理突发事件和危机事态的实践技能。

（三）公安领导大接访技能

我国现阶段正处于社会经济转型时期，多元化的利益冲突和社会矛盾使得主动的“走访”式的大接访已经成为历史的必然。大接访技能是我国公安领导主体创造性地开展群众工作过程中所总结和养成的一种操作技术与能力。大接访既是公安机关领导主体密切联系人民群众，构建和谐警民关系的纽带，也是党的方针、路线、政策落到实处，在百姓心中生根的有效途径。各级公安机关领导主体做好大接访工作是维护人民群众的合法权益、维护政治稳定和社会安定的重要手段。公安领导大接访技能对做好现阶段公安领导群众工作具有重大意义。

1. 大接访工作技能运用的原则

公安大接访工作以全心全意为人民服务、实事求是为基本原则，依照党和国家的方针、政策、法律和政令，及时恰当地处理好人民群众提出的问题，满足群众的正当要求，真实准确地反映群众的呼声，为实现党的总路线、总目标服务。

（1）政治原则。公安领导大接访是新形势下公安领导主体从履行好公安机关肩负的政治和社会责任的现实需要出发，真实准确地掌握并反馈人民群众的新期待新要求，创新群众工作方法，丰富群众工作载体，以巩固党的执政地位、完成党的执政使命为战略目的的公安领导技能。公安领导主体要适应不断发展变化的新形势新情况，认真研究国内外政治经济变化的新形势，破除将群众工作简单化、片面性的认识误区，从被动的“控”、“堵”转变到依靠“疏”、“导”，将警民关系从被动地接待转变到主动深入，在执法活动中充分体现对人民群众的深厚情感，从而实现社会长治久安、构建和谐社会的目的。

(2) 法治原则。公安领导大接访法治原则是指，公安领导主体开展大接访工作必须是在法律的框架下，严格依照法律规定的内容和程序进行，不得违反法律规定无原则的处理问题、做出决断、执行方案。公安领导主体要依法公正对待和处理大接访中掌握的人民群众的诉求，努力让人民群众切实感受到公平正义就在身边。

(3) 实事求是原则。公安领导主体从大接访掌握的问题涉及面十分广泛，现实性很强。公安领导主体要把握大接访工作的主动权，坚持实事求是原则，树立求真务实作风，多层次、多方位、多渠道地对基层、群众、重要典型和困难的地方了解和研究，对群众最盼、最急、最忧、最怨的问题要主动调研、紧抓不放，具有坚持真理、修正错误的勇气和智慧，对了解到的各种问题坚持有一是一、有二是二。

(4) 服务原则。我国经济建设取得大发展的过程累积了很多问题和矛盾，群众遇到的许多与公安工作相关的实际困难往往通过信访渠道反映出来。因此，公安大接访工作的一个首要职责，就是从来信来访中了解群众对公安工作的意见，研究群众的需要，认真恰当地解决群众提出的各种实际问题，真诚热情地为群众排忧解难。

(5) 科学原则。在社会主义初级阶段，影响社会安定的因素较多，公安机关遇到的各种问题比较复杂。公安领导大接访工作的一个重要任务就是通过处理来信来访，听取群众的呼声，了解群众的意愿，掌握群众的情绪，汲取群众的智慧，及时把有价值的民间信息输送给公安决策机关，为公安领导者科学政策、部署和改进工作提供参考依据。

2. 公安领导提升大接访技能的要求

(1) 拓展大接访沟通渠道。当前，多元化的利益冲突和社会矛盾已经迫切需要公安机关以更加主动和积极的姿态做好公安大接访工作。公安领导主体要充分认识到，公安大接访必须随着实践不断丰富、发展，不断拓展社情民意通道、增多直接沟通的机会，才能更好地发挥它对实践的指导作用。特别是随着智能手机的不断普及、移动互联网技术的飞速发展，网络已经是公众表达交流的重要平台和公安领导主体了解民情的重要通道。因此，公安领导主体要及时和全面地了解掌握各个时期群众的意见、诉求，在用好警民相约警务室、警民恳谈会等传统接访渠道的基础上，也要拓展并强化电话、短信、邮件以及微信、微博等互联网新媒体平台来了解民情、汇聚民智，开辟公安大接访新通道。

(2) 强化换位体察能力。公安领导主体要不断强化自身接访能力，对在接访中掌握的公安机关和公安民警因伤害群众感情、漠视群众疾苦、侵犯群众利益而引发的问题，及时找准原因，强化换位体察、换位思考能力，真正站在老百姓的立场上想问题、看问题，深化感情认识，切实解决问题，维护群众权益。对因刑事执法不规范、适用刑事强制措施不严格、扣押财物登记不清等严重侵犯群众权益的问题，尽量做到亲自处理，并采取归口办理，分级负责，谁主管、谁负责，及时、就地依法解决问题与思想疏导教育相结合和属事、属人、属地的原则加以解决。

(3) 抓住初信初访的首办时机。公安领导主体对群众第一封来信或第一次来访，要做到认真阅信或热诚接谈，责任单位只办不转，限期办理，就地解决，及时汇报，负责到底。初信初访要有结果，有答复，不能按期办结的，应向信访人说明情况，抓住初信初访的首办时机，切勿因反应处理不及时而再次损害群众对公平正义的直观感受。对突发性、倾向性、疑难信访和不属于本级职权范围处理的集体访，要立即向上级有关部门报告，做到案情未查清不放过，措施不到位不放过，问题未解决不放过，以防止小事拖成大事，久拖不决形成积案，最大限度地减少群众越级上访和重复上访。

（4）树立责任倒查意识。在公安机关日常运作中，的确存在一些官僚主义和违法乱纪的行为。公安领导主体要树立责任倒查意识，广泛听取人民群众和社会各界对公安工作和公安队伍建设的意见、建议，切实从人民群众反映强烈的问题改起，从人民群众满意的事情做起，集中排查、化解矛盾纠纷，整治治安隐患；对接访中掌握的人民群众揭露的落后、消极，甚至是腐败的东西，要及时发现并坚决处理；进一步改进和加强公安工作，不断改善公安队伍的自身形象和作风，以实际行动取信于民。

（5）营造舆论宣传新氛围。人民群众对公安大接访的直接观感来源于公安领导主体的行为信息、民警规范的执法行为和热情的服务意识，进而上升为支持民警的实际行动。因此，一方面，公安领导主体要不断加强公安机关内部、外部警察公共关系建设，坚持面向社会，注重加强与社会各界的互动，在全面深化大接访中筑牢警民相互了解、相互信任的基础，追求良性互动的警察公共关系；另一方面，也要积极主动借助宣传阵地，对有关业务工作和队伍建设中执法为民的先进典型进行宣传报道，不断加大正面宣传力度，进一步展示民警执法为民的时代精神和形象，把公安工作的成效更多地体现为社会的公论，着力营造有利于公安工作的舆论宣传新氛围。

第三节　公安领导艺术

公安领导艺术是公安领导方法的升华，贯穿在公安领导者组织和指挥广大干警保卫国家安全、维护社会秩序、打击违法犯罪的一切领导活动中。不同的公安领导者对领导情境条件、领导原则原理等运用的技巧、方法和手段不同，产生的效果就会不同，其中有得心应手、事半功倍者，也不乏手足无措、事倍功半的人，而造成这种现象的一个重要原因就在于公安领导者的领导艺术各有区别。

一、公安领导艺术的含义

公安领导艺术是建立在公安领导者一定的知识、能力、经验基础上的创造性地运用公安领导原理的技能的综合体现。一方面，它来源于公安领导实践，却并不是对公安领导实践的刻板再现，而是一种蕴涵有公安领导者丰富的情感与想象力的特殊认知实践方式；另一方面，由于在公安领导活动中，时间、空间、事件、人物等社会所有事物都在发展变化之中，任何现成的方法和技能，包括原则、原理都无法穷尽所有的公安事物，都不会有不变的模式遵循。所以公安领导者都需要结合当时特有的情境，运用创造性思维，有针对性和个性化、具体化地解决公安现实问题。

（一）公安领导艺术是公安领导方法的创造

在公安领导活动中，公安领导方法和领导艺术紧密相连。公安领导方法是公安领导者实现其领导、完成其领导任务的方式和手段。公安领导艺术是建立在一定经验和科学基础上的高超的公安领导技能，是公安领导方法熟练而卓越的应用。把公安领导方法运用得恰到好处、出神入化，公安领导方法就转化为公安领导艺术。

(1) 公安领导方法具有较为稳定的程序，可以形成确定的规范，通过定性定量等分析可以控制，公安领导艺术则无法精确规范也没有固定程序，全凭公安领导者依据客观实际灵活处置。

(2) 公安领导方法具有重复性，可反复使用。不同的公安领导工作可使用相同的方法，一种方法可在不同的情况下应用，方法按照自身规律在逻辑上构成一定的方法论体系。公安领导艺术则不然，它是在一定的客观条件下对特定对象采取个性化的处理方式，因此具有一次性特点。公安领导者针对不同问题，在不同时间、不同条件下体现出的公安领导艺术也不一样，往往因时、因地、因人而异。

(3) 公安领导方法是每个公安领导者共有的东西，公安领导艺术则是属于个别内在的东西。只有那些善于动脑、勤奋实践的公安领导者才能对公安领导艺术深有所感，无所用心的人往往与公安领导艺术无缘。

(二) 公安领导艺术是公安领导经验的升华

领导艺术必须以领导经验为基础，这是领导艺术的唯物论。公安领导者长期的领导实践使其掌握了大量的成功与失败的经验，通过对问题的反思总结，转化为解决问题的技能。公安领导者领导经验的积累程度影响着公安领导艺术水平的发挥，公安领导经验越丰富，公安领导艺术水平相应越高。初出茅庐的公安领导者没有公安领导经验，也就无所谓公安领导艺术可言。同样，一种公安领导艺术由不同经历的人应用，效果相差甚远。这反映了公安领导艺术对公安领导经验的依赖性。

然而，应该注意到，公安领导实践经验具有较大的局限性，公安领导者如果仅凭经验行事，在复杂多变的公安领导工作面前不但难以打开局面，还可能会因为国际国内的现实局势、犯罪情势、公安情报预警和具体行动等情况的误判，造成国家安全和人民群众生命财产等重大损失。公安领导者的经验错误往往在于将个别的或局部的经验误认为是普适性的经验，并作为真理加以广泛应用。公安领导艺术不是公安领导经验的简单堆积，而是公安领导经验的升华，即将领导工作中零碎、片面、直接的经验，经过去粗存精、去伪存真、由表及里、由此及彼的加工制作，透过现象抓住事物本质，把感性思维升至理性思维的高度，并经过公安科学理论的指导转化，最终将对公安领导工作规律性的认识应用于公安实践，指导行动。

(三) 公安领导艺术与公安领导权术有本质区别

公安领导艺术与公安领导权术是同一事物的两个方面。公安领导权术本质上是封建统治阶级为巩固自身统治地位和有效镇压反叛，大肆鼓吹为统治阶级尽“忠”、尽“责”、尽“能”的历史使命，将法律、道德、理性等现代社会鼓励的美德视为阻碍自己统治的破坏行为，是一种只讲目的不讲手段，强调手段服从目的的违背马克思历史唯物主义的腐朽产物。与此相反，领导艺术是以马克思主义的科学理论为指导，以辩证唯物主义和历史唯物主义为理论依据，为广大公安领导者提高领导水平和技能，为解决公安领导活动中的突出疑难问题而采取的机动灵活但又合乎规范的措施及技巧。公安领导艺术是催化剂，它的传播和使用会给公安领导者解决复杂问题以智慧的技巧和便利的武器，它的价值取向是为了促进队伍团结，协调相互关系，增强向心力、亲和力，充分调动民警工作积极性，开创公安领导工作新局面。

二、公安领导艺术的特征

公安领导者的领导艺术无法主观臆造，虽然与领导者个人的运用技巧有很大关系，但必须是建立在符合客观事物发展规律、遵循一定科学原则的基础上。公安领导艺术具有灵活性、创造性、实践性和综合性等特征，正确认识这些特征，是把握领导艺术的关键。

（一）灵活性

公安工作涉及面广，变化万千，公安领导者处理复杂问题的能力和技巧体现着不同领导者对具体问题的不同处理方法。它是原则性和灵活性的统一，既表现出超出常规的随机性，又要与公安工作的发展规律并行不悖。毛泽东曾把战争指挥艺术称之为“流动的艺术”，公安领导艺术与其异曲同工。《孙子兵法》云“圮地无舍”、“绝地无留”，因而背水列阵、山上扎营历来是兵家大忌，但韩信“背水列阵”，项羽“破釜沉舟”却出奇制胜。反观马谡照搬兵书，山上扎营，却导致全军覆灭。《孙子兵法》确实有“投之亡地然后存，陷之死地然后生”的军事原则，但运用起来变化无穷，结果也大不相同。岳飞指出：“阵而后战，兵法之常，运用之妙，存乎一心。”这里的“常”就是原则、准则，而“妙”，毛泽东称之为“灵活性”，这种灵活性，按《孙子兵法》的说法就是“微乎，微乎，至于无形；神乎，神乎，至于无声”。因此，公安领导艺术是一种灵活的艺术，也是规则的艺术，公安领导者在尊重规则的基础上又能灵活做到“从心所欲”，方能达到领导艺术原则性和灵活性的统一。

（二）创造性

创造性是人的自觉能动性的表现形式，是公安领导艺术的灵魂和生命。公安领导艺术并不是对领导学知识机械地、简单地和一般化地运用，也不是墨守成规、照章办事的产物，而是对领导学的一般原理、原则和方法的综合地、灵活地运用，是公安领导者创造性思维的产物。公安领导者始终处于层出不穷的新矛盾、新问题中，做好领导工作仅凭经验、靠老一套不行，要想不断地解决工作中出现的新问题，开拓前进，就必须打破常规，突破传统方法，确立新观念，采取新办法，才能打开新局面。正如邓小平指出的：“没有一点闯的精神，没有一点‘冒’的精神，没有一股气呀、劲呀，就走不出一条好路，走不出一条新路，就干不出新的事业。”①

（三）实践性

“领导艺术不是按照逻辑顺序从理性的东西中推论得来的，恰恰相反，它是由领导者的阅历、知识和经验所提炼、升华而成的，是领导实践经验的描述、总结和积累。”② 公安领导者领导经验的积累不仅靠学习书本上抽象的理性经验，更要靠学习实践中生动的感性经验。缺乏丰富经验的领导，在复杂和突发的公安问题面前，很难表现出领导艺术。

公安工作具有很强的实践性。公安领导艺术不仅来源于公安工作和公安领导实践，并在领导实践中表现出来，不断地得到检验和发展，而且还因为领导艺术的许多内容尚处于“只可身教，不可言传”的经验形态，同样具有很强的实践性。作为一位公安领导者，不

---

① 邓小平：《邓小平文选》，1版，第3卷，372页，北京，人民出版社，1993。

② 孙健主编：《领导科学》，314页，天津，南开大学出版社，2008。

管其领导艺术如何高超、如何巧妙，总是不可避免地带有经验的痕迹，而且往往具有一定程度的个人感情色彩，有着难以言传的感染人、吸引人的魅力。从这个意义上说，公安领导艺术就是领导者在经验的基础上形成并表现出来的综合运用领导方法的技巧。

（四）综合性

公安领导者在领导实践中，既要解决人与人的矛盾，还要处理人与物、人与事的矛盾，工作涉及面很广。

1. 公安领导艺术是专业知识的综合运用

公安领导者在公安领导实践中是一个“多面手”，既要对政策规定有基本了解，也要对法律条文心中有数，同时对公安管理学、侦查学、治安学等公安理论知识及不同岗位的实践操作都要胸有成竹，没有扎实的知识储备，无论如何也谈不上领导艺术，充其量不过是耍弄“外行领导内行”的伎俩罢了。

2. 公安领导艺术是各种经验的综合体现

这里的各种经验既包括个人的直接经验，又包括他人的间接经验，既有成功的正面经验，也有失败的反面教训。公安领导者往往都是经过各个岗位、多个部门的锻炼才走上领导岗位的，这些丰富的经验有助于他在复杂情况下做出正确判断。

3. 公安领导艺术是不同层次艺术的综合把握

公安领导艺术包括经验型艺术、理论型艺术和科学型艺术三种。经验型艺术就是熟能生巧的艺术，如反扒“识苗”经验、审讯“取证”经验等，具有重操作、缺理论的局限性。理论型艺术的普遍性比经验型高得多，具有“举一反三”的能力，但在指导实践时可能成功、也可能失败，不具有实现目的的必然性，所谓纸上谈兵就是这一类。科学型艺术把理论能力和实践经验交融整合，对不同对象、不同条件采取不同的解决问题方法，是对领导规律的正确把握。公安领导艺术的综合性特点要求公安领导者从多方面努力，全方位提高素质，将三种艺术有机融合，只有这样才能在公安领导工作中游刃有余，多谋善断，出色地达到公安领导的目的。

三、公安领导艺术的驾驭要领

长期以来，公安领导者总认为公安领导艺术是“只可意会不可言传”的纯经验性的神秘东西，从而对之产生畏惧心理，阻碍对公安领导艺术的深入探索。其实，公安领导艺术是可以被认识和掌握的。驾驭公安领导艺术要以深入掌握公安领导科学原理为基础，以强化逻辑思维技能、正确处理原则性与灵活性的关系为纽带，不断提升公安领导艺术美。

（一）强化逻辑思维

公安领导艺术最能体现领导者的综合素质，而逻辑是研究思维的科学，逻辑训练就是思维方法训练。加强逻辑思维训练是提高公安领导者素质水平的重要环节。在长期的公安实践中，公安领导者的思维方法对公安工作具有极大的影响，小到抓捕行动的现场指挥，大到集中打击专项行动的策略制定，再到公安事业的永续发展，都与各级公安领导者的思维水平密不可分。因此，提高公安领导艺术水平说到底在于克服陈旧思维定势，驾驭科学的思维方法。

思维定势是分析研究问题时形成的习惯模式，虽然对常规性日常工作具有积极意义，但也容易造成人的思维上的自我封闭、行动上的因循守旧。加强逻辑思维训练就要克服习惯性、单一性、封闭性三种思维定势，避免机械性地把自己紧捆在对立的两极中，“占山为王”式的封闭自己，造成处理问题时空间视野狭窄、实践目光短浅、思维方式落后的问题。公安领导者只有克服习惯式、单一式、封闭式的思维定势，在公安领导活动中避免误区、正确决策，才能满足公安领导艺术的要求。

（二）正确处理原则性与灵活性的关系

公安领导者如何把原则性与灵活性有机结合起来，是公安领导艺术的实质所在。“原则性与灵活性的统一是马克思主义的原则，它要求我们善于把革命的原则性与方式的灵活性紧密结合，运用于实践，稳妥地解决问题，这是领导工作的基本功。”① 对公安领导者而言，坚持原则性与灵活性相结合就是要在领导活动中既抓住公安工作打击犯罪、服务于民的实质，还要在严格依照法律规定的前提下，结合本单位实际创造性地进行。在具体操作中，要注意做到以下三点。

第一，选准打击犯罪与服务群众相结合的突破口，把功夫用在实现社会效果和法律效果有效统一的要害环节上。

第二，集中力量实施突破，对一段时间内群众反映热切的民生类案件采取专项打击治理，不能把主要精力只放在故意杀人、抢劫等大案要案上，对入室盗窃、电信诈骗、盗窃电瓶车等与百姓生活息息相关的案件也要大力打击，防止出现“案件常办，工作不断，一年到头，成效不见”的问题。

第三，及时扩大战果，对案件办理及服务群众方面取得重大成效、得到老百姓普遍欢迎的，要向纵深发展，大力进行普及宣传，使成功经验在面上开花结果。

公安领导者在公安领导活动中须把握结合“度”，摆正冷与热的关系。指导工作不能忽冷忽热，不能凭情感的喜怒哀乐辨别是非，要始终保持清醒头脑，不为情绪波动所左右，始终坚持以法律为准绳，以民意为导向，处理好原则性和灵活性的关系。

（三）实现领导方法艺术美

古语有云：“运用之妙，存乎一心。”领导方法和艺术美是人与环境和谐一致的完美体现，是公安领导者的形象风度美、方式方法美和语言情感美的有机统一。

第一，形象风度美是由公安领导者的外貌、仪表、举止等因素构成的外部形象和由品质、心理、智能等因素构成的内在素质的总体表现。

第二，公安领导者的外在形象信号给其追随者的视觉刺激最强烈、作用最直接，借助威严仪表、自信神态、稳重举止，加上全面的素质、崇高的理念、高尚的情操、博大的胸怀、渊博的学识、卓越的才能，才能共同构成公安领导者形象风度美。

第三，方式方法美是公安领导者把握实际，处置问题善疏通引导，作风民主，公道正派，严于律己，宽以待人，能充分调动各方面的积极性，使部属乐于在其手下工作。方式方法美排斥那种动辄训斥、靠行政权力、玩弄权术、强令下属服从自己的领导者，其结果只会严重脱离群众，对领导工作害处极大。

---

① 陈福今、唐铁汉主编：《领导科学概论》，406页，北京，人民出版社，党建读物出版社，2009。

第四，语言情感美是指公安领导者不讲套话、空话、大话和假话，发表意见言之有物，分析问题有理有据，布置任务有话则长、无话则短，不装腔作势；帮助同志真情实意，不讽刺挖苦，始终带给人一种亲和力。实现领导艺术美，就要注重培养审美意识，勇于审美实践，掌握审美规律，开创公安领导艺术美的新境界。

第四节　公安领导艺术表现及实现途径

公安领导艺术是建立在丰富的公安理论知识和实践经验上、富有创造性的一种方法技能，能够产生很强的社会影响。然而，人们却长期存在一种误解，认为领导艺术是无法学习的东西，或者只视它为公安部直属局、所、省厅、市（县）等高层公安领导者才具有的纯经验性东西，这种认识阻碍了人们对领导艺术的探索。了解和掌握公安领导艺术的主要表现及实现途径，对纠正其错误的认识、提升各级公安领导干部的领导艺术水平具有重要的意义。

一、公安领导的激励艺术

心理学研究表明，人的动机是由他所体验到的某种未满足的需要或未达到的目标引起的。这种需要或目标既可以是生理或物质上的（如食物、饮水、睡眠等需要），也可能是心理或精神上的（如追求社会地位或事业成就等）。在现实生活中，人的需要往往不止一种，而是会同时存在多种需要。这些需要的强弱也会不断发生变化。在任何时候，一个人的行为动机总是由其全部需要结构中最重要、最强烈的需要所支配和决定的。这种最重要、最强烈的需要被称为价值需要或优势需要。人的一切行为都是由其当时的价值需要所引发的，并朝着满足这种需要的目标努力。这种努力的结果（目标实现、目标未实现等）又作为新的刺激反馈回来调整人的需要结构，直到人的下一个行为。激励的过程如图 7—1 所示。

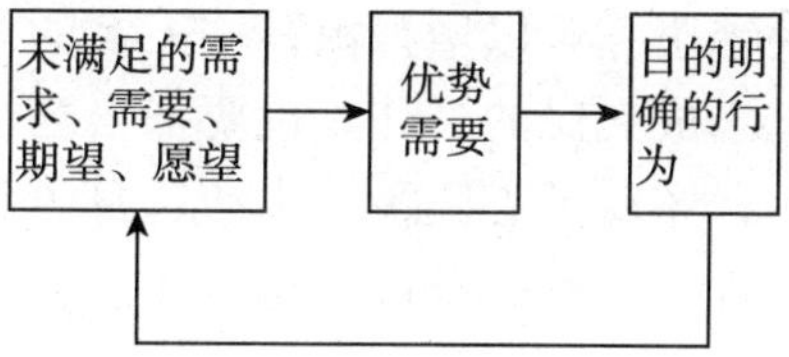

图 7—1　激励过程图

（一）公安领导激励资源开发

1. 理想激励

理想，不是一般的、眼前的目的，而是一种宏大的、长远的目标，是对未来美好的愿望和追求。理想是一种巨大的精神力量，它能激励人们为之献身的热情，给人以坚定的信念、明确的人生方向和无穷的力量。公安领导者在激励过程中，要不断地加强理想教育，使每个公安民警都能够自觉地把个人的价值和社会价值联系起来，把自身目标同组织目标联系起来，以此来激发公安民警的工作积极性。

2. 奖惩激励

奖惩激励又称为强化激励。这是公安领导应用最广、也是目前应用效果最好的激励资源。奖励是正强化，惩罚是负强化。正强化，就是对公安民警的良好行为加以肯定，进行表彰奖励，使其良好的行为得以保持并不断发扬。负强化，就是对公安民警不符合组织目标的行为加以否定，进行批评、惩罚，使不良行为得到遏制、纠正。奖惩的内容包括物质和精神两个方面。无论是物质的还是精神的奖惩，都会影响民警的行为。

3. 榜样激励

榜样的力量是无穷的。榜样要真实，要有群众基础，能使民警认同其在相同甚至是低于别人的条件下做出了出色的贡献，这样榜样才有激励作用，才能使民警学有方向，有目标。公安领导者要对榜样形成的原因进行科学的分析和研究，召开隆重而热情的先进事迹表彰大会、经验交流会，指明赶超榜样的途径，增强广大公安民警学习榜样的信心，激发其敬慕先进的心情，从而充分发挥榜样的激励作用。

4. 行为激励

公安领导者通过自身的以身作则和模范带头作用来影响、带动公安民警，从而产生激励作用。领导者要求下属做到的，自己首先要做到；禁止别人去做的，自己首先不做；自己不想做或做不到的事，就不要勉强别人去做。“正人先正己”、“打铁还得自身硬”、“喊破嗓子不如做出样子”等俗语都可用来说明公安领导者的模范带头作用、对民警的激励作用。

5. 支持激励

公安领导者对下属工作的支持可使其产生信任感、被赏识感和安全感等，从而激发广大公安民警更坚定、更努力地去实现公安工作目标。支持激励应当体现在日常的工作或生活中，尤其在关键时刻，如某个民警的正确行为被误解而受到委屈，某个民警做出成绩、坚持原则而遭到嫉妒或非议，某民警提出了与众不同的改革方案或建设性意见等。这些关键时刻最需要领导的支持，领导的有力支持会起到强化和百尺竿头的作用。

6. 服务激励

公安领导者积极主动为民警服务可以增强民警主人翁的意识、责任感、自豪感和使命感。广大公安领导者要把自己当成人民的公仆，也要把自己当成是公安民警的勤务员，在从严治警的同时做好从优待警，主动关心民警的生活、身体和心理健康，解决民警的实际问题，为其学习、工作、生活创造良好的条件，这样才能够鼓舞民警的斗志、提高公安队伍的战斗力。

7. 参与激励

采用“民主管理”的方式，让广大民警参与管理、参与决策，不仅有助于提高公安决策的质量，而且有助于提高民警对公安决策的认同感，使得民警能够积极主动地去执行决策。同时，参与决策可以满足民警精神方面的需要，增强其主人翁的责任感，缩小公安领导者同民警的距离。

（二）公安领导激励艺术的实现途径

1. 以正面激励为主

人的积极性、创造性不是被控制出来的，人需要的是被信任、授权和鼓励。以公安绩效考核为例，公安绩效考核提供的不仅仅是一种奖惩手段，它更重要的意义在于为公安领导者提供了一个信号，一个促进工作改进和提高绩效的信号：民警个人与公安领导整体的发展问题应该得到重点关注。因此，公安领导激励应该在兼顾“评价性结果”的同时，重点放在“发展性结果”上，即公安领导者激励的落脚点应该是民警的全面发展，而不是贡献度。因此，公安领导者只有树立以正面激励为主的激励行为模式，才能最大限度地发挥激励机制的作用。

2. 物质激励与精神激励双管齐下

人存在着物质需要和精神需要，相应的激励方式也应该是物质激励和精神激励相结合。物质需要是广大民警最基本的需要，与其相对应的物质激励体现他们追求生活的需要，是人类生存的本能。而精神激励是一项深入细致、复杂多变、应用广泛、影响深远的工作，它是公安领导者用思想教育的手段调动广大民警积极性、主动性和创造性的有效方式。物质激励和精神激励相辅相成，缺一不可。一般而言，精神激励是以一定的物质激励为基础的，而物质激励本身则体现了精神激励的因素。只强调物质激励而忽视精神激励的运用或只强调精神激励而忽视物质激励的做法，都与激励的目的背道而驰。

3. 善于运用奖励的技巧

奖励的行为是遵照奖励的取向而定的。不管是不是明文规定，每个组织都有一套属于自己的奖励制度。当制度订立后，不用太久，人们就会领悟它，并遵从这套制度的取向修正自己的表现。正确的奖励具有无比的力量，在执行时要注意以下技巧：

（1）该做的事不奖。对民警分内的事情进行奖励，会强烈的暗示，即被奖励的事情是一种常见的事情，那么不做此事就变得可以理解了。比如，发放“全勤奖”，就似乎告诉大家：迟到是有一定合理性的。所以，奖励只能与民警优秀的突出的表现或超常的行为相联系。

（2）奖励要大张旗鼓地进行。对民警进行奖励的同时，应该伴随隆重的、与具体行为相挂钩的描述性表扬，通过语言文字的形式公开的告示，并倡导广大民警向被表扬者学习；相反，如果奖励与表扬是悄悄地、不为人知地进行，那么奖励就无法以此来激励、调动民警的积极性，甚至会降低被奖励者的满足感。

（3）奖励要有层次性。即公安领导者要从满足民警最迫切的需要出发，来调动民警的积极性。马斯洛的需要层次理论表明，人的需要从低级到高级可以分为五个层次，在这五类需要中，不同民警的需要各不相同，同一民警不同时期的需要也有所不同。而奖励只有满足了民警最迫切的需要，才是奖到了点子上。所以，奖励必须针对民警不同的迫切需要，因人而异地进行。

二、公安领导的用权艺术

作为国家的公职人员，作为人民的守护神，公安领导者要清楚权力来源于谁，为谁掌权，用权力为谁服务。能否树立正确的权力观是能否正确行使警察权力的前提。首先，公安领导者要清楚自己手中的权力是人民赋予的，是要用来为人民服务的。然而长期以来，不少公安领导者思想比较落后。在他们看来，手中的权力是领导赋予的，或者是用自己的政绩换来的，把权力当做个人财产随意使用，或用来向领导献媚，或用来谋取私利。其次，要依法行使权力。人民的权力通过宪法和法律确定下来，并通过法定程序授予公安机关和公安领导者。法律代表人民的意志，依法办事也就是依照人民的意志办事，所以为人民用好权就要依法办事。因此，对公安领导者进行正确的权力观教育、树立正确的权力观是十分必要的。

（一）公安领导的硬权力与软权力

权力实施是领导的基本条件，每个公安领导者都掌握着一定的权力。公安领导者的权力可以分两类，分别是硬权力和软权力。硬权力是法律赋予公安机关的法定权力，是指依据法定程序授予在公安机关各级领导岗位上担任一定领导职务的公安领导者以支配人、财、物、时间、空间、信息等资源的权力，它的范围包括人、财、物、事等各个方面，主要内容有决策权、指挥权、奖惩权等，它建立在法律的基础之上。软权力是公安领导者的个人影响权，是由公安领导者个人的影响力形成的，这种影响力来自公安领导者个人的知识、品德、才能、资历等因素。这种权力建立在被领导者自愿接受的基础上，是公安领导者在解决问题时不凭借法定权力就能发挥效用的力量。公安领导者只有软权力和硬权力兼施，才能有效地发挥权力的效用。

（二）公安领导用权艺术的实现途径

1. 慎用权力

慎用权力，主要是慎用硬权力。硬权力是公安领导者的“底牌”，一旦失效，不仅其权威会受到挑战，其目的即使实现了，也很难使人心悦诚服，常常也会受到人们心里的抵触。因此公安领导者不要轻易地动用硬权力。公安领导硬权力的最高境界是隐而不发，以其威慑力来达到目的。但是，在原则面前必须动用硬权力的时候，就必须铁面无私，坚持原则，树立和维护权威。

2. 授权得当

授权是公安领导上级给予下属一定的权力和责任，使其在一定监督下，处理问题有相当的自主权。授权可以成为公安领导者的分身术，是一种用权的艺术，这对于调动下属的积极性、培养锻炼下属干部、更好地实现组织目标，有很重要的意义。

授权的技巧也被称为授权原则，主要包括以下几点。

（1）因事择人，权能匹配。授权是要派人去办一定的事，可以由公安领导者选择适合办有关事的人而向他授权，所以要因事择人。择人的标准就是能，就是要看他能否胜任办理某事，有没有这方面的专长和能力。授权不是提升职务，因而不必对民警进行全面考察，只需考察有没有独立完成任务的能力即可。

（2）权责分明，授权适度。所谓明确权责，是指要向被授权人讲清所授予的权力和责任范围，讲清执行该任务要达到的具体目标。此外还应向有关人员宣布该项授权，以便有关人员能够协助被授权者完成任务。所谓适度授权，意思是要分层授权，只向自己的直接下属授权。授权不能将自己的权力全部授予某人，而是将有关事项适当分授予若干被授权的人；授权也不能超范围授权，不属于自己职权范围内的事，不能授权；授权一般是一事一授，任务完成了就收回授予的权力。

（3）勇于担当，授权留责。授权不是推卸责任，授权之后，责任还担在公安领导者的肩上，出了问题，公安领导者要勇于承担责任，这样下属不仅愿意接受授权，而且接受授权后会大胆地想方设法去干。授权之后，公安领导者要对被授权者给予充分的信任，不轻易干涉。但这不是说授权之后就放任不管，对被授权人的工作，公安领导者仍要进行监督控制，以免被授权者工作偏离既定目标，或者出现权力滥用的现象。

三、公安领导的人际交往艺术

人是社会性动物，在社会生活中必然存在纵横交错的人际关系。“领导工作的一个重要内容就是协调人际关系，通过梳理和调整使人际关系达到顺畅和谐，从而优化人际环境，调动和激发人们的工作积极性，增强组织凝聚力。”① 公安领导活动是通过交往来实现的，人际交往在领导活动中起了很重要的作用。公安领导者在与上级、平级、下级的交往中，融洽的人际关系有利于消除分歧、降低内耗、提高效率，使民警齐心协力、步调一致，以最佳的力量组合争取最佳的工作绩效；反之，人际关系不和谐会导致人心涣散、纪律松弛、矛盾重重、影响工作，使得公安领导工作处处掣肘。

（一）信息的传递沟通

通过信息交流把自己的想法、信息传递给被领导者，是公安领导者在实施指挥、协调、决策等领导职能中影响被领导者的重要方式，而为了公安领导活动的有效性，公安领导者也必须了解被领导者的反应、感受和困难。公安领导活动正是在这种双向的信息交流中得以实现的。公安领导者的沟通交流既可以是正式的文件、报告、会议等方式，也可以是电话、交谈等较为灵活的方式。公安领导者要想了解到民警更多、更详细的情况，通过面对面的警营恳谈察言观色来了解对方心灵深处的想法，无疑是了解下属的最好的方式之一。然而，在公安领导实践中，很多公安领导者并没有认识到这一点，在和下属谈话时，往往同时批阅文件，寻找东西，精力不集中，不耐烦，其结果就是不仅不能了解对方的思想，反而会伤害对方的自尊，失去同事和下属对自己的尊重和信任，甚至造成冲突与隔阂。善于和下属沟通交流是一项很重要的公安领导艺术，要注意以下三点。

第一，公安领导者对于不相信或不感兴趣的交谈内容，在对方说话时必须悉心倾听，并仔细观察对方说话时的情态，捉摸对方没有说出来的意思，避免随意插话、打断对方的思路、岔开对方的话题，也不要迫不及待地解释、质问和申辩。

第二，公安领导者倾听下属的意见的目的是了解对方的想法和感受，切勿以居高临下的姿态和架势提出权威的说服、教育，以免引起对方的内心抗拒。

第三，在沟通交流中，不论对方讲得是否有理、是否符合事实都要控制自己的情绪，公安领导者要始终保持冷静的态度，让对方畅所欲言。

（二）情感的联络交流

情感是公安团队建设不可或缺的关键要素，是公安领导者软权力的核心。公安领导者开展工作要争取追随者的支持，与其建立荣辱与共的零距离关系，就要求公安领导者深悟人际交往艺术，不断加深与其追随者的感情联络交流。

1. 平民化

公安领导者必须去除“官本位”意识，不要认为在当上“长”以后就比一般群众高一头。在与同事和下属相处时，要注意礼貌，主动表示尊重和友好；在办实事时要多用商量的口吻，多听取和采纳对方意见中合理的部分；要勇于承认和改正自己的缺点与错误。既

① 彭向刚主编：《领导科学概论》，374页，北京，高等教育出版社，2007。

不要轻易发脾气、训斥人，也不要讲无原则的话，更不能随便表态、许诺。总之，要谦虚待人，以诚待人。这样才能赢得民警的尊敬，进而产生友谊和合作。

2. 诚信待人

公安领导者对下属的工作不要随便插手，使对方感到你对他的能力有所怀疑。相反，公安领导者要用实际行动使下属感到你对他是信任和真诚的，使其主动加强同公安领导者合作的精神；同时，主动征求并采纳下属的意见，使下属感到领导的赏识和器重，增进相互之间的情谊。

3. 关爱他人

公安领导者要在政治、思想、生活等多方面关心民警，与他们同甘苦共命运，吃苦在前，享受在后；要为下属追求远大理想创造条件，并为他们切实解决生活上的困难；在某项工作取得突破与成功之时，要将他们推到立功受奖的前台，要拿出甘为孺子牛的无私奉献的精神，将关爱化做他们攻坚进取的动力，勇敢地肩负起新时期公安工作的责任。

4. 平易近人

公安领导者从其上任的第一天起，就已经不再代表自己，而是代表公安组织。为了加强公安组织的内聚力、克服离心倾向，公安领导者既要团结一批同自己亲密无间的中坚力量，同时还要注意团结所有的包括感情疏远或反对自己的人。公安领导者要有容人之心，要关心和尊重所有的追随者，努力争取所有人的友谊与合作。在提级、提职、奖惩等关系个人利益的问题时，要一视同仁，不可搞“宗派”或“山头”。

（三）正确对待非正式沟通方式

如果说正式的沟通是公安领导系统信息交流传递的“骨头”，那么，能展现公安系统内各种各样的观点、猜测、刁难、敌意、冲突、威胁等的非正式沟通则是血和肉。非正式沟通传递的信息是正式沟通做不到的。非正式沟通更多的是传播公安领导系统内各个成员所关心的、与他们有关的信息，与正式沟通相比，它具有信息交流速度快、信息比较准确、效率高，以及满足公安领导系统内各成员工作安全、社交和尊重的需要等特点。但是，信息的夸大和曲解所引起的片面性是非正式沟通的通病，这就为公安领导者的积极引导提供了空间。

公安领导者要充分认识到，非正式沟通是客观存在的，并且在公安领导系统内部发挥着重要的作用，不能否认非正式沟通的存在，企图消灭、阻止、打击的措施也是不明智的，甚至会铸成大错。与此同时，公安领导者要积极利用非正式沟通为自己服务，比如，利用非正式沟通渠道掌握正式渠道不可能获取的信息，知道广大公安民警最关心的问题，或者根据需要通过非正式渠道发布一些不能通过正式渠道传播的信息。与此同时，公安领导者也要正确应对非正式沟通中的信息失真问题，对获取的不实信息，适时地采取不予理睬的态度，等待真相大白，或是主动指出错误所在，必要时可以用事实加以反驳。

四、公安领导的时间统筹艺术

马克思曾经指出，一切节约归根到底为时间的节省。时间不同于一般的资源，它无法储存，没有替代品，是最稀缺的宝贵资源。正如美国著名管理学家彼得·德鲁克指出的：

"如果我们不去管理时间，那么其他任何东西都没有管理的必要了。"① 公安机关是依法与违法犯罪做斗争的武装性质的治安行政机关，时间对公安机关来讲表现为速度和效率。特别是侦破案件和处理问题，若在最短的时间内抓住战机，及时有力地打击敌人，惩治犯罪，就有效地保护了人民利益，也就意味着增大了国家和人民群众的安全系数；反之，贻误时机，就会放纵敌人，给工作造成不可弥补的损失。因此，从这个意义上说，时间就是胜利，就是国家安全和人民的利益。公安领导者由于工作的性质等原因，时间支配往往由不得自己。特别在基层的公安领导者，更是繁忙。面对这种客观实际，公安领导者要提高工作效率，至关重要的是科学地运用时间，有效地驾驭时间，做时间的主人。

公安领导者要想有效地完成公安领导目标，就必须根据被广泛应用于社会学及企业管理学等领域的二八定律，做好时间统筹即公安领导者对时间进行统筹规划，定期对时间的付出与回报做一个全面的、理性的分析，找出以前使用时间的误区，让自己从忙碌中解放出来，使自己能够在20%的时间里创造出80%的价值和成就，在20%的时间里带给自己80%的快乐，把有限的精力和时间放在能真正带来更大收益的事情上，管理时间，不做"忙"人，而做时间的主人。

（一）分清主次

公安领导者要分清主次，将有限的时间和精力放在最具价值的事情上去。那么，公安领导者如何能分清主次，把时间用在最急需、能产生最大效益的地方呢?

首先，清楚地判断这件事是否必须去做、是否必须由自己来做，可以委派别人去做的就委派他人去做，由自己支持和创造条件，并督促检查。

其次，清楚地判断做什么事能获得最大收益。对能获得最大收益的事情，公安领导者要用80%的时间去做，其他事情用剩余的20%的时间去做。

最后，找出工作能给自己带来最大满足感的事物。公安领导者要善于在有限的时间内强化和回顾带给自己满足和快乐体验的事情上，只有这样，才能"快乐工作、幸福生活"，对工作精力充沛、永葆热情。

（二）经常记录

很多公安领导者忙了一天、一周或者一个月，往往说不出自己究竟在忙些什么，哪些事是自己应该做的，哪些是自己不应该做的。公安领导者要把有限的时间用在最有实际成效的领导工作上，珍惜时间，经常记录自己的时间分配和消耗，养成记录自己时间消耗情况的习惯，每隔一周对自己的时间消耗情况进行一次分析。公安领导者养成经常记录的习惯，才能发现自己在时间利用上的不合理之处，从而找到合理利用时间的措施。

（三）提高开会效率

公安领导工作离不开开会，开会有开会的艺术，并非只要开了会，该讲的讲了，就算尽到了责任。其实开会的目的是解决问题和提高效率，否则会议就是浪费时间，甚至有百害而无一利。因此要建立健全严格的会议审批制度，不开的会议坚决不开，可以合并开的就合并召开，可以派少数代表参加的会就不要把有关人员都集中起来，能当场拍板解决的问题，就不用开会讨论。要切实改进工作方法和作风，一切活动力求从简，注重实效。各

---

① ［美］彼得·德鲁克：《卓有成效的管理者》，78页，北京，机械工业出版社，2009。

种会议，除了直接主管的领导外，不要请其他主要领导出席讲话、接见及拍照等，努力提高会议效率。

五、公安领导的平衡艺术

当今时代，平衡好各方面的关系是公安领导能否成功的主要影响因素。缺少平衡各方面关系的能力已经是导致领导者领导活动失败的主要原因。平衡不仅是一种工作方法，也是一种工作艺术，是公安领导者调适能力的具体体现。在公安领导实践中，公安领导者能否科学、适度地用好平衡艺术，抓住事物的内在联系，找准平衡点，是衡量公安领导者能否把多种因素调整到最佳状态、最大限度地整合资源、实现公安领导效能最大化的重要指标。

公安领导平衡艺术是指公安领导者为实现既定的公安领导目标，并使领导系统内的各个要素发挥最佳整体效能而合理地配置和调整影响因素及相互关系的一种领导艺术。从哲学的意义上来讲，平衡就是一个“度”，是一个量变到质变的动态调整过程。公安领导者要积极掌握适度原则，恰当处理领导活动中“过”与“不及”的两种冲突倾向，把握公安领导系统内各要素平衡的分寸和尺度。

公安领导平衡在其活动中具有普遍性，决定了其类型上具有多样性。公安领导平衡根据不同的划分标准可以划分为不同类型，如根据领导平衡对象来划分为平衡利益、平衡关系和平衡能力，依据平衡的内容划分为职能平衡、环境平衡、机制平衡和人际关系平衡等，但这其中都包括两个核心内容，即“工作”和“人际关系”。公安领导工作和人际关系之间的平衡是公安领导平衡的主要内容，其中公安领导的工作包括其所做的与工作有关的所有具体的公安事情，诸如群众路线、调查研究、决策与执行等。公安领导的人际关系主要指感情关系、利益关系、技术能力关系等。

（一）公安领导执行的程序性和变通性平衡

公安领导在执行上级公安机关或地方政府目标任务时，在允许的范围内可以结合下级的特点变通执行，从而达到上级决策与下级实际相吻合，得到下级的积极配合。在通常情况下，应以坚决执行为主，变通执行为辅。不能因变通执行而把必要的坚决执行看成是错误的，从而放弃坚决执行的做法；也不能因需要坚决执行，而把坚决执行强调和使用得过头，轻视变通执行的做法。在具体的公安领导实践中，领导者要根据问题的性质、时间、条件等情况把握好“度”，辩证地分析问题和处理问题。

（二）公安领导决策的原则性与灵活性平衡

公安领导者要善于将原则性与灵活性辩证地统一起来，既不能机械、教条，也不能搞无原则的妥协变通。在公安领导实践中，不根据具体情况灵活处置，简单、机械地看待原则就会使原则变成僵化的教条，不利于实际问题的解决，而如果脱离原则的变通，就会使灵活失去正确的方向，因此要努力避免过分的“讲原则”与过度的灵活。公安领导者在坚持原则性和灵活性的时候，应该依据具体客观条件的变化，权衡利弊，做出相应的决策，尤其是要把握好二者之间的“度”。公安领导者要以大局为重，在为了摆脱被动局面而需要灵活处理时，要眼光长远、着眼全局，有些时候甚至需要忍辱负重。

（三）公安领导工作关系平衡

领导工作关系平衡是公安领导者在履行领导职能、实现领导目标的过程中，与公安领导环境中组织内外相关的人和事在时间与空间上产生的工作关系的平衡，包括部门任务平衡、工作时间平衡和工作要素平衡等。

1. 部门任务平衡

在公安领导工作中，由于各种主观方面的原因，各公安警种、部门所分配的任务及完成任务的进度和质量必然存在差异，有时可能由于局部任务不能如期完成而影响全局，有时可能由于全局的需要而改变某个部门的任务。公安领导者必须站在全局的高度为保证总体任务的完成对不同部门和单位所承担的任务进行平衡。

2. 工作时间平衡

公安机关是准军事化单位，公安领导者所布置的任务严格受到时间的限制。公安领导者要保证既定的工作任务在一定的时间内完成，就有一个时间协调的问题。工作时间协调的目的是使各项工作和各个部门之间在时间上得到合理的分配和安排，保证时间的充分利用和效率的稳定提高。

（1）公安领导者要分清工作的轻重缓急和主次关系，对工作进行先后次序的安排。

（2）公安领导者要掌握各项工作的重要程度和难易程度，并据此对工作的先后次序按时间的长短数量进行科学的分配。

（3）要灵活处理不同任务及任务承担者的实际情况，保障时间的合理调配，实现整体工作效益最大化。

3. 工作要素平衡

公安工作任务要顺利完成，除情报信息、组织管理等无形要素外，还离不开警力、经费、物力等基本的有形要素。没有必要的警力、物力和经费，公安领导工作的任务就很难完成；有了警力、物力和经费而不能在使用上合理配置，不仅领导工作的任务很难完成，还会造成浪费。因此，公安领导者必须根据工作任务的具体情况，合理分配各种要素，使之在质量和数量的配置上达到最佳状态，从而保证公安领导活动整体效益的最大化。

【本章小结】

公安领导主体为完成公安领导活动所采取的方式、手段和途径就是公安领导方法。公安领导者因人、因时、因事、因地权变地履行公安领导活动程序的技术和能力就是公安领导的技能。高超的、创造性地运用公安领导原理的公安领导技能就是公安领导艺术。公安领导方法是公安领导主体在其活动中所表现出来的思想和实践的方法，是联系公安领导主体、公安领导目标及公安领导环境的桥梁和纽带。公安领导方法既具有程序化的科学性，又具有非程序化的艺术性，因此，它是科学与艺术的统一，是公安领导科学体系中最生动、最具创造性的组成部分，也是公安领导者领导技能的发挥和行为艺术潜质释放的最广阔领域。

【推荐阅读】

1. 李怀组．管理研究方法论．西安：西安交通大学出版社，2004.

2.《关于全面深化公安改革若干重大问题的框架意见》及相关改革方案将印发实施（改革发布厅）.人民网，2015－02－16.

3. 公安部政治部编．公安领导科学研究．北京：中国人民公安大学出版社，2007.

4. 彭向刚主编．领导科学概论．北京：高等教育出版社，2007.

5. 孙健主编．领导科学．北京：南开大学出版社，2008.

6. 朱立言，孙健主编．领导科学与艺术．武汉：华中科技大学出版社，2009.

【思考题】

1. 公安领导方法的重要作用有哪些，请谈谈你对这个问题的理解。

2. 谈谈你对公安领导技能的理解。

3. 驾驭公安领导艺术对公安领导者提出了哪些要求？

4. 公安领导实践中常见的公安领导艺术主要有哪些？

5. 如何理解“公安领导方法是科学和艺术的统一”这句话？

6. 试分析，公安领导者如何在领导实践中正确把握“度”的问题，这其中要用到哪些公安领导艺术。

第八章　公安领导能力与效能

【学习目标】

通过本章的学习掌握公安领导能力与公安领导效能的含义、公安领导能力的要素结构、公安领导效能的类型以及影响因素，明确公安领导能力的培养，公安领导效能的提高，公安领导效能评估的原则、指标和方法等问题。

第一节　公安领导能力

加强公安机关领导能力与领导效能建设是时代发展、群众新期待的客观要求，是落实“四个全面”战略布局的重要举措，更是新时期公安机关实现维护社会大局稳定、促进社会公平正义、保障人民安居乐业三大任务的重要保障。

加强公安机关与领导者的领导能力、提升领导效能，是强化公安领导工作、有效开展公安领导活动的基础性要求。当今社会，网络化、城镇化与全球化趋势日益明显，信息量日益增长，社会发展瞬息万变，公安工作面临着前所未有的挑战，公安领导也面临着来自多方面的压力。在新的历史任务和新的工作环境中，只有优秀的公安领导者才能影响和带领更广大的公安民警担负起政治和社会责任，有效实现公安组织目标。公安领导能力是公安领导者的一项关键能力，也是实现公安领导效率和效益的前提和基础。

一、公安领导能力的含义

长期以来，人们对“领导者”这样一个特殊的群体一直怀有浓厚的兴趣，在人们的心目中，他们是那些事业成功、可以领导和指挥下属、行为有着更大影响力和自由度的人。美国著名学者詹姆斯·库泽斯（James Kouzes）和巴里·波斯纳（Barry Posner）指出，领导力是领导者如何激励他人自愿地在组织中做出卓越成就的能力。领导力并不是拥有超凡能力的少数几个领袖型人物的专利，而且领导力并不完全取决于个人的人格魅力，它也是一种实践，通过领导者的共同实践能够提炼出领导力的素质模型。从领导力的定义中，我们可以了解到领导力是指影响团体、影响他人以达到组织目标的能力。这种关于领导力的诠释为我们指明了领导力的核心内容是一种影响力，领导行为本质上就是通过这种人际影响力发挥作用，领导者也正是利用领导的影响力团结和领导下属去实现组织的统一目标。

公安领导力也可以被称为公安领导影响力，具体是指公安领导者在实施领导活动过程中对他人行为的影响作用和程度，从而使得公安领导机构和整个公安组织取得社会利益。从具体的公安领导实践看，公安领导力分为两种：正式的领导力和非正式的领导力。前者是通过建立制度、规则和公安文化形成的，后者则是在非正式情况下对他人的影响。值得注意的是，公安管理能力与公安领导力间有一条清晰的界限，前者更多地依据权责实现影响力，后者主要依靠个人魅力实现影响力。正所谓公安领导者做正确的事，公安管理者做合适的事，二者在本质上是不同的。

那么，公安领导的影响力来自于何处？由什么因素构成？公安领导者应该具备什么样的能力才能有效地影响下属？这就是公安领导能力的问题。解决这个问题，有助于建立有效的公安领导者选拔和开发技术，对公安领导实践有着重要的现实意义。

我国古代早就有了关于领导能力的论述，如孙子的“知己知彼，百战不殆”，要求领导者必须具备掌握信息的能力。根据现代心理科学有关能力的研究，公安领导能力，简言之，就是公安领导者的个体素质、思维方式、实践经验以及对公安领导方法的把握程度等影响具体公安领导活动效果的个性心理特性的总和，它是公安领导素质的核心。综合国外很多学者从各自不同的角度的研究，严格来说，公安领导力就是一种公安影响力，它作为公安领导者追求的目标，使公安领导者做正确的事；而公安领导能力就是公安领导者为获得公安领导力而应具备的工具或技能。公安领导力关注的是与追随者建立的关系和状态；而公安领导能力主要考虑公安领导者自身的建设，更多关注公安领导者自身为获得公安领导力而应该提高的地方。公安领导力更多基于原则，公安领导力的提升需要公安领导者的感悟和思考，所以公安领导力是一种艺术很难获得；而公安领导能力更多基于技能，是一种技能或科学，所以大部分公安领导能力可以通过学习获得提升。

虽然从广义上来看公安领导力与公安领导能力有所区别，但从狭义上来看二者区别不大，公安领导者的公安领导能力是其公安领导力的基础，公安领导者的公安领导力通过其公安领导能力来实现。在本章中我们不做严格区分，有关公安领导能力的内容可以概括为一般能力和特殊能力两个方面。

（一）一般能力

公安领导的一般能力是指其作为行政领导者应具备的能力，有如下几点。

1. 个性

已有的领导学理论表明，个性是领导定义中的一个重要的变量。个性因素作为领导者评估的核心部分，能够合理有效地预测领导者事业的成功。领导者的个性关系到其管理的成功，主要涉及认知力、人际技能、计划组织能力、精力、激励、情绪稳定和承受压力等方面。在评价无领导组织中的领导效能时，有很多个性因素非常重要。随着人们对个性认识的加深，个性中的一些因素已经成为评价和预测领导效力的指标。例如，在研究考察“五大人格”与领导行为的关系后人们发现，外向性与宜人性对领导行为有决定性作用，开放性与领导行为有关，但当其他品质的影响受限制时，这一特性的影响力将会消失。神经质、责任心与领导行为无关。因此，外向性是下属对领导效力评价的充分中介。

2. 个人能力

领导者的个人能力应包括自我感知的能力、激励他人的能力、建立关系的能力、变通的能力、沟通的能力、前瞻的能力、控制的能力、把握职业界限的能力、诊断问题并找出解决方法的能力等。领导者自身能力的高低关系到能否正确及时地处理各类问题，带领下属达到预先设定的目标。因此，领导的个人能力与领导影响力有重要关系。很多研究证明了这种关系的重要性。例如，人们发现年轻时的领导活动，如在大学中的学生领袖等经历，能够很大程度地预测出他们今后的管理效果：成功激励、社会技能、社会调节、权威、理性和创新等方面。研究表明，管理者获得领导知识与技能会对领导的影响力有重要的预测作用。领导科学明确了主要影响领导行为的三个维度，包括计划管理、管理人、战略计划这三种能力，并且指出认知能力是在战略计划测验或是一些高水平领导测验中所必需的，它主要包括逻辑推理、思路流畅、创造力、辩论、语言表达和不草率等。许多学者认为，领导者认知能力的高低对于解释有效的管理工作十分重要，领导者在日常工作中经常需要进行大量的计划和决策工作，这些都要求管理者具备良好的分析、推理、综合归纳等方面的能力，如果在这些方面有所欠缺则无法有效地完成工作任务。一个有影响力的领导解决问题的能力、社会判断力和知识直接影响解决问题的质量和以后的绩效。由于它们具备多种领导技能和知识的综合作用，领导解决问题的能力、社会判断力和知识对问题解决质量和绩效的因素将发挥间接作用。职业经历和环境影响在对领导能力的作用中也会发挥直接的作用。由此可见，领导的个人能力和认知水平是预测领导效能极为重要的指标，而对领导评价的基础是有效测量领导技能和认知。

3. 个人魅力

领导的影响力有的来源于权力和地位，有的来自于个人的魅力。个人魅力是指个体对他人的吸引力、诱惑力，主要是个体因其能力、个性、外貌和气质等对他人内心的征服，导致他人产生自觉的认同、忠诚与信仰，从而产生比较坚定的服从。近几十年，有关魅力型领导的研究很多，都证明了个人魅力在领导影响力中的重要作用。所谓魅力，既不存在于领导中，也不存在于下属中，而是存在于那些具有个人魅力的领导者与受他们魅力感召的下属间的关系中，在一个有益的魅力环境中。魅力型领导者与其他领导者有不同的行为方式，魅力型领导者可以产生根本的社会变革的，他们及其追随者的业绩有超越其他同行的趋向；魅力型领导者与其追随者独一无二的关系致使魅力型领导者可以成为社会变革的强有力的力量，这些领导者是通过使用适宜的交流策略瓦解、调遣或结盟他们的追随者，从而影响社会变革的。那么，有哪些个人魅力因素对领导力产生作用呢？其中，善于表达信仰和追求是重要的个人魅力因素。那些努力追求表达他们的信仰的领导者，与那些看起来只追求某方面利益的领导者给人的感觉是不同的，行为结果与随后的领导力之间的关系是确定的，贡献产生更大的影响力，反之索取将减少影响力。信任下属、开阔眼界、简单化和良好控制这四个领导因素对有效领导至关重要。另外，可信性、责任感、义务感、自信、决断性、持续的激情、忠诚、热忱、勇气、投入、坚韧和预测性都对领导力有着直接的影响。特别需要指出的是，真诚将保证有效的领导效能，提高领导魅力要注重建立非正式的权威，这是最有效和值得倡导的方式。

4. 领导风格

领导风格有着很多种不同的分类，不同的领导风格也会产生不同特点的领导力。很多针对领导风格的研究都涉及领导风格与领导力之间的关系，一些学者从咨询型领导和指示型领导、适应型和不适应型领导、积极型领导和消极型领导等不同角度进行了研究。其研究结果表明，咨询型领导比指示型领导会得到更多的支持评价，咨询型领导的下属能够给出更多的建议和更少的批评意见，这些解决问题的提议可以影响工作组的生产力和满足感。

（二）特殊能力

公安领导的特殊能力是指其作为公安职业化领导应具备的能力，有如下几点。

1. 凝聚能力

公安领导能力很重要的一个方面就是，做决策、办事情都要以公安队伍赞成不赞成、满意不满意、答应不答应为出发点和落脚点，善于把公安队伍团结在自己的周围，形成较强的凝聚力和向心力。凝聚产生力量，团结诞生兴旺。公安领导只有善于吸引民警、凝聚警心，才能具有统帅全局和驾驭全局的能力。

2. 判断能力

公安领导准确敏锐的判断力来源于丰富的经验，来源于清醒的头脑，来源于敏捷的思维，来源于对社会现象的敏锐观察分析，来源于不间断的学习积累。学习使人博古通今，使人睿智豁达，使人高瞻远瞩，使人增长才干，公安领导只有持续不断地学习才能做出准确的判断。

3. 自律能力

公安领导要正确对待名利得失，视个人名利淡如水，视群众利益重如山；沉心静气，宠辱不惊，淡心不淡事；要有学无止境的追求；要有严于律己的操守；要求自己慎权慎独，自警自励；提醒自己多做少说，敏行慎言；告诫自己用权时要如临如履，心存敬畏。

4. 驾驭能力

公安领导面对新形势必须善于在复杂、突发的局面中审时度势，临机应变，从容处理；要加深对政策法律的理解，强化信息情报的掌控力，增强现场决断的操作力，提高未雨绸缪的预测力。公安领导要加强队伍内部、协作单位之间的沟通，协调与社会各阶层、各群体特别是新闻媒体之间的关系；高度重视媒体舆论引导工作，注重良性互动，因势利导，增加公众知情权；大力宣传公安机关的先进典型和模范事迹，树立人民警察良好形象。

5. 知人善任能力

公安领导能否做到选贤任能、知人善任，事关公安队伍建设的根本。公安领导要有慧眼识才的选人眼光、用发展的眼光看干部的潜力，善于用人之长，把最适合的干部用在最需要的地方，把最放心的干部放在最不放心的岗位上，做到因岗选人、人事相宜、人尽其才、才尽其用。

二、公安领导能力要素

公安领导者的角色主要由行政领导者和公安职业领导者两个角色复合而成，因此其能力要素可划分为基本领导能力要素和公安职业化领导能力要素。

（一）基本领导能力要素

一般领导能力的构成要素包括学习能力、沟通能力、协调能力、创新能力、决策能力、组织能力、执行能力、感召能力和激励能力。

1. 学习能力

加强学习是领导者的重要政治任务，也是树立正确世界观、人生观和价值观的迫切需要，更是提高领导能力的基础所在。不学习，政治上就不可能成熟，必然导致是非不辨、方向不明；不学习，个人素质就不可能提高，必然导致精神贫乏、没有深度；不学习，就不可能跟上时代的发展，必然导致认识问题没有高度、解决问题没有办法，工作就会出现被动和失误。学习能力是一个人学习动力、学习毅力、学习能力和认知力的总和；是人们获取知识、分享知识、使用知识和创造知识的能力；是动态衡量一个人综合素质和竞争力强弱的有效尺度。

2. 沟通能力

组织中每个成员应该而且能够承担领导职能，而行使领导职能的关键在于沟通。组织成员间只有通过畅通的渠道交流信息，才能消除误解，更准确地了解彼此的想法和情感，提高团队的凝聚力和工作效率。

3. 协调能力

现代领导观认为领导就是协调，就是将各部门、各要素、各层次、各环节联结为一个整体，做到既有分工又有协作，统一步调又各显神通，以提高整体效益。

4. 创新能力

领导者的创新能力具体表现在以下两个方面：一是适时的、符合时代发展要求的更新观念的能力。领导者需要不断转变传统观念，惟其如此，才能顺应时代的发展。二是符合实际的、有利于推动社会发展的创新思维能力。对公安领导者而言，不仅需要技术创新，更需要管理创新、工作创新、制度创新等。

5. 决策能力

决策能力是领导能力的核心要素。公安领导者要善于树立战略思维和全局眼光，把握发展的大势，立足当前，着眼长远，以新的视野和思路，想点子、拿办法、谋大事、管全局，敢于决策，善于决策，当好掌舵人。

6. 组织能力

领导者发挥其组织能力需要抓好以下三个环节：一是选好人。领导者要树立正确的用人导向，认真贯彻德才兼备、以德为先的用人标准，优先提拔那些业务能力强、工作业绩突出、群众威信高的干部。二是用好人。领导者要认真分析每个干部的长处和短处，尽可能把每个干部放在最能发挥优势的岗位上，努力做到人尽其才、才尽其用。三是培养人。领导者不仅要善于选拔和使用人才，还要重视培养人才，大力加强队伍建设，做到使用人才与培养人才相结合。

7. 执行能力

执行是战略的助推剂，而领导者的执行力则表现为实现工作目标的推动力，其最根本的要求就是抓落实。

8. 感召能力

领导者的感召力就是通过其个人魅力和具有领导特征的组织文化等方面，对干部职工施以积极的心理影响，使他们有一种发自内心的归属感和服从感，产生对组织的向心力。

9. 激励能力

组织成员的工作绩效如何，不仅与其工作能力有关，还与领导者的激励力有关。激励力是指领导者调动干部职工积极性，激发和鼓励他们达到工作目标、实现有效领导的必不可少的能力。

（二）公安职业化领导能力要素

职业化领导能力主要包括维护国家安全的能力、驾驭社会治安局势的能力、突发事件的处置能力和为经济社会发展服务的能力。

1. 维护国家安全的能力

面对新形势、新任务的新要求、新挑战，公安领导要切实提高维护国家安全的能力，及时掌控、准确把握对敌斗争形势的新变化、新特点，进一步加强工作部署，健全工作机制，整合工作力量，牢牢把握斗争主动权，严密防范、严厉打击各种敌对势力的渗透颠覆活动和民族分裂势力、宗教极端势力和暴力恐怖势力的分裂破坏活动，确保国家安全和社会政治稳定。

2. 驾驭社会治安局势的能力

公安领导要准确把握动态社会环境下的治安规律、特点，坚持打防结合、预防为主、专群结合、依靠群众，建立经常性的严打工作机制，加强和完善社会治安综合治理工作机制，激发队伍核心战斗力，通过改革使公安机关打得更有力、防得更有效、管得更有序、控得更有度，全面推进社会治安防控体系建设，确保社会治安大局持续稳定，确保人民群众安全感不断增强。

3. 处置突发事件的能力

提高公安领导者处置突发事件的能力与提高公安领导者打击预防犯罪能力、化解矛盾纠纷能力、严格公正执法能力、保障社会公平正义能力等一系列能力密切相关。要切实提高公安领导处置突发事件的能力，建立健全统一指挥、反应灵敏、协调有序、运转高效的预警和应急机制，正确处理好人民内部矛盾与各种社会矛盾，调整好利益关系和公平正义的实现。

4. 服务经济社会发展的能力

公安领导要充分认识公安工作对经济社会发展的重要保障和推动作用，要弄清发展和稳定的关系，摆正服务的位置，明确服务的职责，强化服务的意识，切实提高服务经济社会发展的自觉性和主动性。公安领导要积极适应经济社会发展的要求，进一步更新管理理念，创新管理方式，增强服务意识，拓宽服务领域，不断加强和改进公安行政管理工作，努力形成行为规范、运转协调、公正透明、廉洁高效的公安行政管理工作机制，为经济社会发展提供优质高效服务。

第二节　公安领导能力培养

所谓公安领导能力培养，就是建立公安领导者和其追随者之间和谐的人际关系。公安领导者活动中很重要的一个方面就是关心下属，把与下属的和谐作为人际关系的目标。公安领导者与下属的和谐表现为公安领导者与下属互相信任、互相追随，公安领导者关爱下属，下属心悦诚服地支持公安领导者，二者共同寻求部门和事业的发展。中国传统中的儒家、道家和墨家莫不把和谐作为社会理想。今天，公安部门仍负有维持社会秩序的责任，公安部门也应在下属和公众之间培养和谐的人际关系。公安领导职位权力运用的极致、公安领导个人影响力的升华，都变成公安领导和下属之间的吸引力、号召力和凝聚力，这都是以信任和追随为特征的。历史上，很多领导者的能力正是在和下属互相追随的过程中形成的。

一、公安领导能力培养原则

在公安领导能力的培养过程中，应遵循以下四个方面的原则。

（一）情感原则

公安领导者的能力作为一种影响下属的感召力、吸引力，是通过公安领导者与下属感情传递发生的，这就是公安领导能力培养的情感原则。公安领导能力的情感原则可以分为两方面：首先是公安领导者的“通感”。公安领导者要和下属感情相通，与下属心连心，想下属之所想。人的感情并非只表现为语言，有时通过眼睛、面部表情、手势、身体姿态以及下意识的行为表达出来，公安领导者要善于发现下属的喜、怒、哀、乐等感情波动，并能理解这种感情变化的内在原因。其次是公安领导者的“移情”。公安领导者不仅要想人之所想，还要急人之所急，即公安领导要“移情”，善于站在对方的角度和立场考虑问题，即待人如己，把下属的困难当成自己的困难，推己及人，只有下属幸福自己才能幸福。

（二）智慧原则

公安领导能力的培养还要有智慧。优秀的公安领导者都极力追求智慧，智慧如海，智慧源于公安领导者对感情的控制。公安领导者要富于感情，富于人情味儿，但不能为各种感情所控制，不能为各种不良欲望所操纵。智慧要求公安领导者对人性有鞭辟入里的分析，发扬人性中的积极成分，协调好人际关系，赢得下属的好感和友谊，同时又能控制人性中消极的不良成分，祛除下属的不良行为，扬善去恶，维持公安组织中的良好风气和秩序。智慧原则要求公安领导人要理性，富于见识、经验丰富、办事公道、讲求韬略，说得体的话，做正确的事并把它做好。

（三）形象原则

下属在观察了解公安领导者的时候，总是从观察形象开始的，因而公安领导者无不注意自己的形象，塑造自己的形象魅力。这就是形象原则。形象魅力首先始于着装，下属通过视觉观察到的首先是这部分，因此着装要整洁朴素、舒展大方。其次，形象魅力还包括公安领导者的仪态仪表，言谈举止。最后，真正决定公安领导形象魅力的是公安领导者的心理状态和行为风格。公安领导者的形象塑造必须基于完整、积极、正面、良好的内心自我意识，良好的职业道德伦理品质，通过前后一致、持之以恒的行为来表现。没有自我形象或自我形象不佳，公安领导者的其他优点就会被削弱。

（四）影响原则

公安领导能力的培养要强调影响原则，因为公安领导的个人影响力占公安领导魅力的百分之九十九。“桃李不言，下自成蹊”，个人魅力来源于公安领导者的素质和业绩，它是由下属自觉接受自发模仿而产生的。影响原则的根本在于公安领导者的自我修养，要求公安领导者修身正己，以自己的行为作为下属的榜样。公安领导者以自己的品行端正和正直无私来行无言之教；公安领导者以身作则，潜移默化，其身正，不令而行。影响原则强调下属对公安领导者的认可和接受，从内心尊重公安领导、拥戴公安领导，自觉接受公安领导，与公安领导者建立强烈的信赖感、敬重感和亲密感，产生协调一致的行为，以公安领导者的目标为共同目标并努力去实现。

二、公安领导能力培养方式

公安领导能力培养过程中，可采用以下五种行为方式。

（一）以身作则

想要被他人看作卓越的公安领导者，就必须要为其他人树立行为规范，换句话说就是公安领导者要以身作则。以身作则的公安领导者总是走在队伍的最前面，通过日常的行动来说明自己正在努力为某些信念而奋斗，同时，也能得到员工的追随，赢得公安领导的权利和尊重。

（二）共启愿景

只有对未来有梦想、有自己的远见，并相信这些梦想的公安领导者才是一位成功的公安领导者，因为梦想或愿景是改变未来的力量。公安领导是一个对话的过程，而不是公安领导者一个人唱独角戏，要想成为一位卓越的公安领导者，就要想众人之所想，了解众人的梦想、抱负、愿景和价值。公安领导者要统一大家的愿景，坚信愿景是点燃人们激情的火花，要时刻对自己的员工描绘共同的愿景。

（三）挑战现状

公安领导者是开路先锋，要不断寻找机会改革、进步和提高，要不断寻求办法提高公安团队的能力，关注点要超越自己的公安工作或自己的公安组织，预期公安乃至国家未来发展的趋势。

（四）使众人行

单靠一个人的努力，伟大的梦想无法变成现实，实现公安部门、政府的高效率要靠公安团队的努力，要有精诚团结和稳固的关系，还要有集体的合作和个人的责任。要想提高自身的领导能力，公安领导者就要做到使众人行，培养与公安团队的合作精神，建立一种信任的警营氛围。

（五）激励人心

激励人心是公安领导者领导能力提高的一个重要标志。当大家感到筋疲力尽、有挫败感，不想再往前走，总是想放弃时，公安领导者就需要鼓励其追随者前进，用真诚的行动让他们鼓起干劲，奋发向前。公安领导者要在自己的公安团队中建立一种集体的认同感，强化公安组织成员的献身精神，从而使每个人都投入到公安团队中，并以此做出杰出的贡献。

总之，公安领导能力的培养也涉及公安领导者、公安追随者和公安领导环境等诸多方面的矛盾和关系，公安领导者如何恰当地处理这些矛盾也是公安领导的艺术，公安领导能力的培养技巧也是有机的协调系统。一般来讲，要注意感情和理智的矛盾，沉默与讲话的矛盾，赞美与批评的矛盾，接触与距离的矛盾等。

第三节　公安领导效能

公安领导效能是现代公安领导科学的重要研究内容之一。它是公安领导者进行公安领导活动的出发点和归宿，也是衡量公安领导者进行公安领导活动的标准和综合尺度。一切公安领导活动都是为了追求高效能地实现预定的公安领导目标，一位公安领导者是否实现了有效领导，最终要通过其效能反映出来。

一、公安领导效能的含义

（一）公安领导效能的定义

所谓公安领导效能，就是指公安领导者在实施公安领导过程中的行为能力、工作状态和工作结果，即实现公安领导目标的领导能力和所获得的领导效率与领导效益的系统综合。

公安领导效能包含以下三个要素。

第一，公安领导能力。公安领导能力即公安领导者的行为能力，它是公安领导者胜任公安领导工作、行使权力和承担责任的基本条件。它以一定的知识、经验和素质为基础。

第二，公安领导效率。效率通常是指工作量与时间之比。公安领导效率是指已经实现的公安领导任务（或目标）与时间之比，即完成一定数量和质量的公安领导任务（或目标）的速度。公安领导效率主要受公安领导者的能力、工作态度、领导环境以及下属的积极性等条件的影响。

第三，公安领导效益。效益一般是指投入与产出之比。公安领导效益是指公安领导活动的最终结果，即公安领导活动投入与公安领导活动结果之比。它包括经济效益、政治效益、文化效益、人才效益以及社会效益等，是个综合性的指标。

当然，衡量公安领导效能的最重要的指标就是实现公安领导目标的程度。其他一些有关评价公安领导效能的标准，如士气和工作满意感也是很重要的，但是就公安领导科学的原理来看，则必须把公安领导效能限定在任务绩效的范围内。这主要是因为，一方面公安工作团队与公安组织的基本目标是完成上级组织赋予或者公安团队成员自己制定的任务；另一方面公安团队或公安组织的成功与失败，由公安团队或公安组织达到预期目标的程度来衡量。只有限定在公安任务绩效的范围内，才能有效地满足公安组织及其个体成员的需要。尽管研究士气和工作满意感是很重要的，但它与公安领导目标实现相比毕竟处于次要地位，因为不能实现公安领导目标，也就谈不上士气和工作满意感的提高。

（二）公安领导效能类型

认识公安领导效能的类型有助于我们准确地区别公安领导效能的差异，为把握评价尺度提供依据。公安领导效能类型，可以根据不同的层次与标准做出如下划分。[1]

1. 宏观与微观公安领导效能

根据公安领导效能层次的不同，公安领导效能可分为宏观公安领导效能与微观公安领导效能。

（1）宏观公安领导效能。所谓宏观公安领导效能，是指公安领导活动在社会整体中所达成的效能。它主要包括以下几种：一是政治效能，即公安领导者以国家权力为后盾和威慑力，通过自身的活动，约束和率领公安民警与人民群众，达成维护政治稳定、巩固共产党执政地位等既定的政治目标的效能。二是服务经济效能，即公安领导者能够通过自身的领导活动对经济生活施以有效的积极影响，从而为维护生产经营秩序和经济发展提供有效的保障。三是建设法制文化效能，即公安领导者通过对意识形态的调控，增强整个社会的向心力与凝聚力，提升整个社会的法制、文化水准和精神风貌的效能。四是管理和服务社会效能，即公安领导者有效地保障社会生活的有序运行，保障绝大多数社会成员的利益，提升社会生活质量，化解社会矛盾和减少突发自然灾害损失等，从而满足绝大多数社会成员需要的效能。

（2）微观公安领导效能。所谓微观公安领导效能，是指公安领导者在领导活动的具体实施过程中所体现出来的效能。它主要包括以下几种：一是决策效能。公安决策效能体现在公安领导决策的及时性、正确性和可行性上。二是用人效能，即公安领导者选配人才的科学性和使用人才的有效性。三是办事效能，即公安领导者在领导活动的各个环节，包括公安指挥、计划、组织、协调、沟通等，处理各项警务的能力、效率和效益。四是时间效能，即公安领导者在单位时间内所完成的工作量。它是衡量公安领导者科学管理与利用时间的尺度。五是组织的整体贡献效能。它是公安领导者的办事效能、用人效能与时间效能的综合体现，是衡量公安领导效能高低的最重要的尺度。公安领导效能最终体现在对组织的整体贡献的大小上。

2. 正效能与负效能

根据公安领导效能的性质不同，公安领导效能可分为正效能与负效能。

（1）正效能。公安领导效能无论是宏观还是微观都有正负之分。所谓公安领导正效能，即公安领导者所从事的领导活动与社会、政治、经济、法制、文化等沿着同一方向前进，并最终起到积极的促进作用。

（2）负效能。所谓公安领导负效能，即公安领导者所从事的领导活动与社会、政治、经济、法制、文化等沿着相反的方向行驶，并最终起到阻碍或不利的作用。

公安领导正效能又称之为公安领导高效能，而公安领导负效能则被称为公安领导无能。

二、公安领导效能的基本理论

领导理论始于西方，在不同时期的领导理论和不同类型的领导理论之间，有许多相互对立的成分。尽管如此，领导理论的形成与发展为我们理解领导这一特殊的社会现象提供了许多富有价值的概念和范式。在领导效能理论中，有三种模式尤其值得我们重视，这就

---

① 参见公安部政治部：《公安领导科学研究》，232 页，北京，中国人民公安大学出版社，2007。

是封建制领导、层峰制领导和权变领导。[①]

(一) 封建制领导与公安领导效能

在封建制领导中，领导是一种领导者与被领导者之间的个人关系。封建制领导具有以下特点：(1) 这种体系具有浓厚的宗教色彩。因为封建传统中仆人对主人的忠诚程度有着近乎宗教式的崇拜。这种感情的纽带大大超越了理性的范围。与封建制领导相联系，早期的领导理论注重对个人特质和领袖人物魅力的研究，因为这样可以把领导者从他们的追随者中划分出来。(2) 当领导特质理论的有效性遭到否定之后，探讨有效的领导者行为模式便成为领导学的重心。美国俄亥俄州立大学研究小组提出的人员取向的关怀型行为（Considerate Behavior）和任务取向的结构型行为（Structuring Behavior）是行为理论的代表。这些基于群体成员对其领导者行为做出评价的研究，帮助我们对群体内领导者的作用有了新的理解，但是无数的事实又证明，关怀型行为与群体的内聚力和成员的满意感有关，但与工作效能无关。

在 20 世纪 30 年代末，当人际关系方法被应用于领导科学研究时，对领导绩效的研究进入了一个新时代。麦克格雷戈的 X 理论和 Y 理论是领导学研究中的一座里程碑，它拓展了领导科学研究的视野和空间。与麦克格雷戈理论非常接近的是利克特的系统理论，它按下属参与的程度对领导方式加以分类，故有学者提出民主的、参与的行为可以使下属感到自己工作的责任，提高群体和组织的绩效。

这些普适性的理论拥有一个不言而喻的信念，就是有效的领导是与个人和他人交往的能力有关的。因此，基于封建制的公安领导，都是建立在一定的假设之上，即都以为有一种最佳的公安领导方式，也就是总有一种公安领导方式比其他公安领导方式更好，认为有效的公安领导应更为关心人，更具结构性。公安领导通常被认为是富于人情味的，而不是一个理性的过程。这与封建制领导认为领导者与被领导者之间的关系是领导中的首要问题没有什么不同。

(二) 层峰式领导与公安领导效能

与以个人关联为基础的封建制传统恰恰相反，层峰系统反对以领导和下属个人关系为基础建立的组织。层峰组织中的人是整个理性化网络的一部分，并且领导者的作用、任务、责任和特权有详细的规定，领导者与下属都要忠诚于组织和组织目标，这一原则不断被各种调动和轮换政策予以强化，调动和轮换政策旨在削弱领导者与被领导者之间的关系。

人类在古代就已经形成集团性的层峰组织了。古罗马和中国政府的体制在很多方面就是层峰式的：晋升靠功绩，工作制度化，对组织而不是对个人忠诚。例如，人们对古罗马军团和兵团忠诚，而不是对百人队队长忠诚。

西欧产业革命的到来使层峰制得到了复兴。工作的机械化最终导致了装配线的发展。这种需求的合理性使得组织强调工作的重要性，削弱了每个人的特性以及工人与领导者之间的个人关系。

层峰制自然是与上下级之间个人的封建制关系相对立的。在理想的层峰制组织中，工

---

① 参见刘建军编著：《领导学原理——科学与艺术》，182 页，上海，复旦大学出版社，2001。

作制度是明文规定的，职工可以从一个“职位”、“岗位”、“工位”被调到另一个“职位”、“岗位”和“工位”上，晋升靠贡献而非个人恩怨。由于人的个性差异被忽略了，所以层峰制主要关心的是组织结构、沟通系统、工作与任务的设计等问题。领导者的权力是有限的，职权被控制在一定范围之内。工作、工作条件、绩效标准和对工作不满的反映程度都有明确规定。工作绩效的评价是建立在实现目标的客观基础之上的。

当今最具代表性的层峰理论是结构理论。结构主义者认为，绩效取决于组织的特性而不取决于组织中领导者的特性。各种各样的“领导替代物”使研究领导者的特质已没有什么必要。基于普适性层峰结构理论，公安组织中健全的公安任务与公安结构可以完全取代公安领导者的作用。高结构化程度的公安任务、有职业文凭和受过专门训练的公安人员充当了公安领导替代物，这些公安领导替代物可以使我们能够创造一种这样的环境，如允许公安信息的畅通有效地制定公安决策，并且在没有特定公安领导者的情况下运用权力。

这些不带任何感情偏见的理论对提高公安组织绩效的贡献是极为巨大的。但是，它们对人格特点的忽视使对公安领导绩效的探讨也变得扑朔迷离。虽然公安组织结构是重要的，但究竟怎样的公安人才是最有效的，他们在什么样的公安组织结构中才能取得高的绩效，对这些问题，那些崇尚公安领导替代物的理论并没有给出明确的答复。

（三）权变领导与公安领导效能

1964 年权变模型的问世在领导领域中引起了很大反响。权变模型试图将封建和层峰主义理论合二为一融于领导理论中。它描述了具有特定人格的领导在一定的组织环境之中发挥作用的条件。这个模型强调了在相同的领导情境中，为什么某些人的工作绩效要好于其他人？这一理论注重把人格和群体所处的情境纳入领导科学的研究视野之中。

这一理论激发了领导科学的发展速度和发展规模。罗伯特·豪斯（Robert House）1971 年提出的途径——目标理论实质上就是阐述领导者必须引导下属走上一条能够使下属和组织双方都满意和受益的道路。只有当领导者的谋略或结构行为适合于工作的特点，适应于下属的要求、能力和人格时，他们的工作绩效才能达到最佳。挑战性的工作要求指导性的领导行为；结构性的工作需要关怀型和支持型的领导行为。对于自尊较差的下属，关怀型的领导通常更有效，而对于那些经验不足的下属来讲，指导型的领导恐怕最为有益。

许多研究表明，领导者智能与内聚力强、气氛和谐的群体绩效的相关度要大于与应激大、人员松散的群体绩效的相关度。布莱兹和菲德勒（Fedler）1973 年曾指出，除非领导者为指导型的，否则领导者的智能与工作相关的能力就不能反映出群体的绩效。后来，菲德勒在其以前研究的基础上又提出了多屏模型（Multiple Screen Model）理论。它清楚地表明了在某些条件下，领导者的智能对工作绩效是起作用的。基于这一模型的假设，为了反映公安工作绩效，公安领导者要凭自己的智慧闯过一系列难关和障碍。这类似半渗透的屏障，也就是说，公安领导者要有动力，要受到公安组织成员的支持，要与他的直接上级保持良好的关系。

封建式公安领导方法是建立在公安领导者和从属者的关系基础上的，这种观点引起了对公安领导特性和公安领导行为的探讨。层峰组织中的公安领导方式在强调公安领导与下属之间的非个人关系方面与封建制公安领导方式是截然相反的，这使人们研究公安组织结构和条件要遵循理性公安决策过程。权变理论强调了对公安领导者个性和公安领导情境之间相互作用的重要性的理解。认知资源理论综合了权变模型和多屏模型，并指出在一定条件下，公安领导者和其团队成员的能力及工作相关的知识对有效的公安领导效能的作用。

三、公安领导效能的影响因素

公安领导能力是领导者的个体素质、思维方式、实践经验以及领导方法等要素形成的统一体，这些影响领导活动效果的个性心理特征和行为的总和构成公安领导能力的实际效能。

（一）公安领导效能影响因素

在这个系统中，影响公安领导效能的主要包括以下几个要素。

1. 公安领导目标

公安领导目标是取得领导效能的前提，它和取得领导效能的途径——领导效率结合起来决定公安领导效能的大小。公安领导目标是领导效能的中心线，实现公安领导目标的程度是衡量公安领导效能的标尺。

2. 公安领导能力

公安领导能力即公安领导者的行为能力。它以领导者的身体、心理、知识、经验等综合素质为基础，是公安领导者行使领导权力、承担领导责任、胜任领导工作、完成领导任务所必备的基本条件。

3. 公安领导效率

公安领导效率一般是指公安领导者从事领导工作的产出同所消耗的人力、物力、财力等要素之间的比率关系。公安领导效率主要受领导者的能力、工作态度、领导环境以及下属的素质与能力等条件的影响。

4. 公安领导效果

公安领导效果是领导活动对象化的直接反映，是通过公安领导效率所取得的直接结果，是公安领导效率向公安领导效益转化的中介体，公安领导效益要通过领导效果这个中介才能实现。

5. 公安领导效益

公安领导效益是指领导活动的最终效果，具有社会性、公益性与长远性的特点，主要表现为政治效益、服务经济效益、管理和服务社会效益等，它是一个综合性的指标体系。公安领导效能关键要高度重视对其定量因素进行分解式的量化分析，以提高对其科学性与操作性研究；同时又要兼顾对其定性因素进行深入的理性分析，以强化对公安领导效能的历史性与社会性研究。

公安领导效能是以上各种因素的综合，要全面分析这些因素在取得公安领导效能中的影响，才能准确地反映领导效能的高低。比如，公安领导效果和公安领导效益综合起来才能反映公安领导效能的高低，但两者不是直接数量相加，评价公安效能仅看效果不行，也就是说只有定量分析是不够的。公安效果显著，效益不一定高。当公安目标错误时，效率越高，直接效果越明显，效益越差，因此还应做定量分析。

（二）公安领导效能提高

任何公安领导者和他所领导的公安团队，对任何一项公安领导活动的进行都期望获得一定的成就，而公安领导活动成功的重要标志就是公安领导活动的有效和高效，因此公安领导效能的提高是公安领导活动成功的重要标志。尤其是在科技迅猛发展的今天，讲效率、重效能是现代社会的主旋律，每位公安领导者必须适应社会主义现代化建设事业发展的客观形势需要，注重公安领导效能的提高。公安领导效能是多种因素相互作用的结果，而公安领导效能的提高是一个系统工程，必须从多方面做出努力。

1. 提高公安领导者的能力素质

公安领导效能的高低其关键在于公安领导者能力素质的高低。大量实践表明，公安领导者的能力素质好，公安领导效能就高；反之，公安领导者的能力素质低，公安领导效能就低。因此，提高公安领导者的能力素质是提高公安领导效能的基础。

（1）要提高公安领导者的认知能力。公安领导者的认知能力直接影响了公安领导效能的高低。公安领导者的认识能力是其公安领导工作的前提，只有公安领导者正确认识了问题才能正确地进行公安领导工作。

（2）要提高公安领导者的决策能力。公安领导者决策正确与否直接决定了公安领导效能的高低。作为公安领导者需要具备一定的预见和决断能力，能够在不同的公安决策方案中辨别优劣，做出正确的决策，进而提高公安领导效能。

（3）要提高公安领导者的组织能力。组织能力的提高是公安领导效能提高的必备条件。在公安领导者做出正确认识和决策后，公安领导者需要有较强的组织能力去沟通协调各方面的人力、物力和财力，以此来保证公安领导活动的有效和高效性。

2. 优化公安领导系统的结构

公安领导系统的结构决定了公安领导系统的整体功能，因此要尽力使公安领导系统内的各要素之间合理结合，优化公安领导系统的结构。

（1）优化公安领导班子的结构。优化公安领导班子的结构，达到年龄结构合理、专业互补、智能优势组合的目的，这是提高公安领导效能的重要条件。

（2）优化公安组织系统。健全公安组织系统，达到布局合理、分工明确、协作默契和运转灵活的目的，保证和促进公安领导效能的不断提高。

（3）优化公安领导者与公安追随者之间的关系。公安领导者与公安追随者之间的合理结合是提高公安领导效能的关键环节。公安领导者要正确认清两者间的关系，适当地任人用人，充分履行公安领导的职能，促进公安决策目标的实现。

（4）优化公安领导者、公安追随者和客观对象间的关系。这三者之间的合理结合是提高领导效能的中心环节，要正确运用科学的方法，适时地做出正确决策，做到领导者、追随者和客观对象间的合理结合。

3. 改善公安管理方式

在现代公安领导活动中，公安管理方式的现代化对公安领导效能的提高起着至关重要的作用。现代科技进步日新月异，现代化公安办公手段已经得到普及，公安信息化、办公网络化、警务智能化社会已经到来，这些已经成为公安领导和公安管理工作的重要方式，因此要充分利用现代科技管理方式提高公安领导效能。采用现代化公安管理方式是提高公安领导效能的一个重要而直接的途径。

4. 有效利用时间

时间是衡量公安领导效能的一个重要方面，要注意有效利用时间，消除时间浪费。采用科学的方法合理统筹时间管理，找到关键事件节点和关键路径，节约时间、提高公安领导效率，将事务按照轻重缓急排序，在最适宜的时候办最应该办的事，逐渐落实，提高办事效率，合理放权，集中时间做大事。这样既能摆脱次要事情的烦扰，又有利于调动下属的工作积极性，为自己赢得时间。

第四节　公安领导效能评估

公安领导效能是反映公安领导能力和领导活动成效的综合性指标，也是公安领导工作发展的推动力。要在正确理解公安领导效能的基础上，掌握公安领导效能评估的原则和方法，探索提高公安领导效能的途径，对公安领导活动进行有效的监控，是公安领导科学研究的重要问题。

一、公安领导效能评估原则

公安领导效能，就是公安领导者在实施公安领导活动的过程中实现公安领导活动目标的能力与所获得的公安领导效率、效果、效益以及所引起的公安组织状态、环境与关系的有效变化的系统综合。公安领导效能是公安领导目标和公安工作效率的乘积，是一个包括公安领导力、公安决策、公安用人、公安组织管理和公安工作办事效率及效果各项效能的指标体系。公安领导效能评估的原则有以下几个方面。

（一）客观公正原则

公安领导效能考评必须由具体的组织和人主持进行，即要有考核主体。考核主体对公安领导效能考评的效果具有决定性的作用。它们无论是上级还是专门职能部门，无论是下属和一般员工还是下级公安组织，都必须坚持客观公正的原则。所谓客观，就是实事求是；所谓公正，就是不抱有偏见。

人的社会性使得人们的一切活动都会受到社会的某种方式的评价。在一般情况下人们也愿意知道社会对自己工作和行为的评价，以便从社会和他人的肯定性评价中获得成就感。所以人们一般不反对考评，他们所担心的是考评结果是否公正。造成人们对考评反感的原因有两个：一是考评的指标、方法不太切合实际，考评结果不全面，使被考评者感到考评结果没有反映出自己工作的全部状况；二是由于考评主体或其他的原因，考评结果与被考评者的实际效能出入较大，使被考评者感到得出的结论难以接受。因此，在考评工作中必须坚持客观、公正的原则。要做到坚持实事求是，客观、全面、公正地反映情况和评价被考评者，就必须抛弃个人的好恶恩怨，不用派系观念替代公安组织的整体观念，不用主观想象代替考察了解，不用道听途说代替事实依据，不用感情、偏见代替法规和正式的规定。这是考评工作中必须十分注意的一个重要问题。

坚持客观公正原则，应做到三点：一是考评者要为人正直、作风正派，即要清正廉洁，克己奉公，尊重事实，实事求是，不主观臆造，更不抱成见，不徇私情。二是考评的标准要统一，过程要公平。同一级公安组织内部的不同公安领导者工作内容有特殊性，但可以统一的标准应统一。同时要把被考评者放在当时当地的公安领导活动环境中进行考察，剔除那些不以公安领导者意志为转移的、影响公安领导效能的客观因素。三是考评的结果应当来自准确、完整的资料和数据以及对事实的调查分析，任何一个结论都必须以事实为依据。只有这样，才能对公安领导效能做出真实、全面和正确的评价。

（二）统一规范原则

公安领导效能考评因素众多，涉及面广，政策性强，关系到公安领导者的积极性能否充分调动以及整个公安领导活动的成败，因此必须严肃认真地进行，坚持统一规范的原则。

首先，要在建立健全各级各类公安领导者的岗位责任制和任期目标制的基础上，确定考核标准。考核要素、考核标准必须统一规范、清晰明确，并形成一套既能反映客观实际又便于操作的科学合理的考核评估指标体系。没有一套科学的考核评估指标体系，被考者胸中无数，不知如何总结提高；考核者由于缺乏一个客观的尺度，就不可避免地带有这样或那样的主观随意性。

其次，要建立健全严格的考评制度，形成相应的考核规程或考核准则，诸如规定考核的目的、期限、范围、对象、步骤和程度等。考核制度、考核规程形成后，必须严格执行，凡属于考核对象都必须如期接受考核；任何机关以及任何领导者不得借口随意取消本单位的考核。

最后，要有严谨、科学的考核方法。考核方法既要尽可能做到科学化、规范化、程序化，又要切合实际，有一定的灵活性，做到确定性与非确定性、规范化与非规范化的统一。只有确立和执行统一规范的考评规则，公安领导效能考评才能有序有效地进行。

（三）民主公开原则

效能考评过程和考评方式对考评结果影响极大，要保证考评结果的客观、公正和准确，就必须坚持民主公开的原则。所谓民主公开的原则，就是用不同方式让下属和基层民警参与和监督公安领导效能考评。坚持民主公开的原则要做到以下几点。

1. 公安领导效能考评要在公安组织成员参与的基础上进行

必须采取上级考评、同级考评、下级考评和自我考评相结合的方法，多渠道、多层次和多角度地对公安领导效能进行考评。公安领导活动处于上下左右的广泛联系之中，一个公安领导者的工作能力与业务水平、工作效率与效果、品德与作风等，员工的评价是一个极为重要的参照系。所谓上级考评，即公安领导者的直接上级领导对公安领导者的考评，他们因处于“居高临下”的地位，不仅可以看出下级公安领导者如何处理局部与全局的关系以及在整个系统所做的贡献，还可以在下级公安领导者之间进行比较，得出比较全面的看法。同级考评，即在具有密切协作关系和工作联系的同级公安领导者之间相互进行的考评。“同级”不仅与被考评者朝夕相处，了解掌握的情况比较多，而且所处地位相同，“平面比较”较为真实、深刻。自我考评，即公安领导者根据组织要求和考评内容，由其本人实事求是地进行自我评价，其结果供公安组织考评参考。自我考评打破了以往人事考评的封闭倾向，体现了对考评者的信任与尊重。下级考评，即公安领导者的下属和一线民警对公安领导者的考评。这是坚持民主公开原则中的一个重要环节。由于公安领导者生活工作在下属和一线民警之中，所以他们的成绩与贡献、缺点与错误，下属和一线民警最熟悉、最了解、最清楚和最有发言权。实行下级考评，既能使考评结果比较客观公正，又能促使公安领导者强化“公仆”观念，增强对下属和一线民警的责任感与责任心，改善公安领导者与公安追随者的关系。

2. 公安领导效能考评工作要接受群众监督

坚持民主公开的原则，不仅要下属和一线民警以不同方式参与考评，还要发挥一线民警对领导效能考评工作的监督作用。由于效能考评过程必然涉及对人的评价，关系复杂，因素众多，不可避免地会存在一些主观成分，因而需要加强一线民警对考评工作的监督。一线民警对考评工作的监督是一线民警对领导者及领导活动监督的一个重要方面。它包括对考评主体的监督、对考评过程和考评结果的监督。对考评主体的监督，就是要看考评主体是否正直、正派，是否具备考评能力和考评条件；对考评过程的监督，就是看考评是否严肃认真地进行，考评标准、考评程度和考评方式是否一视同仁，是否有营私舞弊的情况；对考评结果的监督，就是看考评结果是否受非正常因素的干扰影响，是否客观公正，是否符合被考评者的实际。只有实行全方位的群众监督，才能克服封闭式、神秘化考评方式所产生的种种弊端，才能避免考评过程中的主观随意性和主观片面性，保证考评结果的全面性、客观性。

3. 公安领导效能考评结果要公开

公安领导效能考评的目的是帮助公安领导者总结公安领导工作的经验教训，改进公安领导方式方法，改善公安领导环境，提高公安领导水平，实现更高的公安领导效能，这就必须用适当的方式向被考评者和广大干警公开其考评结果。这项工作必须十分谨慎地进行，否则不仅难以达到预期的效果，甚至还会产生负效应。向被考评者反馈其考评结果有多种方式，如面谈式、图表式、报告式等。面谈式，即用谈话方式把考评结果反馈给被考评者，这是反馈考评结果的一种基本形式。面谈时，主谈者应开诚布公，以肯定成绩长处为主，对问题和缺点既要说透，又要注意方式、恰到好处，并注意倾听被考评者的反映和要求。图表式，就是将考评结果用曲线图形式反馈给被考评者。所谓曲线图，就是用曲线表示数据资料的统计图，用“时间数列”绘成的动态曲线图，可以反映出现象在时间上的变动情况。这种方式比较形象直观，一目了然，但需要作必要的说明。报告式，就是用总结报告将考评结果反馈给考评者。这种方式对考评结果反映虽然比较粗，但较为灵活，富有弹性。在用报告式时，一般以肯定成绩、总结经验为主，在评价弱点和缺点时，不宜点名。这三种方式各有所长，可根据实际情况，或选择单项，或结合使用。与此同时，还应该用报告、通报等适当方式向群众公布考评结果。总之，向被考评者和群众公布考评结果，只要使用恰当，就不仅有助于防止减少考评中可能出现的主观偏见和种种误差，有助于公安领导者总结经验教训、提高公安领导水平，还有助于广大干警掌握情况，便于对公安领导活动和公安领导者实施监督，并激发其主人翁精神和工作积极性。

（四）贡献为主原则

公安领导效能考评包括公安领导的能力、工作态度、环境和工作实绩等几个方面，但要坚持贡献为主的原则，即要以实际贡献和工作成绩作为重要标准来评价公安领导者履行职责的状况和德才水平。坚持以贡献为主的原则，在现实中具有十分重要的意义。

1. 使考评具有客观性

坚持以贡献为主的原则可以使考评具有客观性。被考评者已有的工作成绩是客观现实，一般来说是众所周知的，公安领导效能考评就是掌握被考评者所做贡献的内容、数量和质量，并根据这些资料、数据进行评价，这样就能看出被考评者在履行职责和实现公安组织目标方面的实绩，从而对被考评者做出客观性的评价。

2. 使考评具有正确的发展方向

坚持以贡献大小来评价公安领导活动的优劣，可以把各级公安领导机关和公安领导者的注意力引导到正确的发展方向上来，从而使公安领导者可以脚踏实地地去从事各种公安领导活动。

3. 使考评树立“无功即是过”的新观念

坚持以贡献为主的考评原则，能使公安领导者改变那种“不求有功，但求无过”的观念，树立“无功即是过”的新观念，充分发挥自己的潜力和特长。

坚持贡献为主的考评原则，必须正确处理局部与全局、当前与长远、数量与质量、效率与效果等几个方面的关系。

二、公安领导效能评估指标

公安领导效能评估指标体系的建立需要重点考虑以下几方面的内容。①

（一）用人效能

公安领导活动不同于其他社会活动的最为重要的特征就是公安领导行为与目标之间的间接性。因此，用人效能就成为考察公安领导效能高低的重要指标之一。用人效能的高低关系到公安领导活动的成败。用人效能是指公安领导者选配、组织和使用有关人员的能力和效果。公安领导者如何选配公安组织和使用有关部门的人员，不仅关系到每个成员的主动性、积极性和创造性，也关系到整个公安组织的整体贡献。用人效能是决策办事效能的公安组织基础，又是实现决策办事效能的公安组织保证。

（二）决策办事效能

公安决策办事效能是指公安领导者制定决策、处理事务的能力、效率和效益。由于公安领导者是公安领导活动的组织者和发动者，因此公安领导者决策和办事的效能将直接决定公安领导活动的成败。这是当今任何公安组织系统中把公安领导者的决策和办事效能置于首要地位的原因所在。

（三）时间效能

时间对于公安领导者来说是非常宝贵的，公安领导者如何有效地统筹时间这一要素，使其利用时间的效能能够发挥到极致，这对于公安领导者和整个公安组织来说都是至关重要的。时间效能是衡量公安领导者管理、利用时间的尺度。公安领导者从事任何工作都需要时间，能否科学地管理、利用时间，反映出公安领导时间效能的高低。而公安领导者时间效能的高低不仅关系到个人贡献的大小，而且会直接影响到整个公安组织的整体贡献。

1. 要充分认清时间效能是非常重要的

一方面，时间对于任何人来说都是极为重要的，对于公安领导者来说也是如此。由于任何一位公安领导者都受自然规律的限制，不可能像机器那样无休止地工作，他需要休

---

① 参见刘建军编著：《领导学原理——科学与艺术》，180页，上海，复旦大学出版社，2001。

息，需要私人时间，因此公安领导者必须把时间效能置于一个重要的地位，以科学地运筹时间来取得较高的时间效能。另一方面，公安领导者的时间具有一种不同于其他人的属性，即他的时间效能与整个公安组织的发展联系在一起，这是由公安领导者的地位和职能所决定的。

2. 公安领导者要树立科学的时间观

公安领导者树立科学的时间观这是提高时间效能的基础。第一，要认识到公安领导者的时间效能是与公安组织的命运联系在一起的，使时间的浪费减少到最低限度。第二，要善于抓住时机。所谓公安领导者审时度势，就是指善于选择和把握时机，适时做出正确的决策。第三，要重视讲求实效。所谓实效，就是指在单位时间内所完成的工作量。

3. 要掌握科学利用时间的方法

第一，要尽可能排除琐碎事务，集中精力抓大事。第二次世界大战时担任欧洲盟军司令的蒙哥马利说："极端紧要的是，一个高级指挥官绝不应埋头于琐事中。……指挥官整天忙于琐事，没有时间精心地深思熟虑，绝不可能制定出高水平的作战计划或者有效地进行大规模的作战行动。"① 这里所说的大事就是指组织的发展方向、组织决策和进行抉择、进行非程序化决策、用人等。第二，一定要做工作计划。按时间安排计划是非常重要的。公安领导者要把各项工作按照轻重缓急做出分类，再按时间安排计划。第三，区分工作的轻重缓急的方法。杜拉克在《有效的管理者》一书中说，安排工作不是何者当先而是何者当后的问题。因为凡属找上门来的事情，谁都说非常重要，必须先办，这就形成一种压力。因此，公安领导者在此压力之下，必须把那些应当缓办、后办的事情理出来，这里重要的不在于分析而是要有顶住压力的勇气。而何者当先，应该遵循下列原则：重开拓未来而非重过去；重机会之把握而非重苦难之克服；重在选择自己的方向而非跟随别人等。第四，努力提高时间的利用效率。要利用最佳时区做最佳和最重要的事情；坚持今日事今日毕；集中时间处理耗时多的工作；无论何事均事先做好准备；精简会议和文件。

（四）组织的整体贡献效能

公安领导者不仅指个人，而且包括由若干公安领导成员组成的公安领导集体。公安领导者的整体贡献效能是指同一公安领导组织整体目标的实现程度。在任何一级公安领导组织内部，都存在个人与组织的关系，都有分工与协作。因此，公安领导效能不仅反映在个人所主持、负责的部门工作和单项领域之中，更重要的是反映在全局工作和整体贡献上。也就是说，公安领导者的时间效能、用人效能、决策办事效能，最终都将体现为公安组织的整体贡献效能。因此，整个公安组织的总体目标实现程度如何是衡量公安领导效能高低最重要的尺度。

三、公安领导效能评估方法

公安领导效能考评要达到预期的效果，还必须有科学正确的考评方法。考评方法既要能够客观、全面地反映公安领导活动的实际，又要有可操作性，方便适用。近年来，随着考评工作的发展，新的考评方法不断出现。常见的主要测评方法有如下几种。

---

① ［英］伯纳德·劳·蒙哥马利：《蒙哥马利回忆录》，71页，上海，上海译文出版社，1982。

（一）目标测评法

目标测评法也称目标对照法，是一种由测评主体按照公安领导活动中预先设定的目标或指标体系，检查公安领导活动完成情况，从而评定被测评的公安领导者的工作成效的方法。任何公安领导活动都要追求并达到一定的目标，公安领导者的决策是以目标为依据的，而下属的活动则是以实现目标为依归的。因此，确定的目标是否科学，实现目标的方法、措施是否得当，目标实现的程度是否优良，都能直接反映出公安领导者工作能力的强弱、工作效率的高低和工作成果的优劣。由于目标具有可分性、层次性、阶段性和综合性的特点，所以目标测评可以从内容上、层次上和时间上分项、分层、分段地进行，也可以综合地进行。目标测评具有基础性意义，因为各种考评方法本质上都是以不同的方式、从不同的角度去对照检查目标实现的程度，以及寻求实现新的目标的最佳途径。

目标测评既可以分项目、分层次考评，也可以按其进度分段考评。分段考评就是把平时考查与定期考核结合起来，把过程考核与结果考核结合进来。平时考评，就是随着公安领导活动一开始就进行多方式、多视角的考查，并记载、整理和积累考查情况，作为定期考核的基础。定期考核，则是在一定时期内，根据平时考查的情况，对公安领导活动的各个要素以及公安领导效能的各个方面进行比较全面系统的考核，以形成最终的考核结论。也可以将公安领导活动中的有关项目或有关要素分解开来，分别进行考评。如在某公安领导活动开始前或初期，侧重评定公安领导者的知识素质和能力素质（预先评定）；在工作过程中，侧重评定公安领导者的工作态度和工作作风（过程评定）；工作结束后，又侧重评定其工作效率、成绩和社会效益（终点评定）；最后将各段评定的结果进行全面的综合分析整理，形成最终的考核结论。

使用目标测评法的前提条件是各个公安组织不仅要为本单位制定规范、综合和全面的目标，还应为公安领导者制定分项、分层项目指标；不仅要制定总体目标，还要把总体目标分解为相互联系、相互制约、多层次和多样性的具体目标项目，以形成公安领导组织的目标体系。无论是公安组织整体目标还是个人项目指标都既要有质的规定性，又要有量的规定性。特别是量的规定具有十分重要的意义。因为目标要能够被考核，就必须量化为一系列次级指标体系，在总目标与次级指标体系之间形成应有的同构关系（即目标与次级指标之间确有的内在关联性）。当然对那些确实不宜用数量表示的目标，则可以通过揭示它的质的规定性来进行测评。尽管一些目标不宜或无法用数量表示，但大多数质量目标也是可以考评的，可以通过详细阐明目标的性质、特征以及完成期限和途径来提高其可考评程度。

制定了明确、规范的目标以后，就要严格按照目标项目指标来对照测评。在考评中具体可以采用成果汇报的方式，由公安领导者做述职报告或由公安领导组织汇集有关情况和统计资料进行通报，同时公安组织成员参加评议，以取得真实、全面和公正的考评效果。按照目标来考评公安领导者，实际上就是观察和评价公安领导者确定目标和实现目标的能力和所取得的成效。这种考评方法能够促使公安领导者自觉地把制定和评价目标作为经常性的活动，不断检查工作进展情况，及时纠正偏差，避免或减少公安领导活动过程中的损失。在采用这一考评方法时，应当注意考虑那些公安领导者无法控制的因素对实现公安领导目标的影响，这样才能增强考评结果的客观性。

在目标测评法中，一定要严防“目标替换”现象的发生。对于公安领导者的绩效考评来说，目标替换就是以公安领导者决策范围之外的目标替换公安领导者所要追求的目标。如果以公安领导者决策范围之外的目标作为标准来考评公安领导者工作效绩的高低，必然会得出错误的结论。对于执行决策的部门和下属来说，在对他们的工作效绩进行考评时，也要注意其子目标与总目标之间的关系。因为对于他们来说，经常会发生目标替换的现象，即他们实现的目标不是服务于总目标之要求的，从而使其扰乱整个目标的体系结构，这样整个公安组织的总目标还是不能实现。因此，对于执行部门和下属来说，他们把分目标看做最终目的，而不是把它看做实现总目标的手段和组成部分，因此严格地僵死地遵循分目标所规定的规章与制度，即使这些规定已经有悖于总目标的要求，他们还是一味坚持。因为在他们看来，实现分目标就是他们的最终目的。所以，在对其工作效绩进行考评时，不能因为他们已经实现了分目标而断言他们有着较高的效绩，即不能以他们实现的分目标替代整个公安组织的总目标。

（二）民意测评法

民意测评法是现代民主社会日益广泛使用的一种测评方法，即通过投票法、对话法与问卷法等方式对被测评的公安领导者进行评议，以获得其某一方面或总体的情况。民意测验法是现代社会广泛使用的一种调查方法，包括对话法、问卷法等。对话法是指由考评者找个别人谈话，或召开小型座谈会，直接了解对被考评者的评价。对话法要运用得好必须注意方式和技巧，即既要引导得力，又不能暗示、妨碍谈话者表达真实想法。问卷法则是将考评指标项目分级分类列表后发放，要求被调查者填好后送回，然后由考评者进行数据处理和综合分析。这一方法的有效性依赖于问卷设计的科学性和被调查者的配合程度。

公安领导活动离不开其组织成员的支持、配合和参与，公安组织成员定期或不定期地评议公安领导者，把对公安领导者的工作能力、工作作风、工作方法和工作成绩等方面的意见和建议反映出来，汇集起来，作为公安领导者奖惩、任免和升降的重要依据，这就可以把公安领导者及其活动置于公安组织成员的经常监督之下。坚持民意测评法，有利于激发公安领导者的事业心和责任感，把对上级负责和对组织成员负责更好地统一起来；有利于密切公安领导与其组织成员的关系，调动公安领导和其组织成员、上级和下级的积极性和创造性；有利于全面、客观地评价公安领导者的是非功过，准确地选拔和任用公安领导人才。

（三）定量分析法

定量分析法，就是根据公安领导活动的各种具体指标计量论质、评级计分，从数量上相对精确地反映公安领导者及整体效能的全貌。任何公安领导活动的效能都反映在质和量两个方面，既可以在质上定性，也可以从量中分析。过去公安领导的考评大都采取定性评估法，对公安领导者的效能做出定性的评价，这是十分必要的，但忽略了定量分析。近年来，国内许多单位在完善定性评估法的同时，结合使用定量分析法，使公安领导效能考评更加全面，更加合理。定量分析法只要使用得当，其结果就有较高的严密性和可靠性，它为公安领导效能考评工作逐步从经验走向科学提供了可能。

对公安领导效能进行定量分析，具体可以围绕用人、办事、整体贡献和时间节约进行，从中找出有效量与总量之间的比率。比率高，说明公安领导效能高；反之，则说明公安领导效能低。这四个方面的比率是互相联系、密不可分的，因此，要综合起来进行考评。

第一，时间效能方面。时间效能可以从公安领导者自己的时间有效利用率、部属的时间有效利用率和公安组织整体的时间有效利用率三个方面进行分析。时间的有效利用率，是指有效工作时间与法定工作时间之间的比例。在我国，多数公安工作人员法定工作时间是一个常数，但是由于某些因素的影响和制约，不是每一个工作人员都能充分有效地利用法定时间的。公安领导者时间效能不仅要求自己有较高的时间利用率，还应使部属有较高的时间利用率，更重要的是公安组织整体也要有较高的时间利用率。只有高效的时间利用率，才能为高效的用人效能、办事效能和整体贡献效能提供时间保证。

第二，用人效能方面。用人效能指公安领导者对部属的培养、选拔、配备、使用等方面的成效。它是整体贡献效能的组织保证，其实质是如何调动与发挥部属的积极性问题。公安领导者用人效能的考评，一是看用人恰当数与总数之间的比例关系。在用人总数中，使用恰当的人数越多，比率越高；反之，就低。二是看部属能力发挥情况与潜在能力之间的比例关系，部属中蕴藏的潜力发挥得越充分，比率越高；反之，部属的潜力发挥不出来，比率就低。这两种比率都可以说明公安领导者用人效能的高低。

第三，办事效能方面。公安领导者的职能活动，就其具体表现形式而言，主要是发现、处理和解决问题。由于客观公安事物的多样性与复杂性，使公安领导者处理问题的效能有的难以精确考评。例如，有些问题的处理受外部因素的影响而达不到预期的效果；有些问题的解决需要较长的过程，不便划在某一任期内，更不能立竿见影；还有一些问题难以用件数来表示。能够用定量分析考评公安领导者办事效能的主要包括以下四种比例关系：一是已办事件数与应办事件数之比；二是已办事件中正确处理件数与处理不当件数之比，即有效公安决策与错误公安决策之比；三是正确处理的重大事件数与一般事件之比；四是应由下级处理而由公安领导者代办的件数与处理问题总件数之比。前三种比率越高，表明公安领导者办事效能越高；第四种比率越高，则表明公安领导者办事效能越低。

第四，整体贡献效能方面。公安领导者的个人效能最终应落实到公安组织的整体贡献效能上。公安组织的整体贡献效能的考评，最主要的是分析成果与耗费，以及成果得到社会承认的情况。耗费，是指公安组织在一定期限内的公安领导活动中所耗费的人力、物力、财力和时间。成果与耗费之间可以构成一定的关系，成果多，耗费少，公安组织的整体贡献就大；耗费大，成果少，贡献就小。由于公安领导者所在公安组织的整体贡献只有得到社会承认才能成立，所以被认可成果与成果总数之间在客观上也构成一个比例关系，比值越大，贡献越大。

以上只是提供了分析问题的几个主要方面。在实际生活中，公安领导者效能是多方面的，不同公安领导领域和公安领导者之间又有一定的差异，并且还受到众多因素的影响和制约。因此，在公安领导效能的实际考评中，必须把定量分析与定性考评结合起来，并根据实际需要结合运用其他方法从多方面、多角度进行，这样才能对公安领导效能做出全面、客观、公正的评价。

（四）比较测评法

比较测评法也称相对比较法，即在常规的测评中加入比较因素，通过选择一定的参照系来对比评价公安领导者效能的方法。任何公安领导活动都处于纵横向的广泛联系之中，因此可以通过各种方式的比较来考察公安领导者效能。利用比较测评法既能较有说服力地评定公安领导者的效能，又能促进被考评者发现其优点和不足，有利于提高其效能。

比较测评法的比较方式很多，可以进行纵向的比较，如现在同过去比较，新班子与老班子比较，年度间的比较，现在与未来之间的比较，完成任务进度与目标的比较等；也可以进行横向的比较，如同一个公安组织中的公安领导者之间的比较，不同公安组织的同类公安领导者、同类公安领导班子的比较，同类地区、部门、公安机关的比较；还可以进行多视角、多层次、全方位的比较。

无论是何种方式的比较，既可以比量，也可以比质；既可以比速度、进度，也可以比效果、效益；既可以比综合指标，也可以比几项或单项指标。一般来说，主客观条件较类似的，可比综合指标；差异较大的，则选择单项或几项可比的指标进行比较。使用比较测评法的关键是选好参照系，注意可比性，如果生搬硬套，乱比一通，就不能达到良好的效果。

（五）模拟测评法

模拟测评法就是让被测评的公安领导者进入一个模拟的工作环境，要求他按照既定的条件进行模拟操作，同时运用多种方法观察他的行为方式、心理素质、反应能力等，并根据这些观察的结果来评价他的公安领导效能。模拟测评法是第二次世界大战中选拔军事人才时创造的，目前已成为欧美等发达国家流行的挑选和训练管理人员的重要方式。

模拟测评法是一种比较直观的测评方法，主要用来考核和选拔各类专业人员、管理人员和基层领导者。模拟测评法的主要方式有：(1) 小组讨论，即将五至六名被测试者编成一个小组，进行无主持人方式的讨论。小组讨论会模拟成某领导者或领导会，给一个案例，每个人都要发表意见，讨论结束后每人均以主持人身份做一个讨论纪要，并就此问题做出决定及阐明理由，整个过程由考评小组在一旁观察评价。(2) 口试，即通过答辩会、记者招待会等方式进行。口试的题目应根据被试对象的情况而精心准备，每人一般应回答两个以上的题目。通过口试，可以了解被测试者的知识面、思维反映、语言表达、外语水平、主动精神以及对本行业的熟悉程度等方面的情况。口试中可由主持人追问并展开讨论。(3) 公文处理，这是模拟测试的最基本的方式，考评者通过被测试者所完成模拟工作情况来测定其各方面的能力。公文由请示报告、调查报告、财务报表、电话记录、会议记录、命令、备忘录、人事档案、信函等形式组成，其内容可以包括调整职能机构、选择中层领导、协调人际关系、制定长远规划、处理日常公务、决定引进方案、编制工作计划、分析财务报表、管理调度物资等方面。

坚持模拟测评法应解决好两个问题：一是测评人员的组成要合理，一般应包括组织人事部门的干部、有关专家和被测试者的上级领导。主试人不仅要正直正派、秉公办事，而且要有较宽广的知识面，熟悉业务，判断力强，能够较准确地测评各种能力的强弱和各种素质的高低，或在强手如云中选出真正的优秀者。二是测试的内容设计要科学合理，具有相似性、先进性、适用性和动态性。即在选择案例、编制公文时，要尽量做到真实而具有代表性；在案例的设计上要有一定的难度，使这些案例不仅可以用来考核干部，还可以用来培训干部；测试的内容要切合实际，要能够操作，便于测评；测试的整个过程应当是动态的，以便能够有效地反映被测试者的实际能力。只有这样，模拟测评才能达到应有的效果。当然，公安领导活动中的许多困难和问题常常不易被模拟；能够被模拟的，与现实也总有差距，这是使用时应当注意的。

总之，正确选择和使用测评方法是实现公安领导效能评估的关键环节。因此，必须从实际出发，讲求针对性、适用性和有效性。同时，公安领导实践和效能都是不断发展的，考评方法也要在实践中不断发展和完善。

【本章小结】

公安领导工作是公安工作的重要组成部分，在整体推进公安机关能力建设的进程中，提升公安领导能力和公安领导效能，有着突出的重要作用。尤其是在社会日新月异的今天，公安工作面临着前所未有的挑战，公安领导也面临着来自多方面的压力。只有优秀的公安领导者才能影响和带领更广大的公安民警，担负起政治和社会责任，有效实现组织目标。公安领导能力是公安领导者的一项关键能力，也是实现公安领导效率和效益的前提和基础；而公安领导效能是公安领导者进行领导活动的出发点和归宿，也是衡量公安领导者进行领导活动的标准和综合尺度。要充分学习公安领导能力和公安领导效能相关理论，全面理解公安领导能力和公安领导效能的特色内涵，在公安领导能力培养的基础上，掌握公安领导效能评估的原则和方法，探索提高公安领导效能的途径，有效提高公安领导效能，促进公安领导的效率与效益，更加有效地维护社会的安全稳定。

【推荐阅读】

1. ［美］詹姆斯·库泽斯，巴里·波斯纳．领导力：如何在组织中成就卓越．北京：电子工业出版社，2013.

2. ［美］安弗莎妮·纳哈雯蒂．领导学．北京：机械工业出版社，2007.

3. ［美］理查德·哈格斯，罗伯特·吉纳特，戈登·柯菲．领导学．北京：清华大学出版社，2004.

4. 刘建军编著．领导学原理——科学与艺术．上海：复旦大学出版社，2001.

5. 邱霈恩．现代领导测评：理论，量表及其应用．北京：中国财政经济出版社，2002.

6. 中国领导人才能力测评技术参考手册．北京：新华出版社，2006.

【思考题】

1. 什么是公安领导能力？
2. 什么是公安领导效能？
3. 公安领导能力要素结构包括哪些方面？
4. 公安领导效能的类型有哪些？
5. 哪些因素影响公安领导效能？
6. 如何评估公安领导效能？

第九章　公安领导变革与创新

【学习目标】

理解公安领导变革与创新的含义、公安领导工作的维持与创新职能及二者的联系，理解公安领导变革与创新环境的诸因素及其与变革创新的关系，掌握公安领导变革与创新的过程，以及创新思维的特征、途径与方法。

第一节　公安领导变革与创新的含义

改革是时代的主旋律。面对城镇化、网络化、全球化等社会环境的巨大变化和人民群众日益增长的利益诉求，公安改革与国家整体改革一样，仍处于攻坚阶段和关键时期。作为公安权力的重要组成部分和权力执行关键环节的公安领导，自然应是改革与创新的主力军、引领者。创新是一个民族的灵魂，是一个国家兴旺发达的不竭动力。习近平指出："唯改革者进，唯创新者强，唯改革创新者胜。我们要拿出'敢为天下先'的勇气，锐意改革，激励创新，积极探索适合自身发展需要的新道路、新模式，不断寻求新增长点和驱动力。"① 全面深化公安改革，需要各级公安领导充分发挥创造性，勇于变革与创新。

一、公安领导变革与创新的定义

（一）变革创新与领导变革创新

变革就是改革、改变、变化、发展。创新就是变革、更新、创造新的东西。变革与创新就是破除与客观事实不符合的旧观念、旧理论、旧模式、旧做法，发现客观事物的新联系、新属性、新规律，并运用这些新联系、新属性、新规律去实际改造客观世界的活动。马克思、恩格斯1848年在《共产党宣言》中指出："资产阶级除非对生产工具，从而对生产关系，从而对全部社会关系不断地进行革命，否则就不能生存下去。"② 美籍奥地利经济学家约瑟夫·熊彼特在其《经济发展理论》一书中明确提出了创新概念，认为创新就是

---

① 《习近平在亚太经合组织（APEC）工商领导人峰会开幕式上的演讲》，见人民网，2014-11-09。

② 《马克思恩格斯选集》，2版，第1卷，275页，北京，人民出版社，1995。

建立一种新的生产函数，即把一种从来没有过的关于生产要素和生产条件的“新组合”引入生产体系。他从企业的角度提出了创新的五个方面：一是引入新产品的产品创新；二是引入新技术的技术创新；三是开辟新的市场的市场创新；四是开拓并利用原材料新的供应来源的要素创新；五是实现工业的新组织的体制、机制、制度的创新。这成为“创新”的基本理论。

变革与创新是当代领导的基本职能。自 20 世纪 70 年代以来，随着新技术革命的兴起、变革日益成为常态，创新已经发展成为一股世界潮流，领导变革与创新也逐步纳入领导职能的范畴，成为领导活动的常态。有研究发现，在国外，70%的组织变革以失败告终。85%的公司认为，在它们极具潜力的领导候选人身上，领导创新能力达不到要求；80%以上的组织把领导创新列为未来最重要的领导技能。领导创新是 21 世纪领导活动不可或缺的一种技能。

领导变革与创新，就是领导主体顺应时势、切合实际、实事求是、解放思想、主动变革，应对形势和环境变化，积极探索并创造性地解决各种现实问题，不断图强、图优、图新的核心发展过程。这一过程集中表现为理论基础、信息视野、观念意识、思维方式、领导方式、工作方法、内在构成、体制机制、系列系统等诸多方面的不断变革与优化，显示出其中最新的思路、对策、战略、方针、政策和动力。①

领导变革与创新实质是一种带动、发起、催生和推进其他创新的动力性创新，是由领导主体在实际领导范围内创造生机与活力、推动进步和发展、引领潮流、最务实地打造辉煌的一种创新，是我们在新世纪赢得生存和发展之机、之力的关键和核心。创造性、先进性、光明性、动力性和核心性是其显著特征，体现着领导的本质属性，贯穿于整个领导过程中，与领导业绩、领导效果，特别是领导客体的命运福祉关系极为密切。

领导变革创新带动着整个创新体系和创新因素去发挥出最大的创新力量。这在科研方面则是实现一系列的理论突破、应用突破而取得自己的专利；在企业方面则极大增强了自身的核心竞争力和生存发展力而发展壮大；在党政方面则进一步增强了凝聚力、影响力、先进性、创造性和综合国力，使党真正能够坚定地站在时代潮流的前头，抓住并实现发展这个执政兴国的第一要务。一切不创新或者创新不足的实体都将变得落后而被迅速淘汰。这就是说，管理要创新，科技要创新，制度要创新，文化要创新，理论更要创新，而领导尤其需要创新。

（二）变革创新的特征

变革创新具有以下几个明显的特征。

1. 新颖性

变革创新是要面对前人所没有遇到过的新情况，解决前人没遇到过或没能解决的新问题，必须在借鉴、继承前人经验的基础上有所突破，驾驭过去没有的新因素或新成分。

2. 价值性

这是就变革创新的成果而言的。转变了的思想观念，改变了的组织结构、功能以及组织运行的方式和活动方法，这些是否对推动工作发展有价值，即使失败也能留下可资借鉴的教训。

---

① 参见邱霈恩：《领导学》，4 版，71 页，北京，中国人民大学出版社，2014。

3. 风险性

变革创新的过程是领导者分析各种未知条件、预测未来活动的过程，由于人们对所掌握的信息不全面和对有关组织工作客观规律的不完全了解，不可能完全准确地预测未来，这就使变革创新具有一定的风险性。

（三）公安领导变革与创新的定义

公安领导变革与创新，是指公安领导者根据对社会环境、公安组织环境及主客观情况的分析判断，用新理念、新观点及新思想来看待新事物，用新方法来解决新问题的相关实践活动，是公安领导的一种基本职能。公安领导工作是在不断变化的内外部环境下组织开展的，环境的变化、公安组织结构的调整、公安人员的更替都会使公安工作方针政策和策略行动之间产生不一致，并影响公安工作目标的实现。在这种情况下，公安领导者必须根据环境等因素的变化做出相应的改变，确立新的工作方针、战略指导思想，以及新的警务工作机制。公安领导者只有勇于变革与创新、善于变革与创新，才能担负起艰巨繁重的公安领导工作，并不断促进警务活动的全面提升。

公安领导工作对于整个公安工作具有维持与创新的作用。维持与创新对于公安工作的运行及发展都非常重要。

1. 维持

维持是保证公安工作顺利进行的基本手段，是公安机关大部分公安干警，特别是中层和基层的公安管理人员要花大部分精力从事的工作。根据物理学的熵增原理，原来基于合理分工、职责明确而严密衔接起来的有序的公安系统结构，会随着公安系统在运转过程中其各部分之间的摩擦而逐渐地从有序走向无序，最终导致有序平衡结构的解体。公安领导工作的维持职能就是要严格地按照预定的规划来监视和修正公安组织的运行，尽量避免公安机关各个部门之间的摩擦，或减少因摩擦而产生的结构内耗，以保持公安工作的有序性。

2. 创新

创新是促进公安工作发展的必要手段。公安机关所处的外部环境是在不断地发生变化的，这些变化必然会对公安机关的活动内容、活动形式和活动要素产生不同程度的影响；同时，公安机关内部的各种要素也是不断发生变化的。公安领导若不根据内外变化的要求适时进行局部或全局的调整，就可能被国际国内迅速变化的公安环境甩在时代和形势之后，就无法很好地完成公安工作的职能，得不到人民的认可。而这种为适应环境变化而进行的公安机关局部或全局的调整，正是公安领导的创新职责。

维持与创新作为公安领导工作的两个基本职能，对公安工作的正常运行及发展都是非常重要的，二者相互联系、不可或缺。创新是在维持基础上的发展，而维持是创新的逻辑延续；维持是为了实现创新的成果，而创新则是为更高层次的维持提供依托和框架。任何公安领导工作，都应围绕公安工作运转的维持和创新而展开，而卓越的公安领导工作则是实现维持与创新最优组合的领导。

二、公安领导变革创新的实质与意义

公安领导就是公安领导主体在时代背景下引导和率领全体民警不断向前奋进、夺取公安工作胜利的过程，其中主要包含了公安领导工作创新的实质。公安领导创新的潜力和优势决定着其工作的质量和能量。没有公安领导创新或者不以创新为实质的公安领导，其领导则只能低劣无能、腐朽落后，必然使整个组织群体丧失生机与活力，丧失生存力、竞争力和发展力，很快变得落后而被淘汰出局，既给公安领导客体造成致命的伤害，也给公安领导主体自身带来极为严重的后果。只有创新的公安领导才是优质高能的公安领导，才能真正充当所在公安组织的核心和原动力，确保所在公安组织在竞争中赢得交锋较量的胜利，带动社会创新、变革和升华，推动文明、进步与发展，从而真正发挥公安领导的价值和作用。

显然，公安领导的本质决定了公安领导必须是不断创新的。而公安领导创新就是公安领导的本质表现与要求，更是公安领导的实际过程与主流，也是整个公安领导主体和公安领导过程永无止境的追求，这已经成为新世纪公安界的普遍观念与主要潮流。公安领导只有创新，才能给公安领导客体和整个公安事业带来新的生机与活力、前途和希望，才能激发并创造出新公安的生命力、创造力、竞争力和发展力，才能确保先进，起到带头和率领作用，才能真正胜任“公安领导”之职。

应该说，公安领导不仅有带头创新的工作责任和内容，而且有促进自身革新的需要和要求。这在于公安机关就是发展的关键，在于公安人力资源就是增长的关键，在于公安警种和业务则是生存和扩张的关键，在于公安科技则是突破和超越的关键。公安领导创新创造代表着先进的公安生产力和先进的公安文化，符合并代表着公安领导客体的根本利益。这不仅给国家和社会安全的进步与发展带来不竭的动力，而且还直接形成核心的公安生产力和竞争力，形成直接而丰硕的现实公安成果。

公安领导变革创新对整个公安工作具有重大意义。公安领导创新是公安领导工作适应不断变化的内外部环境的需要，是公安领导工作走向成功的必由之路。创新对于公安领导者的意义表现在两个层面。一是认识层面，公安领导者承认创新是必然的，必须适时做出适当的反应；二是应用层面，创新已经成为公安领导活动的理念，主动发起并领导变革创新，是公安工作不断进步发展的重要手段。公安领导创新不仅仅是公安领导者的个人行为，也是公安机关组织的集体行为。变革创新的新思想、新方法不单单来自公安领导者个人，变革创新的过程更有赖于全体公安干警的共同参与。从这一意义上而言，对于公安领导者，创新的过程同时是一个创造有利于变革创新环境的过程。

第二节　公安领导变革与创新的环境因素

时势造英雄。任何领导权力的行使、变革均须有环境的支持，也受到环境条件的制约。

公安领导的变革创新也不例外。这种环境因素，一是善于利用环境支持条件，因势利导、顺势而为；二是善于转化不利条件，改良与改造不利条件，形成有利不利条件的合力，提高创新的成功率。

一、公安领导环境概述

一般来说，公安领导变革创新的环境因素包括社会大环境，公安领导组织内部的小环境，以及公安领导者与其追随者双向互动而形成的微环境。

公安领导环境与公安领导活动之间存在着相互关系。一方面，公安领导活动是一个有机的、系统的运动过程，公安领导活动的目标和具体运行方式要同公安领导环境相适应、相匹配，公安领导者必须通过对环境的监测和分析来选择、确定合适的公安领导目标与公安领导方法；另一方面，公安领导活动又是个动态变化过程，公安领导活动总会对一定的公安领导环境产生影响，不是适应和利用环境，就是推动和改变环境。在实施公安领导创新的过程中，公安领导者要善于利用和创造有利的创新环境来保证公安领导目标的实现，以提高公安领导绩效。

（一）公安领导环境的定义

所谓公安领导环境，主要是指公安领导者与其实施公安领导活动所面临的各种客观因素相互作用的总体状态，即在公安领导活动中，包括公安领导者自身因素在内，一切对公安领导活动发生影响的时间、空间条件和物质、精神因素的动态总和。就公安领导实践而言，从公安领导者身边的少数人到整个社会，即公安领导主体的整个周围因素都是公安领导环境。确切地说，公安领导环境就是围绕在公安领导主体周围的所有能直接间接参与或影响公安领导行为和公安领导过程的有效因素的总和。从其地位来看，公安领导环境就是同公安领导成败得失直接相关的外在条件，是公安领导主体赖以生存、发展和发挥作用的综合性客观基础和客观条件。公安领导环境概念的核心不是指出影响公安领导活动中的各项因素，而是强调公安领导环境的诸要素之间的协调、匹配情况。

（二）公安领导环境的构成要素

特定的公安领导环境是一个极其复杂的系统运行状态，同时又是有边界、有范围、有层次的可分析系统。确定公安领导环境的构成要素是相对的，因人们的认识差异、所选角度的不同而不同。

1. 从内容上划分

从内容上讲，公安领导环境的构成包括以下四个方面的因素。

（1）自然因素。这是公安领导环境中较为稳定的因素。对公安领导环境起重要作用的自然因素主要包括地理位置、人口分布、人工生态系统（城市、乡镇、农田）等。

（2）政治因素。任何环境下的公安领导活动都是一种当下领导的政府治理行为的一个部分，总是与一个国家的政体类型、国家政治稳定性、国家安全与国防建设、国家对外政策、国家法律规定联系在一起的。

（3）经济因素。经济因素是上层建筑的基础，也是引发一切国家和社会安全问题的根源所在，因此也是展开公安领导活动的基础。

（4）文化因素。文化因素影响和制约公安领导系统常常是隐性的、柔性的，主要包括公安领导宗旨、公安领导精神、公安领导价值观、公安领导风格等内容。

2. 普适性划分

为清楚地研究公安领导环境的类型，人们习惯上还把公安领导环境的构成要素分为外部因素和内部因素。

（1）内部环境因素。公安领导环境的内部因素主要包括：公安组织体制的类别，如一长制与委员会制、集权制与分权制等；公安领导者自身素质的特点，如是否具备公安专业知识和经验、是否有激情等；下级和群体的特点，如公安领导与公安组织成员的关系、民主化要求是否强烈、是否团结、智力情况如何等；公安组织的结构特点，如公安目标与任务、公安领导者权力大小、掌握哪些奖惩手段、规章制度特征等。

（2）外部环境因素。公安领导环境的外部构成因素主要包括：宏观政治权力，公安组织内部领导体制的变革程度不能超越政治权力所允许的限度；职业道德、舆论舆情，逾越职业道德防线、违反主流公安舆论的公安领导行为和公安决策，最终多以失败告终；外来公安文化，公安文化本身的规范性、引导性功能使得在全球化时代外来公安文化具有极强的渗透力和影响力。

二、公安领导环境影响公安领导活动的机制和方式

（一）公安领导环境对公安领导活动的影响

公安领导环境对于公安领导活动的影响，要具体问题具体分析，讲究因势利导，随机应变。总的说来，公安领导环境对公安领导活动的影响有两种基本情况。

1. 有利影响

所谓公安领导环境的有利影响，主要是公安领导者的决策与公安领导环境相匹配、相一致。公安环境的有利影响可分为两种情况：一种是由于公安环境的作用而使正确的公安领导决策得到了强化，从而有利于正确的公安领导目标的实现。另一种是由于公安环境的作用而阻碍了错误的公安领导行为的实施，从而淡化了错误的公安领导行为可能导致的不良后果。

2. 不利影响

所谓公安领导环境的不利影响，主要是公安领导者的决策与公安领导环境相分离、相违背。公安环境对公安领导活动的不利影响也可分为两种情况。一种是某些公安环境因素阻碍正确的公安领导行为的实施，从而影响了公安领导效能的提高，妨碍了正确的公安领导目标的实现。另一种则是某些公安环境因素可能会诱发错误的公安领导行为，或是有助于错误的公安领导行为的贯彻实施。

（二）公安领导环境影响公安领导活动的机制和方式

公安领导环境对公安领导活动的影响最终体现在影响公安领导效能的高低上，而这种影响是通过一定的机制和方式来实现的。

1. 公安领导环境影响公安领导活动的科学机制

公安领导理论认为，在公安领导内部，上下级之间、各个部门之间围绕公安领导目标的实现彼此交互作用，以合力的形式做矛盾运动，由此形成了一个复杂的“力场”。一方面，这个力场的存在形式、状况和相互作用机制等决定了公安组织的内在特征、面貌状态、基本趋势和风尚士气等；另一方面，公安组织内部人的某一行为是其自身内驱力与环境作用力相互作用综合决定的，用公式可以表示为：公安个体行为＝F（公安内力×公安环境力）。

如果把一个包括有公安领导者和公安追随者的领导活动视为具有自组织性质的系统，就不难发现：公安组织的内部环境就相当于在公安领导内部上下级之间、各个部门之间所形成的复杂的“力场”的存在形式，也就是公安领导活动的系统运动模式；公安追随者在环境作用力相互作用下被决定，相当于公安系统内部的子系统；公安领导组织体制与结构反映公安组织的内在特征、面貌状态和基本趋势，相当于序参量；公安领导者则成为系统运动模式和序参量支配子系统运动的（权）力的化身。这样，所谓公安领导环境对公安领导活动的影响就可以分成三个有机部分：一是公安领导环境对其追随者的影响和支配；二是公安领导环境与公安组织体制和机构保持一致；三是公安领导环境要求公安领导者的活动与公安领导环境保持一致。

2. 公安领导环境影响公安领导活动的现实方式

要深入认识公安领导环境对公安领导活动的影响，就必须进一步认识这种影响的具体方式。大体而言，它包括以下几种方式。

（1）通过影响公安追随者的心理状态而影响公安领导效能。公安领导环境是公安组织系统的生存空间和动态空间。公安追随者在一定程度上都是公安环境（力）的产物，他们的思想活动和心理状态都会受到公安环境因素的影响。例如，公安环境因素对他们的情绪有直接的影响。良好的顺利的公安环境有助于振奋公安领导者及其公安组织成员的信心，使其心情舒畅，愉快轻松；而不良的不利公安环境则可能会使公安领导者及其公安组织成员产生厌倦感、危机感和恐惧感等，从而影响公安组织领导效能的发挥。

（2）通过影响公安领导体制和公安领导机构建设而影响公安领导效能。公安领导环境与公安领导体制和结构具有一致性。公安环境因素特别是其中包含的政治因素，在不同的社会制度下，因产生的公安领导职能不同而必然会导致不同的公安领导体制。而政治体制对公安领导体制的决定影响则更为明显，在集权的政治体制下，公安领导体制也必然是集权的。比如，战争年代的公安领导体制与和平时期的公安领导体制就会有很大不同。另外，即使是在相同的时期，也会因公安组织类型的不同而产生不同的公安体制设置。

（3）通过影响公安领导过程而影响公安领导效能。公安领导环境要求公安领导者的活动与环境保持一致。公安环境对公安领导过程的决定作用可以归纳为两个方面：一是对公安领导决策的影响。公安领导决策必然要受环境的制约，决策者必须充分考虑环境因素，才能使决策方案具有现实性和可能性。二是对整个公安领导活动的支持、参与程度。外部环境的支持可以使公安领导活动得以顺利实现；反之，外部环境的消极或反对则会阻碍公安领导活动的实施，从而影响公安领导效能的提高。

3. 优化公安领导环境的方法

在实施公安领导职能的过程中，公安领导环境无疑会起到不容忽视的制约和影响作用。然而，按照辩证唯物主义和历史唯物主义的观点，公安领导者在公安领导环境面前绝不是无能为力和任其摆布的，只要公安领导者能够充分发挥主观能动性，就能实现公安领导环境的优化，达到提高公安领导效能的目的。优化公安领导环境的方法多种多样，涵盖科学认识公安环境、努力适应公安环境和主动改造公安环境三个层面，但是，优化公安环境的基本原则只有一条，就是实现公安环境要素尤其是内部要素的动态匹配、协调，寻找公安领导者、公安追随者和公安组织结构的完美结合点。

（1）重视公安环境，认识公安环境。公安领导者要实现科学、有效的公安领导，首先必须从头脑上重视公安领导环境，科学认识公安领导环境。为此，从公安领导者自身素质的角度，应该做到：树立公安环境意识，重视公安环境问题的分析；把握公安环境变化规律，提高对公安领导环境的认识能力；深入公安领导活动一线，全面掌握动态公安环境信息。

（2）适应公安环境，利用公安环境。系统动力学理论指出，系统运动中的组织结构一旦建立起来，就会发挥其支配、控制系统要素的功能，以维持自身结构的存在。同样，公安领导活动中所形成的公安领导体制与结构，作为公安领导环境的“结构”，也具有影响公安领导者和公安追随者行为的客观效应，公安领导者必须自觉适应和努力利用这一公安环境规律。为此，从公安领导体制和结构的角度，公安领导者应该做到：保持特定公安环境下的公安领导观念与公安组织形式的匹配，保持特定环境下的公安领导活动与公安组织形式的匹配。

（3）改变公安环境，营造公安环境。公安领导活动的本质是一个认识客观世界安全和改造世界安全的过程，公安领导者对公安领导环境的适应不是被动地适应，而是能动地适应。这种能动作用表现为公安领导者在顺应公安领导环境发展规律的前提下，改变公安环境，营造公安环境，达到主观愿望和公安领导环境在动态发展中的统一。

对公安领导环境的改造比较复杂。全面改造公安领导环境是一个浩大的工程和漫长的过程，单靠少数几个公安领导者在短期内不可能实现。一般而言，内部公安环境因素对公安领导活动的影响是比较直接的，相对容易改变，如公安组织内部的体制、结构可以很快重新组织建立，公安组织内部的人际关系和人员素质也可以在一定时期内改观。而外部公安环境的改变具有根本性，十分困难，如社会公安性质的改变、公安历史的变迁等。因此，改变公安环境、营造公安环境，人们较多是从公安组织体制与结构、公安组织内部人际关系和人员素质几方面谈的。从提高公安领导者和公安追随者之间关系的角度，公安领导者应该做到：促成公安领导者和公安追随者形成宽松和谐的人际关系；根据具体的公安环境，建立一个适当的原则和权威限度。

第三节　公安领导变革与创新的过程和组织

公安机关的变革与创新活动是一个系统工程，既贯穿公安决策、指挥、协调等完整过程，又须依赖公安各个部门、各个机构的协调、合作，组织与过程的协调性、有机性与系统性是实现公安领导变革与创新成功的关键因素。

一、变革与创新的过程

约翰·科特（Jone Kotter）在《领导变革》一书中提出了成功地进行大规模变革应当遵循的基本流程。他指出，几乎在所有情况下，变革与创新都包含八个步骤：增强紧迫感，建立指挥团队，建立变革愿景，有效沟通愿景，授权行动，创造短期成效，不要放松，巩固变革成果。除“八个步骤说”外，还有“四个阶段说”，认为成功的变革与创新要经历“寻找机会、提出构想、迅速行动、忍耐坚持”几个阶段的努力。公安领导变革与创新也不例外，同样也要经历这“八个步骤”和“四个阶段”。

（一）寻找机会

公安领导变革与创新在一定意义上说是对原有公安治理秩序的破坏。原有公安治理秩序之所以要打破，是因为其内部存在着或出现了某种不协调的现象。这些不协调对公安系统的发展提供了有利的机会或造成了某种不利的威胁。公安领导变革与创新活动正是从发现和利用旧秩序内部的这些不协调现象开始的。不协调为公安领导变革与创新提供了契机。旧秩序中的不协调既可存在于公安系统的内部，也可产生于对公安系统有影响的外部。就公安系统外部来说，有可能成为公安领导变革与创新契机的变化主要有：科学技术的变化、社会人口的变化、宏观经济环境的变化、文化与价值观念的转变等。就公安系统内部而言，引发公安领导变革与创新的不协调现象主要有：公安工作中的瓶颈、卡壳环节、公安组织意外的成功和失败等。公安组织的变革与创新往往是从密切地注视、系统地分析公安组织在运行过程中出现的不协调现象开始的。

（二）提出构想

敏锐地观察到了公安组织的不协调现象的产生以后，还要透过公安现象究其原因，并据此分析和预测公安组织不协调的未来变化趋势，估计它们可能给公安组织带来的积极或消极后果，并在此基础上，努力利用机会或将威胁转换为机会，采用多种方法提出多种解决问题、消除公安组织的不协调，使公安系统在更高层次上实现平衡的公安领导新构想。

（三）迅速行动

公安领导变革与创新成功的秘密主要在于其迅速行动。提出的构想可能还不完善，甚至可能很不完善，但这种并非十全十美的构想必须立即付诸公安领导变革与创新行动才有意义。没有变革与创新行动的思想会自生自灭，这一点对于公安领导变革与创新思想的实践尤为重要，一味地追求完美，以减少受讥讽、被攻击的机会，就可能坐失良机。

（四）忍耐坚持

公安领导构想经过尝试才能成熟，而尝试是有风险的，是不可能“一打就中”的，是可能失败的。公安领导变革与创新的过程是不断尝试、不断失败、不断提高的过程。因此，变革与创新者在开始行动以后，为取得最终的成功，必须坚定不移地继续下去，绝不能半途而废，否则就会前功尽弃。要在变革与创新中坚持下去，变革与创新者必须有足够的自信心，有较强的忍耐力，能正确对待尝试过程中出现的失败，既为减少失误或消除失误后的影响采取必要的预防或纠正措施，又不把一次尝试的失利看成整个变革与创新的失败，知道变革与创新的成功只能在屡屡失败后才姗姗到来。

二、变革与创新活动的组织

变革与创新活动的组织主要不是去计划和安排某个成员在某个时间去从事某种变革与创新活动，更重要的是要为部属的变革与创新提供条件、创造环境，使公安组织的变革与创新有效地进行。

（一）创造促进变革与创新的组织氛围

促进变革与创新的最好方法是大张旗鼓地宣传变革与创新，激发变革与创新，树立“无功便是有过”的新观念，使每个人都奋发向上、努力进取、跃跃欲试、大胆尝试，要造成一种人人谈变革与创新、时时想变革与创新、无处不变革与创新的组织氛围，使那些无变革与创新欲望或有变革与创新欲望却无变革与创新行动从而无所作为者自己感觉到在公安组织中无立身之处，使每个人都认识到公安组织聘用自己的目的，不是要自己简单地用既定的方式重复以往的操作，而是希望自己去探索新的方法，找出新的程序，只有不断地去探索、去尝试，才有继续留在公安组织中的资格。

（二）制订有弹性的计划

公安领导变革与创新意味着打破旧的规则，意味着时间和资源的计划外占用，因此变革与创新要求组织的计划必须具有弹性。变革与创新需要思考，思考需要时间。把每个人的每个工作日都安排得非常紧凑，对每个人在每时每刻都实行“满负荷工作制”，则变革与创新的许多机遇便不可能发现，变革与创新的构想也无条件产生。美籍犹太人龚凯尔博士对日本人的高节奏工作制度就不以为然，认为一个人成天在街上奔走，或整天忙于做某一件事，没有一点清闲的时间可供他去思考，怎么会有新的创见？一个人每天除了必需的工作时间外，必须抽出一定时间来思考。同时，公安领导变革与创新需要尝试，而尝试需要物质条件和试验的场所。如果要求公安组织在任何时间都严格地制订和执行严密的计划，则变革与创新会失去物质条件和试验场所，而永无尝试计划的变革与创新构想就只能留在人们的脑子里或图纸上，不可能给公安组织带来任何实际的效果。因此公安组织制订的计划必须具有一定的弹性，以使公安领导主体有时间去思考，有条件去尝试。

（三）正确地对待失败

公安领导变革与创新的过程难免有失败发生。变革与创新者应该认识到这一点，变革与创新的组织者更应该认识到这一点。只有认识到失败是正常的，甚至是必需的，公安领导主体才可能允许失败，支持失败，甚至鼓励失败。当然，支持尝试、允许失败并不意味着鼓励公安领导主体去马马虎虎地工作，而是希望其变革与创新者在失败中取得有用的教训，学到一点东西，变得更加明白，从而使今后其创新成功的路程缩短。

（四）建立合理的评价和奖惩制度

要激发每个公安领导主体的创新热情，还必须建立合理的评价和奖惩制度。变革与创新的原始动机也许是个人的成就感、自我实现的需要，但是如果变革与创新的努力不能得到公安组织或社会的承认，不能得到公正的评价和合理的奖酬，则继续变革与创新的动力会渐渐失去。促进变革与创新的奖酬制度至少要符合下述条件。

第一，注意物质奖励与精神奖励的结合。奖励不一定是金钱上的，精神上的奖励也许比物质报酬更能满足驱动人们变革与创新的心理需要。而且，从经济的角度来考虑，物质奖励的效益要低于精神奖励：金钱的边际效用是递减的，为了激发或保持同等程度的变革与创新积极性，组织不得不支付越来越多的奖金。

第二，奖励不能视作“不犯错误的报酬”，而应该是对特殊贡献甚至是对希望做出特殊贡献的努力的报酬；奖励的对象不仅包括成功以后的变革与创新者，也应当包括那些成功以前甚至没有获得成功的努力者。

第三，奖励制度要既能促进内部成员间的竞争，又能保证成员间的合作，避免“只有少数人才能成功的超级明星综合征”。

三、变革与创新的阻力

要使公安领导的变革与创新有效地进行，还必须正确认识和对待其变革与创新的阻力。随着公安组织所处的内外部环境的变化，公安领导变革与创新是一种经常性的工作，同时也不可避免地遭到公安组织和成员的抵制。从某种意义上说，这是积极的。如果没有什么阻力，公安领导的变革与创新行为会变得随意而混乱。但变革与创新的阻力也有显而易见的缺点，它阻碍了公安组织的适应和进步能力。公安领导变革与创新阻力主要来源于公安个体和公安组织自身。

（一）个体阻力

公安领导变革与创新中个体阻力源自其成员个体的基本特征，如知觉、个性和需要。公安组织个体成员抵制变革与创新的原因主要有五个方面。一是习惯行为。公安组织中任何个体都有惯常的工作习惯，在面对变革与创新时，以其惯常方式做出反应的趋向会成为阻力源。二是安全需要。安全需要较高的人可能抵制变革与创新，因为变革与创新会给他们带来不安全感。三是经济因素。在变革与创新过程中，公安组织个体成员担心自己不能适应新的工作岗位和新的工作规范，尤其是当报酬和生产率息息相关时，公安工作任务或公安工作规范的改变会引起薪金等收入的下降，导致其心理恐慌和抵制变革与创新的现象。四是对未来的恐惧。变革与创新通常用模糊和不确定性代替已知的东西。任何组织中的个体成员一般都不喜欢不确定性，这一点在公安组织亦不例外。五是选择性信息加工。公安组织成员个体通过知觉塑造自己认知的世界，这个世界一旦形成就很难改变。为了保持知觉的整体性，个体有意对信息进行选择性加工，他们只听自己想听的，而忽视那些对自己建构起来的世界形成挑战的信息，因此不选择变革与创新的有关信息。

（二）组织阻力

任何组织就其本质来说是保守的，因此组织自身抵制变革与创新的现象随处可见。公安行政管理部门想继续从事它们干了数年的工作，不论它们的服务是否仍然需要；公安教育培训机构是为了开放思想和挑战已有学说而存在的，但它们自己也抵制变革与创新，仍在使用与几十年前本质相同的教学技术和方法。

抵制变革与创新的公安组织阻力主要有六个方面。一是结构惯性。公安组织有固有的机制保持其平衡和稳定性。当公安组织面临变革时，其结构惯性就充当起维持稳定的反作用力。二是有限的变革点。公安组织有一系列相互依赖的子系统组成。一个子系统的变革与创新必然会影响其他的子系统。因此，公安组织子系统中的有限变革很可能因为更大系统的问题而变得毫无意义。三是群体规范。即使公安组织的个体想改变他们的行为，公安组织群体规范也会成为约束力。四是对专业知识的威胁。组织中的变革可能会威胁到专业群体的专业技术知识。五是对已有权力关系的威胁。任何公安决策权力的重新分配都会威胁到公安组织长期以来形成的权力关系。在公安组织中引入参与决策或自我管理的公安工作团队的变革与创新，就常常被基层主管和中层主管视为一种威胁。六是对已有资源分配的威胁。公安组织中控制一定数量资源的公安群体常常视变革与创新为威胁，他们倾向于对公安事物的原本状态感到满意。那些最能从现有资源分配中获利的公安群体，常常会对可能影响未来资源分配的变革与创新感到忧虑。

（三）变革与创新阻力的克服

变革与创新的推动者在处理变革阻力方面大致有四种策略。

1. 教育和沟通

公安领导者通过与相关人员进行个别交谈、小组讨论、备忘录或报告等沟通方式，帮助有关人员了解变革与创新的理由，会使变革与创新的阻力减少。参与的公安组织个体很难抵制他们自己参与做出的变革与创新决策。因此，在公安领导者变革与创新决策之前，应把持反对意见的人吸引到决策过程中来。如果参与者具有一定的专业知识，能为变革与创新决策做出有意义的贡献，那么他们的参与就可以减少阻力，获得承诺，并提高变革与创新决策的质量。

2. 促进和支持

公安变革与创新的推动者可以通过提供一系列支持性措施来减少阻力。当公安组织成员十分恐惧和忧虑时，给他们提供心理咨询和治疗、新技术培训或短期的带薪休假等，有利于他们的调整。

3. 谈判

公安变革与创新的推动者处理其潜在阻力的另一个方法，就是以某些有价值的东西换取阻力的减少。例如，如果其阻力集中于少数有影响的公安组织个人身上，可以商定一个特定的方案满足他们的个人需要。当变革与创新的阻力非常强大时，谈判可能是一种必要的策略。

4. 强制

强制是通过对消极行为的负强化，即阻碍公安组织变革与创新的惩罚机制，直接对变革与创新的抵制者实施外部威胁和压力，使其被迫改变原有的公安工作行为定势，一切服从公安组织的变革与创新的新模式。

第四节　公安领导变革与创新的途径

公安领导变革与创新是一项艰辛的实践活动和脑力活动，但它同样具有自身特征和内在规律。只要掌握了这些特征，找到了其中的规律，就能找到相关的方法，就会很好地促进领导变革与创新。

一、确立变革与创新思维

（一）公安领导变革与创新思维的含义

公安领导变革与创新思维是指公安领导突破现有条件，创造新颖的、独到的、有社会意义的思维方法与方式。公安领导变革与创新思维具有开放性与系统性、动态性和时效性、目的性和方向性、辩证性和非线性等特征。①

① 参见全国干部培训教材编审指导委员会组织编写：《领导科学概论》，247页，北京，人民出版社，党建读物出版社，2006。

1. 公安领导变革与创新思维的动态性和时效性

公安领导变革与创新思维是一个动态的过程而不是一个静态的一次性的概念。相对于经验而言，最优决策是变革与创新思维；相对于最优决策而言，次优决策是变革与创新思维；而相对于最优和次优决策而言，超优决策就是实实在在的变革与创新思维了。但问题是超优决策真的能够超优吗？也许这个概念本身就值得怀疑。对于一个时段来说，公安领导变革与创新达到了一个新的高度，但时过境迁，原来的变革与创新也就变成了守旧，这就需要不停地自我超越。公安领导变革与创新思维的动态性和时效性随时提醒我们与时俱进。

2. 公安领导变革与创新思维的目的性和方向性

这里我们不妨举一个流传已久的普适性的例子来说明这个问题。愚公移山的故事激励了一代又一代的中华儿女。其精神在我们中间继承发扬。不过，这里我们想从另一个角度来思考故事背后的领导科学问题。从表面看，愚公移山的决策是完全正确的，愚公的领导也是有效率的。其问题在于，愚公领导的是移山的进程、移山的工程，是就事论事的领导。愚公只知移山，不问其他。但也许移到后来，山没有移去，生态环境却遭到了破坏；山没移走，穷自始至终伴随着移山的人而无法摆脱，却导致了沙尘暴和沙漠化。因此，愚公在做移山决策时应该有一个明确的目的，有一个可供追求的愿景和价值。如果移山是为了找出路，是为了过上好日子，是为了发展生产力，一旦明确了这一点，剩下的事就好办了。“找出路”这个目的比“移山”这个过程重要，因此愚公也可以做出“移人”的决策或其他创新的方案。哪里有出路就把人移到哪里去，直接达到目的。因此，公安领导变革与创新的目的和方向很重要，一旦沉浸在不确切的目的和失去了方向的变革与创新的过程之中，如同愚公移山，丢失了真正的目的和正确的方向的变革与创新，效率越高背道而驰得越远，其变革和创新不仅仅是失败这么简单，而是必须承担起变革与创新带来的一切负面后果。

3. 公安领导变革与创新思维的辩证性和非线性

公安领导变革与创新思维要特别注重避免直线思维。过去我们讲对上对下都一样。其实这是有问题的。作为一个公安领导者要扩大能力方面与下属的距离，能力距离大了，下属敬佩认同公安领导者，觉得你像一个公安领导者。但并不是能力距离越大越好。能力距离太大，下属认同不了公安领导者的思路和决策，认同不了公安领导者的人格，不利于公安领导活动的开展。同理，公安领导者要缩小与其追随者的心理距离和感情距离。心理距离小了，能增强公安领导者的亲和力和魅力。但心理距离也不是越小越好。心理距离太小，可能混淆了公安领导角色，造成令不能行，禁不能止，降低了公安领导工作的绩效。这里的能力距离越大越好以及心理距离越小越好都属于直线思维。所有的公安领导创新思维都具有非线性的特征，而非线性思维属于辩证思维范畴。

（二）公安领导变革与创新思维的训练方法

世界著名创造学专家奥斯本认为，人人都有创造力。但不是每个人的这种潜力随时都能表现出来。研究表明，只有通过特定教育、训练以及变革与创新实践活动，才有可能被开发，潜力才能自动变为现实能力。可见，开发创造力，关键是加强创造思维训练。

1.“六项思考帽”法

“良好的思维能力，是可以通过专门的训练来获得的。”根据这一信念，著名的创新思维大师爱德华·德·波诺博士在其创立的水平思维理论基础上开发了“六顶思考帽”思维训练方法，认为思考的最大障碍在于混乱。我们总是试图同时做太多的事情，情感、信息、逻辑、希望和创新性蜂拥而至，最后终陷于混淆不清的思考困境。作为一个快速产生结果的高效能的平行思维管理工具，“六顶思考帽”的概念非常简单：通过六种思维角色的扮演将逻辑与情感、创新与信息等区分开来，取代了一次解决所有问题的做法，使人们可以依次对问题的不同侧面给予足够的重视和充分的考虑。在这样的探索中，我们通过一个精心策划的思考框架按照特定的程序进行思考，得出结论或者做出决定，对思考进行过程控制，使人们的思维变得更具体、更有针对性，更具备创新能力。

思维有六种假想的帽子，分别是不同的颜色，具体是：白、红、黄、黑、绿、蓝，每一顶都代表一种不同类型的思维。

白色思考帽：显得中立而客观，代表客观的事实与数字。我们有什么信息，我们需要得到什么信息。

红色思考帽：红色代表愤怒、狂暴与情感。红色思考帽代表情绪上的感觉、预感、直觉。

黄色思考帽：黄色是耀眼的、正面的。黄色思考帽象征乐观，包含着希望与正面的思想。

黑色思考帽：黑色是阴沉、负面的。黑色思考帽也就是考虑事情的负面因素，它是对事物负面因素的关注、判断和评估。

绿色思考帽：绿色是草地，生机盎然、肥沃丰美。绿色思考帽代表创意与创造性的想法。

蓝色思考帽：蓝色是冷静的，它也是天空的颜色，在万物之上，蓝色思考帽代表思维过程的控制与组织，它可以控制其他思考帽的使用。

借鉴“六顶思考帽”的训练方法，公安领导变革与创新训练的价值在于使警营中所有成员的智慧、公安工作经验、公安专业知识都得到了充分的开发和利用，每个公安组织成员都朝着同一目的和方向努力；节约了公安时间资源，因为平行并列的各个观点不需要进一步的回应和争论；脱离以公安组织个体自我为中心；从跳跃和混乱的思考得益解脱，帮助公安领导主体在一个时间段里只朝一个目的和方向思考。

2. 头脑风暴法

头脑风暴法（Brainstorming）是1938年由美国科学家奥斯本提出来的，其主要特点在于能够最大限度地挖掘人们的潜能，使人们能够无拘无束地表达自己关于某些问题的意见和提案，让各种思想火花自由碰撞，好像掀起一场头脑风暴，一些有价值的新观点和新创意就在“风暴”中产生。

头脑风暴法比较容易操作，其主要步骤是召开智力激励会议，把相关的人员组织起来，人数不超过10人，时间在20～60分钟。会议主持人把需要解决的问题向参会者解释清楚，包括问题的性质、规模和主要原因等，然后请与会者围绕如何解释问题畅所欲言。为了充分发挥大家的创造性设想，借鉴奥斯本提出的头脑风暴法要遵循的四条原则，公安领导头脑风暴法要坚持：与会者自由发表意见的原则；禁止对提出意见者进行批判的原则；以多数量求高质量的原则；与会者地位平等的原则。公安领导者头脑风暴法第一次会议的首要目标是改革与创新提案的数量。数量越多，越有助于发现有价值的解决方案。在召开第一次会议后，对会议记录进行整理，列出需要进一步讨论的提案，并提交给第二次会议进行质疑和评议，最后取得共识的几个提案，即为解决变革与创新问题的备选方案。

公安领导变革与创新的头脑风暴法可以发挥集体思考的优势，通过集思广益，激发起创新思维的连锁反应，从而产生更多的新思路、新方法。这一方法已经各行各业的使用者不断完善和发展，在各个层级的公安领导解决公安热点、难点和焦点问题时被广泛使用。

3. 关键词法

关键词法是日本金泽工业大学的中山正和教授提出来的。在他的著作《构思的理想》一书中，根据人类高级神经活动的理论，把人的记忆分为“点性记忆”和“线性记忆”。“点性记忆”是第一信号系统对具体事物形成的条件反射，“线性记忆”是第二信号系统对事物的抽象化形成的条件反射。如果通过联想、对比等方法将平时积累的“点性记忆”，经过加工和重新组合把它们连成“线性记忆”，就会产生大量的意想不到的创新思维结果。这也是公安领导主体侦破公案案件时，证据链形成过程的常用方法。

二、明确变革与创新的具体方法

大致而言，公安领导变革与创新有以下几种。

（一）借助外脑

随着时代的发展，公安领导者的决策用人情况越来越复杂。与此相适应，复杂的决策由“谋”和“断”这两个阶段构成。“谋”就是出谋划策，就是出主意，拟方案；“断”就是比较权衡，就是选择定案，就是做决定。公安领导创新思维就是公安领导者这个“内脑”与专家学者及普通领导者这个“外脑”相互作用且优势互补的思维过程。

所谓公安领导者作决策，就是对整个公安决策过程和环节有一个明确的分工。例如，搜集信息的创意阶段、多向思维的拟订方案阶段，公安领导者既可以参加，也可以不参加；而方案的选择阶段、决断阶段，公安领导者一定要参加，并且不能让其他人代劳。如果把公安领导者的头脑称为“内脑”，把其他人的头脑称为“外脑”，那么公安领导者的创新思维在这里就体现为公安领导者的内脑思维和专家学者的外脑思维的互动。

1. 内脑思维为主

要明确在公安决策的全过程中，内脑思维所起的作用是主要的，外脑思维所起的作用是辅助的。外脑的作用主要是“谋”，是协助内脑决策；内脑的作用主要是“断”，是在尽量吸收外脑智慧的基础上进行选择决断。

2. 外脑要多

在具体公安决策时，外脑要多，内脑要少。外脑多了有代表性，能从各个角度、各个层面发现问题，能够代表各个方面的利益和意愿，能够有效地打开公安决策的空间，提出尽可能多的操作方案。内脑少了，便于集中统一思想，便于节约成本和提高公安决策的效率。

3. 外脑思维在先

要体现公安决策先谋后断的特点和规律，外脑思维在先，内脑思维在后。先用外脑就是先咨询，先听取各方面意见和建议，而不是先定调子，画框子。后用内脑是指内脑在外脑思维的基础上集思广益，集中民智，去选择制定正确的公安决策方案。

需要特别指出的是，外脑不一定是专家学者。在公安领导决策时要依据决策的性质和要求来确定谁是外脑以及用多少外脑。有时候由专家技术人员充当外脑，有时候应该由公安组织内部的民警和公安管理人员充当外脑。必要时还要举行听证会，让公安组织外部的相关者参与决策。公安领导者使用外脑进行决策要注意发挥公安团队组织和其工会的作用，特别是发挥辖区广大群众的积极性。

（二）开发右脑

人的大脑分为左右两部分，而且功能各异，优势互补。根据诺贝尔奖得主、美国加州大学斯佩里教授的研究成果，人的左脑擅长逻辑思维、定量思维，擅长抽象的理性思维，而右脑则擅长直觉思维和形象思维。在一般情况下，左脑思维特别好的人擅长于专业技术工作，右脑思维特别好的人擅长于艺术。而领导创新思维则需要左右脑思维的完美结合。

研究行政决策学的著名专家西蒙提出过“布里丹选择”的概念。许许多多的领导者在思维时陷入了“布里丹选择”的困境。其原因仍在于领导者没有明确的价值取向，没有清醒的理性思维，没有理智地排出优先序。深究这个寓言故事的背后道理对公安领导者是大有用处的。其实避免“布里丹选择”也不难。如果把颜色排在第一位，就应该吃右边的草；如把品种排在第一位，就应该吃左边的草；如果把数量排在第一位，则应该吃左边的草。因为没有排序，才一再失去机遇，造成决策的彻底失败。

1. 价值排序

价值排序是严密的理性思维，是属于公安领导者左脑思维的范畴。比如，改革、发展、稳定三者的关系，一般说来，发展是主题，“发展是硬道理”，发展是执政兴国的第一要务。这是对大局来说的，是对全国而言的。但具体到某一地区，具体到某一时段，比如，出现了恐怖事件，这时，“稳定是压倒一切的”。

2. 右脑参与

对于公安领导变革与创新来说，只有左脑的理性思维是不够的，还需要右脑的知觉思维与形象思维。比如，“犯罪重构”过程就是公安领导主体右脑参与的直觉思维的过程。直觉思维具有以下特征，掌握这些特征有助于公安领导者自觉地使用直觉思维方法。

（1）非逻辑性。直觉思维不是按照严格的逻辑程序而展开的，它往往省略或跳跃某个逻辑步骤而直接得出结论。

（2）潜意识性。直觉思维是在意识之外孕育发展的，它加工整合信息都是在人的潜意识之中进行的。

（3）突发性。直觉思维在时间上给人的感觉是突然发生的。突然有一个新奇的想法跃于脑际，使人豁然开朗，一下子抓到了问题的实质，找到了解决问题的方法。

（4）随机性。直觉思维随时都可能发生，很难控制它的发生机制和发生时间。

（5）深刻性。直觉思维的过程虽然短暂，但却能敏锐地把握事物内在联系，能够正确地、深刻地认识到对象的本质和规律。直觉思维的创造性明显优于其他思维方式。

公安领导者使用直觉思维方法应注意以下若干问题：

首先，灵感基于经验的积累。灵感不会凭空产生，顿悟也绝非空穴来风。公安领导者的直觉思维是对某一问题长期思考后的偶然顿悟，所以公安领导干部要注意平时对研究问题的认真思考，注意经验的积累。直觉思维方法似乎最偏爱勤奋学习、勤奋工作的人，最偏爱积极思考、思考深刻的人。直觉思维需要一个有准备的头脑。公安领导者在日常工作中要主动捕捉直觉思维的时机，主动捕捉直觉思维的萌芽。直觉思维往往需要触发，因此公安领导者要善于捕捉思想火花。

其次，权变的思维。适时地转换思维的对象、思维的方式、思维的时间、思维的环境，往往有利于直觉思维的进行。渊博的知识和丰富的经验有利于直觉思维。心理因素、情感因素对直觉思维也有影响。直觉思维是深刻的，但可能是不完整的，因此直觉思维要与理性思维方法结合起来应用。

最后，借助形象思维。与左脑的抽象思维不同，右脑的形象思维具有直观性和生动性。形象思维借助一系列直观的形象而不使用抽象的概念，因此鲜明生动。形象思维过程短，速度快。形象思维通常要借助于联想、类比、想象等思维方法的帮助。

公安领导者在进行形象思维时要注意以下几个问题：

第一，抓住形象的特征。公安领导者在进行形象思维时要扬弃感性形象的杂乱性，紧紧抓住形象的主要特征，关键在于形象与原型的类似性。形象思维所使用的形象载体与思维的对象原型之间要有明显的类似性，类似点越多，形象思维的效果越好。

第二，在形象的新颖性、奇特性上下功夫。在进行形象思维时要注意形象特征的概括、形象特征的判别以及形象特征的推导，利用认识的整体性完成思维对象由具体到抽象和由抽象到具体的转换。

第三，加大形象思维的跨度。形象思维所使用的形象载体与对象原型既要有类似性，又要有差异性，二者之间的跨度越大，形象思维就越富有新意，富有创造性。形象思维使用的形象载体要生动具体，具有较强的可视性。

领导者进行形象思维不仅自己能够把握住思维的形象，而且要能够把思维的形象准确地传达给其追随者，让其追随者看到并理解这个形象，理解形象思维背后的思想观点。这样做不仅有利于公安决策的制定，而且更有利于公安决策的实施。

（三）利用电脑

公安领导变革与创新既要靠其大脑创新思维，又要借助于现代信息科学技术来扩大其思维的空间，提升其思维的速度和效果。

例如，自2010年开始，北京市公安局着眼于建设“世界城市”和“争创一流警务”工作目标，于当年8月开通“平安北京”微博平台。该平台围绕本市公安局中心工作和重点工作，在公共关系建设和群众工作上取得了良好成效，推进了公安工作的发展。“平安北京”微博平台在建设中的主要做法包括：

(1) 加强信息发布，强化舆论引导，打造首都公安资讯发布新平台。主要有以下几点：一是抓好全局重点工作的正面宣传报道；二是抓好队伍形象宣传报道；三是针对网络热点及时做好网络舆情引导工作。

(2) 热情服务群众，回应群众呼声，开辟群众工作新窗口。内容包括：认真解决网民反映的突出问题；及时解答网民咨询；加强服务类信息的发布。

(3) 强化平等意识，坦诚交流互动，架设新时期警民沟通新桥梁。做到以平和心态对待网络民意反映；强化网络民意分析研判；注意网下互动交流。

北京市公安局的以上做法充分体现了其利用先进的互联网工具可以促进创新，很好地推动了本市公安工作的发展。①

（四）善于平衡

公安领导变革与创新思维要内脑加外脑、左脑加右脑、人脑加电脑。除此之外，更重要的是要善于平衡。平衡的要点是理智与情感的平衡，公安硬权力与公安软权力的平衡，公安管理与公安领导的平衡。

1. 理智与情感的平衡

公安领导变革与创新思维既是智力上的激发创造，又是情感心理上的震撼提升。我们甚至可以这样认为，公安领导变革与创新思维的活动就是公安领导者与其追随者一起不停地改变心智的过程。积极的心态、良好的情绪，以及坚定的意志有利于公安领导者和公安追随者的智力开发和创造；反过来，智力的创造、业绩的提高又会给公安领导者和公安追随者带来更积极的心态、更良好的情绪和更坚定的意志。二者良性互动平衡，定会促使公安领导变革与创新思维的持续进行。

2. 硬权力与软权力的平衡

公安领导活动的本质是公安领导者与公安追随者之间积极互动的影响力。公安领导者影响公安追随者，公安追随者也影响公安领导者，这种影响力是双向的，但并不是对称的。公安领导者的影响力要明显大于公安追随者的影响力。这是因为权力就是影响力。地位、职位带来的影响力是强制性的影响力，我们称之为公安硬权力。个人的品德、个性、专业、知识、资历、业绩以及公安领导艺术、公安领导风格等带来的影响力是非强制性的影响力，我们称之为公安软权力。根据以上定义可以看出，公安领导者既拥有硬权力又拥有软权力，而公安追随者一般而言只拥有软权力，所以二者的影响力是不对称的。于是，公安领导变革与创新思维有两个问题要解决。一方面要减少公安领导者的硬权力，增强公安领导者的软权力，这样使公安领导者的硬权力与软权力之间有一个平衡。公安领导变革与创新思维的另一个重要方面是适当减少公安领导者的硬权力，尽量增加公安追随者的软权力。处理好这两个平衡将是公安领导变革与创新思维的一个难点。

3. 公安管理与公安领导的平衡

有人认为要多一点领导，少一点管理，也有人说要多一点管理，少一点领导。在公安领导的实际工作中，公安管理与公安领导之间的平衡点，要以具体的公安环境、具体的公安任务和具体的公安对象而定。一般而言，公安组织高层要多一点公安领导，少一点公安管理；而公安组织的中层和基层要多一点公安管理，少一点公安领导。此外，对公安人员要多一点公安领导，对公安事物则要多一点公安管理。公安管理强调控制约束，强调规制程序，公安管理是一门科学。与公安管理比较而言，公安领导强调激励引导，强调沟通认同，因此，公安领导更是一门艺术。公安领导变革与创新思维特别要在科学与艺术的平衡上、在公安管理与公安领导的平衡上多下功夫，多出效果。

---

① 参见公安部发言人办公室编：《公安微博：实践与前景》，1～4页，北京，群众出版社，2012。

【本章小结】

在中国特色社会主义全面建成小康社会、全面深化改革、全面依法治国、全面从严治党“四个全面”建设的背景下，公安领导变革与创新正是为了不辱使命，出色履行公安领导职能。公安领导变革与创新的总体目标是完善与推进国家治理体系和治理能力现代化、建设中国特色社会主义法治体系相适应的现代警务运行机制和执法权力运行机制，建立符合公安机关性质任务的公安机关管理体制，建立体现人民警察职业特点、有别于其他公务员的人民警察管理制度。到2020年，基本形成系统完备、科学规范、运行有效的公安工作和公安队伍管理制度体系，实现基础信息化、警务实战化、执法规范化、队伍正规化，进一步提升人民群众的安全感、满意度和公安机关的执法公信力。在这一伟大的历史进程中，公安领导变革与创新是整个公安工作能否达成目标的核心和关键。因此，把握公安领导变革与创新的环境因素，深刻理解领导变革与创新的过程和组织，并掌握领导变革创新思维的途径，对公安领导有着攸关的重大意义，应当成为公安领导的日常工作内容。

【推荐阅读】

1. 公安部政治部编．公安领导科学研究．北京：中国人民公安大学出版社，2007.

2. 邱霈恩．领导学．第4版．北京：中国人民大学出版社，2014.

3. 全国干部培训教材编审指导委员会组织编写．领导科学概论．北京：人民出版社、党建读物出版社，2006.

4. 李敏蓉主编．公安领导力训练教程．北京：中国人民公安大学出版社，2010.

5. 陶淑艳主编．领导力提升与创新十大法则．北京：中共中央党校出版社，2010.

【思考题】

1. 什么是变革与创新？试阐述公安领导变革与创新的含义。
2. 公安领导变革与创新的环境因素包括哪些方面？
3. 试述公安领导变革与创新的过程。
4. 领导变革创新有哪些途径？

参考文献

［1］毛泽东．毛泽东选集（1～4卷）．北京：人民出版社，1991.
［2］邓小平．邓小平文选（1～3卷）．北京：人民出版社，1989、1983、1993.
［3］习近平．习近平谈治国理政．北京：外文出版社，2014.
［4］本书编写组．《中共中央关于全面深化改革若干重大问题的决定》辅导读本．北京：人民出版社，2013.
［5］本书编写组．《中共中央关于全面推进依法治国若干重大问题的决定》辅导读本．北京：人民出版社，2014.
［6］程琳．公安学通论．北京：中国人民公安大学出版社，2014.
［7］《公安学基础教程》编写组．公安学基础教程．北京：中国人民公安大学出版社，2012.
［8］曹英．公安学：基本理论与中国视角．北京：中国人民公安大学出版社，2015.
［9］孙健．领导科学．天津：南开大学出版社，2008.
［10］全国干部培训教材编审指导委员会．领导科学概论．北京：人民出版社，2006.
［11］王家福，徐萍．国际战略学．北京：高等教育出版社，2005.
［12］彭向刚．领导科学概论．北京：高等教育出版社，2007.
［13］刘建军编著．领导学原理——科学与艺术．上海：复旦大学出版社，2001.
［14］张光．公安行政管理原理．北京：中国人民公安大学出版社，2002.
［15］杨建和，张光．公安管理学．北京：中国人民公安大学出版社，2005.
［16］公安部政治部．公安管理与公安领导教程．北京：中国人民公安大学出版社，1995.
［17］俞克纯，沈迎选编著．激励·活力·凝聚力——行为科学的激励理论与群体行为理论．北京：中国经济出版社，1988.
［18］国家质量监督检验检疫总局质量管理司．“卓越绩效评价准则”国家标准理解与实施．北京：中国标准出版社，2005.
［19］田广清，孟继群．中国领导思想史．吉林：吉林人民出版社，2004.
［20］王浦劬．政治学基础．北京：北京大学出版社，2014.
［21］李成言．现代行政领导学．北京：北京大学出版社，2002.
［22］邱霈恩．领导学原理．北京：清华大学出版社，2012.
［23］陈庆云．公共政策分析．北京：北京大学出版社，2006.
［24］宁骚．公共政策学．北京：高等教育出版社，2003.

[25] 陈振明．公共政策学——政策分析的理论、方法和技术．北京：中国人民大学出版社，2004.
[26] 周三多．管理学——原理与方法．上海：复旦大学出版社，2003.
[27] 刘银花，姜法奎．领导科学．大连：东北财经大学出版社，2011.
[28] 朱立言．领导科学与领导艺术．北京：中国人事出版社，2008.
[29] 李怀组．管理研究方法论．西安：西安交通大学出版社，2004.
[30] 贾启艾编著．人际沟通．南京：东南大学出版社，2010.
[31] 陈福今，唐铁汉主编．领导科学概论．北京：人民出版社、党建读物出版社，2006.
[32] 公安部政治部．公安领导科学研究．北京：中国人民公安大学出版社，2007.
[33] 刘建军．领导学原理．上海：复旦大学出版社，2001.
[34] 刘峰．领导大趋势．北京：中国言实出版社，2003.
[35] [美] 詹姆斯·麦格雷戈·伯恩斯．领导论．北京：中国人民大学出版社，2006.
[36] [美] 约瑟夫·奈．硬权力与软权力．北京：北京大学出版社，2005.
[37] [英] 阿克顿．自由与权力——阿克顿勋爵论说文集．北京：商务印书馆，2001.
[38] [法] 孟德斯鸠．论法的精神（上册）．北京：商务印书馆，1961.
[39] [美] 罗伯特·兰沃西，劳伦斯·特拉维斯．什么是警察——美国的经验．北京：群众出版社，2004.
[40] [英] F. A. 哈耶克．通往奴役之路．北京：中国社会科学出版社，1997.
[41] [美] E. 克鲁斯克．公共政策词典．上海：上海远东出版社，1992.
[42] [美] 彼得·德鲁克．卓有成效的管理者．北京：机械工业出版社，2009.
[43] 黄晓辉，陈诚．国家权力监控机制比较研究——基于多数民主模式与共识民主模式的分析．北京：人民出版社，2009.
[44] 魏永忠．公安机关舆情分析与舆论引导．北京：中国人民公安大学出版社，2011.
[45] 金伯中．警务广场——民意导向型警务新模式．北京：群众出版社，2011.
[46] 公安部发言人办公室．公安微博：实践与前景．北京：群众出版社，2012.

后　记

《公安领导科学》是国内第一本关于公安领导科学的本科教材。值此全面深化公安改革之际，希望我们这本书的出版，能为公安改革事业、教育事业的发展添砖加瓦，尽一份微薄之力。

本书获得普通高等教育“十二五”应用型本科规划教材项目的资助，得到中国人民公安大学教务处、中国人民大学出版社的大力支持。

中国人民公安大学公安管理学院院长张光教授担任本书的学术顾问，对全书的体例、结构和内容提出了许多宝贵的意见，在学术上进行了切实的指导。中国人民公安大学发展规划办公室主任秦立强教授、教务处王龙副处长和曹文明博士为本书的出版提供了宝贵的帮助。

本书是中国人民公安大学多位同仁共同努力的结果。高岩、段林萍担任主编，负责全书的启动、组织工作，以及全书纲要结构的制定，曹英、刘忠轶、张翠梅担任副主编。具体写作分工如下：第一章，绪论（高岩、刘忠轶）；第二章，公安领导权力（段林萍）；第三章，公安领导决策（段林萍、曹英）；第四章，公安领导指挥（黄波、秦立强）；第五章，公安领导用人（张山山）；第六章，公安领导沟通（张福松）；第七章，公安领导方法（张丽祥、张翠梅、唐文豪）；第八章，公安领导能力与效能（刘忠轶）；第九章，公安领导变革与创新（陈永胜）。全书最后由曹英统稿。

中国人民大学出版社的责任编辑为本书付出了巨大的心血，统校、编印尽心尽力，使得本书能够及时、高质量地出版。

本书付梓之时，在此一并对各位参与人士、热心朋友的支持与帮助表达我们衷心的谢意。

由于我们水平有限，书中必然存在不足与肤浅之处，甚至是缺点错误，敬请读者批评指正，以便在今后的编写中去弥补修订、逐步完善。

《公安领导科学》编写组

2015 年 4 月

教师信息反馈表

为了更好地为您服务，提高教学质量，中国人民大学出版社愿意为您提供全面的教学支持，期望与您建立更广泛的合作关系。请您填好下表后以电子邮件或信件的形式反馈给我们。

您使用过或正在使用的我社教材名称		版次	
您希望获得哪些相关教学资料			
您对本书的建议（可附页）			
您的姓名			
您所在的学校、院系			
您所讲授的课程名称			
学生人数			
您的联系地址			
邮政编码		联系电话	
电子邮件（必填）			
您是否为人大社教研网会员	□ 是，会员卡号：____________ □ 不是，现在申请		
您在相关专业是否有主编或参编教材意向	□ 是 □ 否 □ 不一定		
您所希望参编或主编的教材的基本情况（包括内容、框架结构、特色等，可附页）			

我们的联系方式：北京市西城区马连道南街 12 号

中国人民大学出版社应用技术分社

邮政编码：100055

电话：010-63311862

网址：http://www.crup.com.cn

E-mail：rendayingyong@163. com